A Terra e os Devaneios do Repouso

Gaston Bachelard
A Terra e os Devaneios do Repouso
Ensaio sobre as imagens da intimidade

Tradução
PAULO NEVES

SÃO PAULO 2019

Título original: LA TERRE ET LES RÊVERIES DU REPOS.
Copyright © by Librairie José Corti, 1948.
Copyright © 1990, Livraria Martins Fontes Editora Ltda.,
São Paulo, para a presente edição.

1ª edição *1990*
3ª edição *2019*

Tradução
PAULO NEVES

Revisão da tradução
Maria Ermantina de Almeida Prado Galvão
Revisões gráficas
José A. Cardoso
Flora M. de Campos Fernandes
Produção gráfica
Geraldo Alves

Dados Internacionais de Catalogação na Publicação (CIP)
(Câmara Brasileira do Livro, SP, Brasil)

Bachelard, Gaston, 1884-1962.
 A terra e os devaneios do repouso : ensaio sobre as imagens da intimidade / Gaston Bachelard ; tradução Paulo Neves. – 3ª ed. – São Paulo : Editora WMF Martins Fontes, 2019.
 – (Coleção biblioteca do pensamento moderno)

 Título original: La terre et les rêveries du repos.
 Bibliografia
 ISBN 978-85-469-0266-8

 1. Imaginação 2. Intimidade (Psicologia) 3. Matéria 4. Psicanálise 5. Repouso 6. Terra I. Título. II. Série.

19-26776   CDD-158.2

Índices para catálogo sistemático:
1. Intimidade : Imagens : Psicologia aplicada   158.2

Cibele Maria Dias – Bibliotecária – CRB-8/9427

Todos os direitos desta edição reservados à
Editora WMF Martins Fontes Ltda.
Rua Prof. Laerte Ramos de Carvalho, 133 01325-030 São Paulo SP Brasil
Tel. (11) 3293.8150 e-mail: info@wmfmartinsfontes.com.br
http://www.wmfmartinsfontes.com.br

ÍNDICE

Prefácio 1

PRIMEIRA PARTE

I. Os devaneios da intimidade material 7
II. A intimidade em conflito 45
III. A imaginação da qualidade. Ritmanálise e tonalização 61

SEGUNDA PARTE

IV. A casa natal e a casa onírica 75
V. O complexo de Jonas 101
VI. A gruta 141
VII. O labirinto 161

TERCEIRA PARTE

VIII. A serpente 201
IX. A raiz 223
X. O vinho e a videira dos alquimistas 249

PREFÁCIO

> A terra é um elemento muito apropriado
> para ocultar e manifestar as coisas que lhe são
> confiadas.
>
> *Le cosmopolite*

I

Começamos o estudo da imaginação material do elemento *terrestre* em um livro que acabou de ser publicado: *A terra e os devaneios da vontade*. Nele estudamos sobretudo as impressões dinâmicas ou, mais exatamente, as solicitações dinâmicas que se ativam em nós quando formamos as imagens materiais das substâncias terrestres. Com efeito, parece que as matérias terrestres, assim que as pegamos com a mão curiosa e corajosa, excitam em nós a vontade de trabalhá-las. Acreditamos portanto poder falar de uma *imaginação ativista*, e demos inúmeros exemplos de uma vontade que sonha e que, ao sonhar, dá um futuro à sua ação.

Se pudéssemos sistematizar todas essas solicitações que nos vêm da *matéria* das coisas, retificaríamos, parece-nos, o que há de demasiado formal em uma psicologia dos projetos. Distinguiríamos o projeto do contramestre e o projeto do trabalhador. Compreenderíamos que o *homo faber* não é um simples ajustador, mas é também modelador, fundidor, ferreiro. Ele quer, na forma exata, uma matéria justa, a matéria que pode realmente *sustentar* a forma. Ele vive, pela imaginação, esse *sustentáculo*; gosta da dureza material, que é a única capaz de dar duração à forma. Então o homem é como que despertado para uma atividade de oposição, atividade que pressente, que prevê a resistência da matéria. Funda-se assim uma psicologia da preposição *contra* que vai das impressões de um *contra* imediato, imóvel, frio, a um *contra* íntimo, a um *contra* protegido por várias barreiras, a um *contra* que não cessa de resistir. Assim, ao estudar no livro anterior a psicologia do *contra*, começamos o exame das imagens da profundeza.

Mas as imagens da profundeza não têm somente essa marca de hostilidade; têm também aspectos acolhedores, aspectos convidativos; e toda uma dinâmica de atração, de sedução, de apelo ficou um tanto imobilizada pelas grandes forças das imagens terrestres de resistência. Nosso primeiro estudo da imaginação terrestre, escrito sob o signo da preposição *contra*, deve pois ser completado por um estudo das imagens que estão sob o signo da preposição *dentro*.

É ao estudo dessas últimas imagens que consagramos a presente obra, que se apresenta como uma seqüência natural da anterior.

II

Aliás, ao escrever esses dois livros, não buscamos separar totalmente os dois pontos de vista. As imagens não são conceitos. Não se isolam em sua significação. Tendem precisamente a ultrapassar sua significação. A imaginação nesse caso é multifuncional. Para considerarmos apenas os dois aspectos que acabamos de distinguir, eis que é preciso reuni-los. De fato, pode-se sentir em ação, em muitas imagens materiais da terra, uma síntese *ambivalente* que une dialeticamente o *contra* e o *dentro*, e mostra uma inegável solidariedade entre os processos de extroversão e os processos de introversão. Já nos primeiros capítulos de nosso livro *A terra e os devaneios da vontade*, mostramos com que gana a imaginação *desejaria* esquadrinhar a matéria. Todas as grandes forças humanas, mesmo quando se manifestam exteriormente, são imaginadas em uma *intimidade*.

Portanto, assim como no livro anterior não deixamos de notar, por ocasião das imagens encontradas, tudo o que se prende à *intimidade da matéria*, não esqueceremos, na presente obra, o que se prende a uma imaginação da *hostilidade da matéria*.

Se nos objetassem que a introversão e a extroversão devem ser designadas a partir do *sujeito*, responderíamos que a imaginação nada mais é senão o sujeito transportado às coisas. As imagens trazem a marca do sujeito. E essa marca é tão clara que, afinal, é pelas imagens que se pode obter o diagnóstico mais seguro dos temperamentos.

III

Mas nesse curto *Prefácio* queremos simplesmente chamar a atenção para alguns aspectos gerais de nossa tese, deixando o exame dos problemas particulares para quando se apresentarem as imagens. Mostremos pois rapidamente que toda matéria imaginada, toda matéria meditada, torna-se imediatamente a imagem de uma intimidade. Esta intimidade é considerada remota; os filósofos nos explicam que ela nos será sempre oculta, que mal se retira um véu estende-se um outro sobre os mistérios da substância. Mas a imaginação não se detém ante essas boas razões. De uma substância ela faz imediatamente um valor. As imagens materiais transcendem portanto de imediato as sensações. As imagens da forma e da cor podem muito bem ser sensações transformadas. As imagens materiais nos envolvem em uma afetividade mais profunda, por isso se enraízam nas camadas mais profundas do inconsciente. As imagens materiais substancializam um *interesse*.

Essa substancialização condensa imagens numerosas, variadas, nascidas freqüentemente em sensações tão distantes da realidade *presente* que parece que todo um universo sensível está em potencial *dentro* da matéria imaginada. Então o antigo dualismo do *Cosmos* e do *Microcosmos*, do universo e do homem, já não é suficiente para proporcionar toda a dialética dos devaneios relativos ao mundo exterior. Trata-se realmente de um Ultracosmos e de um Ultramicrocosmos. Sonha-se além do mundo e aquém das realidades humanas mais bem definidas.

Será de admirar então que a matéria nos atraia para as profundezas de sua pequenez, para o interior de sua semente, até o princípio de seus germes? Compreende-se que o alquimista Gérard Dorn possa ter escrito: "Não há limite algum para o centro, o abismo de suas virtudes e de seus arcanos é infinito."[1] É por se ter tornado um centro de interesse que o centro da matéria entra no reino dos valores.

Claro, nesse mergulho no infinitamente pequeno da substância nossa imaginação entrega-se às mais mal fundadas impressões. Daí as imagens materiais passarem, entre os homens de razão e de bom senso, por ilusórias. Seguiremos no entanto a perspectiva

---

1. Citado por C. G. Jung, *Paracelsica*, p. 92.

dessas ilusões. Veremos como as primeiras imagens completamente ingênuas e muito reais do interior das coisas, do embutimento das sementes, nos levam a sonhar com uma intimidade das substâncias.

É ao sonhar com essa intimidade que se sonha com o repouso do ser, com um repouso enraizado, um repouso que tem *intensidade* e que não é apenas essa imobilidade inteiramente externa reinante entre as coisas inertes. É sob a sedução desse repouso íntimo e intenso que algumas almas definem o ser pelo repouso, pela substância, em sentido oposto aos esforços que fizemos, em nossa obra anterior, para definir o ser humano como emergência e dinamismo.

Não tendo realizado, num livro elementar, a metafísica do repouso, quisemos tentar caracterizar-lhe as tendências psíquicas mais constantes. Considerado em seus aspectos humanos, o repouso é dominado necessariamente por um psiquismo *involutivo*. O ensimesmamento nem sempre pode permanecer abstrato. Ele assume a feição do *enrolamento* em si mesmo, de um corpo que se torna objeto para si mesmo, que toca a si mesmo. Foi-nos possível portanto oferecer um conjunto de imagens dessa *involução*.

Vamos examinar as imagens do repouso, do refúgio, do enraizamento. Apesar das inúmeras variedades, apesar de consideráveis diferenças de aspecto e de formas, reconheceremos que todas essas imagens são, quando não isomorfas, ao menos isótropas, isto é, que todas elas nos sugerem um mesmo movimento em direção às fontes do repouso. A casa, o ventre, a caverna, por exemplo, trazem a mesma grande marca da volta à mãe. Nessa perspectiva, o inconsciente comanda, o inconsciente dirige. Os valores oníricos tornam-se cada vez mais estáveis, cada vez mais regulares. Todos eles visam ao absoluto das potências noturnas, das potências subterrâneas. Como diz Jaspers, "a potência subterrânea não admite ser tratada como relativa, e ela não se prevalece senão de si mesma"[2].

Foram esses valores do *inconsciente absoluto* que nos guiaram na pesquisa da *vida subterrânea* que é, para tantas almas, um ideal de repouso.

---

2. Jaspers, *La norme du jour et la passion pour la nuit*, trad. fr. Corbin, apud *Hermès*, I, janeiro de 1938, p. 53.

PRIMEIRA PARTE

CAPÍTULO I

OS DEVANEIOS
DA INTIMIDADE MATERIAL

> Você quer saber o que se passa no interior das coisas e se contenta em considerar seu aspecto exterior; você quer saborear o cerne e se agarra à casca.
> FRANZ VON BAADER,
> citado por Susini, tese, t. I, p. 69

> Eu queria ser como a aranha que tira de seu ventre todos os fios de sua obra. A abelha me é odiosa e o mel é para mim o produto de um roubo.
> PAPINI,
> *Un homme fini*, trad. fr., p. 261

I

Em *Les secrets de la maturité* [Os segredos da maturidade], Hans Carossa escreve (trad. fr., p. 104): "O homem é a única criatura da terra que tem vontade de olhar para o interior de outra." A vontade de olhar para o interior das coisas torna a visão *aguçada*, a visão *penetrante*. Transforma a visão numa violência. Ela detecta a falha, a fenda, a fissura pela qual se pode *violar o segredo* das coisas ocultas. A partir dessa vontade de olhar para o interior das coisas, de olhar o que não se vê, o que não se *deve* ver, formam-se estranhos devaneios *tensos*, devaneios que formam um vinco entre as sobrancelhas. Já não se trata então de uma curiosidade passiva que aguarda os espetáculos surpreendentes, mas sim de uma curiosidade agressiva, etimologicamente inspetora. É esta a curiosidade da criança que destrói seu brinquedo para ver o que há dentro. Se essa curiosidade de arrombamento é realmente natural ao homem, não é de admirar, digamos de passagem, que não saibamos dar à criança um *brinquedo de profundidade*, um brinquedo que satisfaça realmente a curiosidade profunda? Colocamos som no polichinelo, e nos espantamos de que a criança, em sua vontade de anatomia, limite-se a rasgar as roupas. Não retemos senão a necessidade de destruir e de quebrar, esquecendo que as forças psíquicas em ação pretendem deixar os aspectos exteriores para ver *outra coisa*, ver além, ver por dentro, em suma, escapar à passividade da visão. Como me assinalava Françoise Dolto, o brinquedo de celulóide, brinquedo *superficial*, brinquedo do falso-peso, priva certamente a criança de muitos sonhos psiquicamente úteis. Para certas crianças ávidas de interesse, ávidas de realidade, essa psicanalista, que conhece as crianças, recomendou acertadamente brinquedos sólidos e pesados. O brinquedo dotado de estrutura interna proporcionaria uma solução normal ao olho inquisidor, a essa vontade do olhar que necessita das *profundezas* do objeto. Mas o que a educação não sabe fazer, a imaginação realiza seja como for. Para além do panorama oferecido à visão tranqüila, a vontade de olhar alia-se a uma imaginação inventiva que prevê uma perspectiva do oculto, uma perspectiva das trevas interiores da matéria. É essa vontade de ver no interior de todas as coisas que confere tantos valores às imagens materiais da substância.

Ao colocar o problema da substância no plano das *imagens materiais*, ficamos impressionados com o fato de que essas imagens tão numerosas, tão variáveis, em geral tão confusas, classificam-se com bastante facilidade em diversos tipos de *perspectivas do oculto*. Esses diversos tipos permitem aliás precisar certas nuanças sentimentais da curiosidade. Talvez uma classificação das imagens objetivas possa fornecer, mais tarde, temas interessantes para o estudo da intimidade subjetiva, para o estudo da psicologia das profundezas. Por exemplo, a própria categoria dos extrovertidos teria necessidade de ser dividida segundo os planos de profundidade aos quais se voltam os interesses do extrovertido. E o ser que sonha com planos de profundidade nas coisas acaba por determinar em si mesmo planos de profundidade diferentes. Toda doutrina da imagem é acompanhada, em espelho, por uma psicologia do imaginante.

Vamos dar brevemente quatro perspectivas diferentes:
1) uma perspectiva anulada;
2) uma perspectiva dialética;
3) uma perspectiva maravilhada;
4) uma perspectiva de *intensidade* substancial infinita.

II

1) Para obter todos os elementos dos jogos de imagens, assinalemos inicialmente, sob o nome de perspectiva anulada, esse objetivo de não-receber — muito filosófico, muito dogmático — que tolhe brutalmente toda curiosidade voltada para o interior das coisas. Para esses filósofos, a profundidade nas coisas é uma ilusão. O véu de Maia, o véu de Ísis recobre todo o universo, o universo é um véu. O pensamento humano, o sonho humano como a visão humana sempre recebem apenas as imagens superficiais das coisas, apenas a forma exterior dos objetos. Por mais que o homem escave o rochedo, sempre descobrirá apenas a rocha. Do rochedo à rocha, pode divertir-se mudando os gêneros gramaticais; tais inversões, apesar de tão extraordinárias, não perturbam o filósofo. Para ele, a profundidade é uma ilusão, a curiosidade uma vesânia. Com que desdém pelos sonhos de criança, por esses sonhos que a educação não sabe fazer amadurecer, o filósofo condena o homem a permanecer, como ele diz, "no plano dos fenômenos"! A essa proibição de pensar, não importa em que forma, "a coisa em si" (*na* qual se continua contudo a pensar), o filósofo acrescenta geralmente o aforismo: "Tudo não passa de aparência." Inútil ir ver, mais inútil ainda imaginar.

Como pode esse ceticismo dos olhos ter tantos profetas quando o mundo é tão belo, tão profundamente belo, tão belo em suas profundezas e matérias? Como não ver que a natureza tem o sentido de uma profundeza? E como escapar à dialética dessa galanteria ambígua que em tantos seres organizados *mostra* e *esconde* de tal modo que a organização vive num ritmo de máscara e de ostentação? Esconder é uma função primária da vida. É uma necessidade ligada à economia, à constituição das reservas. E o interior tem funções de trevas tão evidentes que se deve dar a mesma importância a um esclarecimento e a um obscurecimento para classificar os sonhos de intimidade!

Não cabe, na presente obra, mostrar que a ciência da matéria não se detém ante as proibições dos filósofos. Ela pratica tranqüilamente uma *química das profundidades*, estudando, sob as substâncias homogêneas em reação, a molécula — na molécula, o átomo —, no átomo, o núcleo. O filósofo não se dá ao trabalho de seguir essa perspectiva profunda; ele acredita salvar seu fenomenismo absoluto objetando que todos esses "seres de razão" (que aliás acolhem algumas imagens com bastante docilidade) só são conhecidos experimentalmente através dos fenômenos em escala humana. Como a evolução do pensamento filosófico desacreditou a noção de número, o filósofo fecha os olhos a essa espantosa constituição de uma química *numenal* que representa, no século XX, uma grande sistemática da organização material.

Essa falta de simpatia da filosofia contemporânea pela ciência da matéria não passa aliás de um traço a mais do negativismo do método filosófico. Ao adotar *um* método, o filósofo rejeita os outros. Ao instruir-se sobre um tipo de experiência, o filósofo torna-se inerte para outros tipos de experiência. Às vezes espíritos muito lúcidos encerram-se assim em sua lucidez e negam os múltiplos vislumbres formados em zonas psíquicas mais tenebrosas. Com relação ao problema que nos ocupa, percebe-se bem que uma teoria do conhecimento do real que se desinteressa dos valores oníricos se priva de alguns dos interesses que impelem ao conhecimento. Mas tràtaremos desse problema em outra obra.

Por ora, assinalamos que todo conhecimento da intimidade das coisas é imediatamente um poema. Como indica claramente Francis Ponge, ao trabalhar oniricamente no interior das coisas nos dirigimos à raiz sonhadora das palavras. "Proponho a todos a abertura dos alçapões interiores, uma viagem na espessura das coisas, uma invasão de qualidades, uma revolução, ou uma subversão comparável àquela operada pela charrua ou pela pá, quando, de repente e pela primeira vez, são trazidos à luz milhões de fragmentos, lamelas, raízes, vermes e bichinhos até então enterrados. Ó recursos infinitos da espessura das coisas, *restituídos* pelos recursos infinitos da espessura semântica das palavras!"

Parece assim que, juntas, as palavras e as coisas adquirem profundidade. Vai-se ao mesmo tempo ao princípio das coisas e ao princípio do verbo. Os seres escondidos e fugidios esquecem de fugir quando o poeta os chama pelo verdadeiro nome. Quantos sonhos há nestes versos de Richard Euringer:

> *Caio então como um chumbo no coração das coisas,*
> *tomo a taça de ouro, infundo-lhes nomes e as conjuro*
> *enquanto elas permanecem interditas e esquecem de fugir.*
> Anthologie de la poésie allemande, II, Stock, p. 216

Tentemos aqui simplesmente reviver as formas sonhadoras da curiosidade voltada para o interior das coisas. Como diz o poeta:

> *Abramos juntos o último broto do porvir.*
> ELUARD, citado por Gros, *Poètes contemporains*, p. 44

III

2) Assim, sem mais nos ocuparmos com as objeções abstratas dos filósofos, sigamos os poetas e os sonhadores ao *interior* de alguns objetos.

Transpostos os limites exteriores, quão espaçoso é esse espaço interno; quão repousante essa atmosfera íntima! Eis, por exemplo, um dos conselhos da *Magie* de Henri Michaux: "Ponho uma maçã sobre a mesa. Depois ponho-me dentro dessa maçã. Que tranqüilidade!" O jogo é tão rápido que alguns serão tentados a declará-lo pueril ou simplesmente verbal[1]. Mas julgar assim é recusar-se a participar de uma das funções imaginárias mais normais, mais regulares: a função da miniaturização. Todo sonhador que quiser irá, miniaturizado, habitar a maçã. Pode-se enunciar como um postulado da imaginação: as coisas sonhadas jamais conservam suas dimensões, não se estabilizam em nenhuma dimensão. E os devaneios verdadeiramente possessivos, aqueles que nos *dão* o objeto, são os devaneios liliputianos. São os devaneios que nos dão todos os tesouros da intimidade das coisas. Aqui se oferece de fato uma perspectiva dialética, uma perspectiva invertida que pode ser expressa em uma fórmula paradoxal: o interior do objeto pequeno

---

1. Flaubert ia mais devagar, mas dizia a mesma coisa: "À força de olhar um seixo, um animal, um quadro, senti que eu entrava neles."

é grande. Como diz Max Jacob (*Le cornet à dés* [O copo de dados], ed. Stock, p. 25): "O minúsculo é o enorme!" Para assegurar-se disso, basta ir em imaginação habitá-lo. Um paciente de Desoille, contemplando a luz única de uma pedra preciosa, diz: "Meus olhos perdem-se nela. Ela é imensa e no entanto tão pequena: um ponto." (*Le rêve éveillé en psychothérapie* [O sonho acordado em psicoterapia], p. 17)

Assim que vamos sonhar ou pensar no mundo da pequenez, tudo engrandece. Os fenômenos do infinitamente pequeno assumem um aspecto cósmico. Basta ler nos trabalhos de Hauksbée sobre a eletricidade as descrições dos clarões e dos ruídos, dos eflúvios e dos estalidos. Já em 1708, ao esfregar o diamante, o Dr. Wall escreve tranqüilamente: "Essa luz e esse estalido parecem de algum modo representar o trovão e o relâmpago." Vemos assim desenvolver-se uma teoria do *meteoro minúsculo* que mostra bem a potência das analogias imaginárias. As forças no infinitamente pequeno são sempre sonhadas como cataclismos.

Essa dialética que inverte as relações do grande e do pequeno pode ocorrer num plano divertido. Swift, em suas duas viagens contrárias a Lilliput e a Brobdingnag, só buscou praticamente as ressonâncias das fantasias divertidas mescladas de tonalidades satíricas. Ele não foi além desse ideal do prestidigitador que, da mesma forma, tira um grande coelho de um pequeno chapéu, ou, como Lautréamont, a máquina de costura da caixa de bisturis, para espantar o burguês. Mas como todos esses jogos literários adquirem mais valor se nos entregamos a eles com a sinceridade das experiências oníricas! *Visitaremos* então *todos* os objetos. Seguiremos a Fada das Migalhas em sua carruagem grande como uma ervilha, com todas as cerimônias dos velhos tempos, ou entraremos na maçã, sem cerimônia, em uma frase de acolhimento. Um universo de intimidade nos será revelado. Veremos o avesso de todas as coisas, a imensidão íntima das pequenas coisas.

De uma maneira paradoxal, o sonhador poderá entrar em si mesmo. Sob o domínio do peiote, droga miniaturizante, um paciente de Rouhier diz: "Estou em minha boca, olhando meu quarto através de minha bochecha." Tais alucinações encontram na droga uma permissão para se exprimirem. Mas elas não são raras nos sonhos normais. Há noites em que *entramos* em nós mesmos, em que vamos visitar os nossos órgãos.

Essa vida onírica das intimidades detalhadas nos parece bem diferente da intuição tradicional dos filósofos que pretendem sempre viver o ser que contemplam *por dentro*. Essa adesão maciça a um *viver por dentro* dirige-se, com efeito, imediatamente à unidade do ser invadido. Vejam o filósofo entregar-se a essa intuição: tem os olhos semicerrados, a atitude da concentração. Não pensa muito em distrair-se, em divertir-se na sua nova morada; por isso as confidências sobre essas vidas objetivas íntimas nunca vão muito longe. Ao contrário, como são mais diversas as potências oníricas! Insinuam-se em todas as dobras da noz, conhecem-lhe a espessura das nervuras e todo o masoquismo dos picantes interiores no avesso das cascas! Como todos os seres doces, a noz maltrata a si mesma. Não foi de uma dor igual que padeceu um Kafka, pela absoluta simpatia que ele teve por suas imagens? "Penso naquelas noites ao fim das quais, arrancado do sono, eu despertava com a sensação de ter sido encerrado numa casca de noz." (*Diário íntimo*, apud *Fontaine*, maio de 1945, p. 192) Mas essa dor do ser intimamente machucado, comprimido em sua intimidade, é uma nota excepcional. A admiração pelo ser concentrado pode curar tudo. No *Prometeu e Epimeteu* de Spitteler (trad. fr. Baudouin), sob a copa da nogueira, a deusa interroga: "Dize-me que jóia escondes sob teu teto; a que noz maravilhosa deste a luz?" Naturalmente, o mal se oculta como o bem: os feiticeiros muitas vezes põem o diabo nas nozes que dão às crianças.

Encontramos a mesma imagem de intimidade em Shakespeare. Rosencrantz diz a Hamlet (ato II, cena II): "É vossa ambição que torna a Dinamarca uma prisão para vós, nela há pouco espaço para vossa alma." E Hamlet responde: "Meu Deus! eu caberia numa casca de noz; considerar-me-ia à vontade e rei de um império sem limites... se não tivesse maus sonhos." Se consentimos dar uma realidade primária à imagem, se não limitamos as imagens a simples expressões, sentimos subitamente que o interior da noz possui o valor de uma felicidade primitiva. Viveríamos felizes se reencontrássemos aí os sonhos primitivos da felicidade, da intimidade bem protegida. Decerto a felicidade é expansiva, tem necessidade de expansão. Mas também tem necessidade de concentração, de intimidade. Assim, quando a perdemos, quando a vida proporcionou "maus sonhos", sentimos saudade da intimidade da felicidade perdida. Os primeiros devaneios ligados à imagem íntima do objeto são devaneios de felicidade. Toda intimidade objetiva seguida em um devaneio natural é um *germe de felicidade*. Trata-se de uma grande felicidade porque é uma felicidade *oculta*. Todo interior é protegido por um pudor. Esta é uma nuança que Pierre Guéguen exprime com sutileza (*Arc-en-ciel sur la Domnonée* [Arco-íris sobre a Domnonée], p. 40). Uma mulher tem o pudor do guarda-roupa: "Quando Hervé abria de par em par o guarda-roupa onde estavam dispostas, como uma anatomia secreta, suas blusas, suas saias, toda a sua roupa de baixo, ela se precipitava, tão sinceramente desarvorada como se a tivessem surpreendido nua, e tornava a fechar as portas de madeira."

Mas, tanto para o bem como para o mal, o interior um tanto pueril das coisas é sempre um interior bem arrumado. Quando o avô de Laure, no romance de Émile Clermont, abre com o canivete uns botões de flores para divertir a netinha, é o interior de um *guarda-roupa* em ordem que aparece aos olhos da criança extasiada[1a]. Essa imagem de criança apenas expressa uma das felicidades inalteráveis dos botânicos. Em sua *Matière médicale* (t. I, p. 93), Geoffroy escreve: "É sabido, e impossível considerá-lo sem prazer, com que engenhosidade os rebentos das plantas, guarnecidos de suas folhas, de suas flores e de seus frutos, encontram-se arrumados nos brotos." Cumpre sublinhar que o prazer de contemplar esse interior aumentou-o consideravelmente. Ver no broto a folha, a flor e o fruto é ver com os olhos da imaginação[1b]. Parece que a imaginação é então uma louca esperança de ver sem limite. Um autor tão racional como P. Vanière escreve (*Praedium Rusticum*, trad. fr. Berland, 1756, t. II, p. 168): "Se um homem fosse bastante hábil para, depois de partir uma semente de uva, retirar-lhe as fibras soltas, veria com admiração ramos e cachos sob uma pele fina e delicada." Que grande sonho ler um futuro de vindima na dura e seca semente! O sábio que continuar esse sonho aceitará sem dificuldade a tese do encaixamento indefinido dos germes[2].

1a. Émile Clermont, *Laure*, p. 28.

1b. O poeta pode desconhecer botânica e escrever um belo verso: *La fleur de l'églantier sent ses bourgeons éclore* [A flor da roseira-brava sente os botões abrirem], (Musset, *La nuit de mai*).

2. Pierre-Maxime Schuhl, em um artigo que só chegou ao nosso conhecimento quando corrigíamos as provas, estuda esses devaneios e esses pensamentos de encaixamento (*Journal de psychologie*, 1947, n? 2).

Parece ao sonhador que, quanto menores os seres, mais ativas são as funções. Vivendo num espaço pequeno, eles vivem um tempo rápido. Fechando-se o onirismo, ele é dinamizado. Um pouco mais e proporíamos um princípio de Heisenberg para a vida onírica. As fadas tornam-se assim atividades oníricas extraordinárias. E ao nos conduzirem ao nível das ações minuciosas, elas nos transportam ao centro da vontade inteligente e paciente. É por isso que os devaneios liliputianos são tão tônicos, tão benéficos. São a antítese dos devaneios de evasão que partem a alma.

Assim a imaginação minuciosa quer insinuar-se em toda parte, convida-nos não só a *voltarmos à nossa concha*, mas a nos insinuarmos em toda casca para nela viver o verdadeiro retiro, a vida enrolada, a vida ensimesmada, todos os valores do repouso. Este é o conselho de Jean-Paul[2a]: "Visita o quadro de tua vida, cada tábua de teu quarto, a cada canto, e enrodilha-te para alojar-te na última e mais íntima das espirais de tua concha de caracol." A insígnia dos objetos habitados poderia ser: "Tudo é concha." E o ser sonhador faria eco: "Tudo me é concha. Sou a matéria mole que vem procurar proteção em todas as formas duras, que vem, no interior de todo objeto, usufruir a consciência de estar protegido."

Tristan Tzara, como Jean-Paul, escuta esse apelo do espaço minúsculo: "Quem me chama no buraco acolchoado de tecido granulado, sou eu, responde a terra aberta, as camadas endurecidas de inquebrantável paciência, a mandíbula do soalho." As pessoas racionais, as pessoas *inflexíveis* logo trataram de acusar de gratuidade semelhantes imagens. Basta um pouco de imaginação miniaturizante para compreender que é a terra inteira que se abre e se oferece nesse abrigo minúsculo, entre os finos dentes do sulco do soalho. Aceitemos pois os jogos de escala e digamos com Tristan Tzara: "Eu sou o milímetro."[3] Na mesma obra pode-se ler: "Aumentadas no sonho da infância, vejo de muito perto as migalhas secas de pão e a poeira entre as fibras de madeira dura ao sol."[4]

2a. Jean-Paul Richter, *La vie de Fixlein*, trad. fr., p. 230.
3. Tristan Tzara, *L'antitête. Le nain dans son cornet*, p. 44.
4. Tristan Tzara, idem, p. 44. Alfred Jarry encontra a fórmula *absoluta* das alucinações liliputianas quando escreve o capítulo: Faustroll menor que Faustroll. "O doutor Faustroll... quis ser um dia menor do que si mesmo, e resolveu ir explorar um dos elementos... estando reduzido, como paradigma da pequenez, ao tamanho clássico do ácaro, viajou ao longo da folha de um repolho, sem prestar atenção nos seus colegas ácaros e nos aspectos aumentados de tudo, até encontrar a Água."

(*La pétrification du pain*, p. 67) A imaginação, como a mescalina, muda a dimensão dos objetos[5].

Encontraríamos inumeráveis exemplos de proliferação da beleza liliputiana se folheássemos os livros científicos que relataram, como façanhas, as primeiríssimas descobertas microscópicas. Pode-se realmente dizer que o microscópio, em sua origem, foi o caleidoscópio do minúsculo. Mas para permanecermos fiéis à nossa documentação literária, vejamos apenas uma página onde precisamente as imagens do real afloram na vida moral (*La vie de Fixlein*, p. 24): "Pegar um microscópio composto e perceber que a sua gota de vinho é no fundo um mar Vermelho, que a poeira da asa das borboletas é uma plumagem de pavão, o bolor um campo de flores e a areia uma porção de pedras preciosas. Esses divertimentos no microscópio são mais duráveis que os jogos de água mais dispendiosos... Mas tenho de explicar essas metáforas por intermédio de outras. A minha intenção ao enviar *A vida de Fixlein* à biblioteca de Lübeck é justamente a de revelar ao mundo inteiro... que se deve dar maior valor às pequenas alegrias dos sentidos do que às grandes."

IV

Após essa contradição geométrica do pequeno que é intimamente grande, muitas outras contradições se manifestam no devaneio de intimidade. Para um certo tipo de devaneio, parece que o interior é automaticamente o contrário do exterior. Quê! esse marrom escuro tem uma polpa tão branca! Esse hábito de burel encobre tal marfim! Que alegria encontrar tão facilmente substâncias que se contradizem, que se reúnem para contradizer-se! Um Milosz* buscando as armas de seus sonhos encontra

Um ninho de arminho para o corvo de brasão.

Sentimos esses devaneios antitéticos em ação nessa "verdade comum" da Idade Média: o cisne de esplendorosa brancura é todo negrume no interior. Langlois[6] nos diz que essa "verdade"

---
5. Em uma concha de ostra, Francis Ponge vê também "o templo de Angkor" (*Le parti pris des choses*, p. 54).
6. Langlois, *L'image du monde*, III, p. 179.
* Trata-se do poeta francês de origem lituana Oscar Milosz (1877-1939). (N. T.)

manteve-se por todo um milênio. O menor exame teria provado que o interior do cisne não é muito diferente, em suas cores, do interior do corvo. Se, apesar dos fatos, a afirmação do negrume intenso do cisne é tão amiúde repetida, é porque satisfaz a uma lei da imaginação dialética. As imagens que são forças psíquicas primárias são mais fortes que as idéias, mais fortes que as experiências reais.

Em *Plain-chant* [Cantochão], seguindo essa imaginação dialética, Jean Cocteau escreve:

> *A tinta que utilizo é o sangue azul de um cisne.*

Às vezes um poeta tem tamanha confiança na imaginação dialética do leitor que apresenta apenas a primeira parte da imagem. Assim Tristan Tzara, acabando de pintar "o cisne que saboreia seu branco d'água", acrescenta simplesmente "fora é branco" (*L'homme approximatif*, 6). Ler essa pequena frase em simples positividade, saber que o cisne é branco, é realmente leitura sem sonho. Pelo contrário, uma leitura negativista, uma leitura bastante livre para usufruir de todas as liberdades do poeta, nos remete à profundidade. Se "fora é branco", é que o ser pôs tudo o que havia de branco fora. A negatividade evoca as trevas.

A alquimia também entrega-se freqüentemente a essa simples perspectiva dialética do interior e do exterior. Ela se propõe muitas vezes a "revirar" as substâncias, como se revira uma luva. Se sabes pôr para fora o que está dentro e para dentro o que está fora, diz um alquimista, és um mestre da obra.

Muitas vezes também, o alquimista recomenda lavar o interior de uma substância. Essa lavagem em profundidade exigirá às vezes "águas bem diferentes da água usual. Não terá nada em comum com a lavagem da superfície. Naturalmente não é mediante uma simples trituração sob água corrente que se obterá essa limpeza íntima da substância. A pulverização não contribui, nesse caso, para a purificação. Só um solvente universal pode obter essa purificação substancial. Às vezes os dois temas do reviramento das substâncias e da purificação interna estão reunidos. Reviram-se as substâncias para limpá-las.

Assim os temas são muitos e se reforçam um ao outro, designando o interior das substâncias como o contrário do exterior. Tal dialética confere um tom sábio ao velho adágio: o que é amargo para o gosto é bom para o corpo. A casca da noz é amarga, mas o fruto é bom. Florian fez disso uma fábula.

Não se deve pensar que semelhantes inversões das qualidades externas e das qualidades internas sejam devaneios obsoletos. Os poetas também são seduzidos, como os alquimistas, pelas inversões profundas, e quando esses "reviramentos" são feitos com discernimento produzem imagens literárias que nos encantam. Assim Francis Jammes, diante das ondas rasgadas pelas pedras da corredeira, acredita ver "o avesso da água". "Não poderei chamar esse embranquecimento de *o avesso da água*, dessa água que é glauca no repouso como uma tília antes que o ar a arregace?" (*Nouvelle revue française*, abril de 1938, p. 640) Essa água revirada em sua substância proporciona ásperas delícias para um sonhador que ama a água com um *amor material*. Ele sofre ao ver-lhe as vestes rasgadas sob a franja da espuma, mas sonha sem cessar com uma matéria jamais vista. A substância dos reflexos lhe é dialeticamente revelada. Parece então que a água tem "uma água" da mesma forma que se diz que uma esmeralda tem "uma água". Diante da corredeira, Taine, em *Le voyage aux Pyrénées*, sonha também com uma profundidade íntima. Vê o rio "tornar-se oco"; vê "seu ventre lívido". O historiador em férias não vê porém a imagem de uma tília arregaçada.

Essa perspectiva dialética do interno e do externo é por vezes uma dialética reversível de uma máscara tirada e recolocada. Este verso de Mallarmé:

> *Um candelabro, deixando sob sua prata austera*
> *Rir o cobre...*

eu o leio de duas maneiras, conforme as horas de meu devaneio: primeiro num tom irônico, ouvindo o cobre rir das mentiras do prateado, e depois num tom mais suave, sem zombar de um candelabro desprateado, ritmanalisando melhor a austeridade insípida e a alegria robusta de duas forças metálicas associadas[7].

---

7. Da mesma forma, haveria duas maneiras de beber o vinho, lendo-se o verso de André Frénaud dialeticamente, animando-se as duas cores: *Le rouge des gros vins bleus** (*Soleil irréductible*, 14 de julho). Pois onde está a substância? No vermelho que designa ou nas intimidades sombrias?

* Literalmente, "O vermelho dos vinhos comuns." Mas na tradução se perdem tanto as cores como as oposições que fazem a riqueza deste verso. Eis uma

No sentido dessas mesmas impressões dialéticas vamos examinar detidamente uma imagem de Audiberti, uma imagem que vive da contradição entre uma substância e seu atributo. Num soneto, Audiberti fala do "negrume secreto do leite". E o estranho é que esta bela sonoridade não é uma simples alegria verbal. Para quem gosta de imaginar a matéria, trata-se de uma alegria profunda. Basta com efeito sonhar um pouco com essa brancura pastosa, com essa brancura consistente, para sentir que a imaginação material necessita de uma massa sombria por baixo da brancura. Sem isso, o leite não teria essa brancura fosca, bem espessa, segura de sua espessura. Não teria, esse líquido nutriente, todos os valores *terrestres*. É tal desejo de ver, por baixo da brancura, o avesso da brancura que leva a imaginação a escurecer certos reflexos azuis que correm na superfície do líquido e a encontrar seu caminho para "o negrume secreto do leite"[7a].

Uma estranha observação de Pierre Guéguen pode ser colocada como que na vanguarda de tantas metáforas sobre o negrume secreto das coisas brancas. Falando de uma água completamente turva de espuma, completamente branca por seus movimentos intestinos, de uma água que, como os cavalos brancos de Rosmersholm, atrai para a morte um melancólico, Pierre Guéguen escreve (*La Bretagne*, p. 67): "O leite coalhado teria um gosto de tinta." Como expressar melhor o negrume íntimo, o pecado íntimo de uma substância hipocritamente doce e branca! Que bela fatalidade da imaginação humana leva o escritor contemporâneo a reencontrar essa noção de atroz adstringência tão freqüente na obra de um Jacob Boehme? A água leitosa ao luar tem o negrume íntimo da morte, a água balsâmica tem um ressaibo de tinta, o amargor de uma beberagem de suicida. Assim, a água bretã de Guéguen é como o "leite negro" das Górgonas que, em *La nef* [A nau] de Elémir Bourges, é a "semente do ferro".

Uma vez encontrado o revelador, páginas em meias-tintas podem revelar-se de uma singular profundidade. Com o revelador do negrume secreto do leite, leiamos por exemplo esta página em que Rilke conta sua excursão noturna pelas colinas, acompanhado

---

tentativa de restituir em parte essa riqueza, através de uma recriação: "A nobreza dos vinhos pobres." (N. T.)

7a. Cf. Sartre, *L'être et le néant*, p. 691.

de umas meninas, para beber o leite das cabras (*Fragments d'un journal intime*, apud *Lettres*, ed. Stock, p. 14): "A loura traz uma tigela de pedra, que coloca à nossa frente sobre a mesa. O leite era preto. Todos se espantam, mas ninguém ousa exprimir sua descoberta; pensam: afinal é noite, eu jamais havia ordenhado cabras a essa hora, então é que, a partir do crepúsculo, seu leite escurece e às duas da madrugada está como tinta... Todos nós experimentamos o leite negro daquela cabra noturna..." Com que sutis pinceladas é preparada essa imagem material de um leite da noite!

Parece, aliás, que uma noite íntima que guarda nossos mistérios pessoais entra em comunicação com a noite das coisas. Encontraremos a expressão dessa correspondência em páginas de Joë Bousquet que estudaremos mais adiante: "A noite mineral", diz Bousquet, "é em cada um de nós o que o negro intersideral é no azul do céu."

O negrume secreto do leite retém a atenção de Brice Parain[8]. Contudo ele vê nisso apenas um simples capricho da fantasia. "Disponho de toda a liberdade", diz ele, "para falar, contra qualquer verossimilhança, do 'negrume secreto do leite', para mentir sabendo que minto; a linguagem, ao que parece, presta-se a todos os meus caprichos, já que sou eu que a levo para onde quero." Tal interpretação prejudica a imaginação poética. Parece que o poeta não passa de um ilusionista que quer fazer as sensações mentirem, que acumula os caprichos e as contradições no próprio âmago da imagem. No entanto, o simples adjetivo que torna *secreto* o negrume secreto do leite basta, por si só, para indicar uma perspectiva de profundidade. Nem todos os subentendidos são mentiras, e cumpre perceber que o devaneio material nos proporciona, ao contradizer-se, duas verdades. Se se tratasse de polêmica entre um *eu* e um *tu*, poder-se-ia ver aí a necessidade de contradizer: basta que se lhe diga *branco* para que ele diga *negro*. Mas o sonho não discute, o poema não polemiza. Quando o poeta nos conta o *segredo* do leite, não está mentindo nem a si nem aos outros. Ele encontra ao contrário uma totalidade extraordinária. Como diz Jean-Paul Sartre[9]: é preciso inventar o âmago das coisas, se quisermos um dia descobri-lo. Audiberti nos esclarece sobre o leite quando fala

---
8. Brice Parain, *Recherches sur la nature et les fonctions du langage*, p. 71.
9. Jean-Paul Sartre, *L'homme ligoté*, apud *Messages*, II, 1944.

de seu "negrume secreto". Mas para Jules Renard, o leite é desesperadamente branco, pois "não é senão o que parece".

E é aqui que se pode captar a diferença entre as dialéticas da razão que justapõe as contradições para abranger todo o campo do possível e as dialéticas da imaginação que quer apreender todo o real e encontra mais realidade naquilo que se oculta do que naquilo que se mostra. O movimento das dialéticas de justaposição é inverso ao das dialéticas de superposição. Nas primeiras, a síntese se oferece para conciliar duas aparências contrárias. A síntese é o último passo. Ao contrário, na apercepção imaginária total (forma e matéria) a síntese vem antes: a imagem que abarca toda a matéria divide-se na dialética do profundo e do aparente. O poeta que se comunica de imediato com a imagem material profunda bem sabe que uma substância opaca é necessária para sustentar tão delicada brancura. Brice Parain relaciona com razão à imagem de Audiberti este texto de Anaxágoras: "A neve composta de água é negra sem que o queiram os nossos olhos." Com efeito, que mérito teria a neve de ser branca se a sua matéria não fosse negra, se ela não viesse, do fundo de seu ser escuro, cristalizar-se na brancura? A vontade de ser branca não é o dom de uma cor já pronta e que só precisa ser mantida. A imaginação material, sempre com uma tonalidade demiúrgica, quer criar toda matéria branca a partir de uma matéria escura, quer vencer toda a história do negrume. Daí expressões que parecem gratuitas ou falsas para o pensamento claro. Mas o devaneio de intimidade material não segue as leis do pensamento significante. Parece que a interessantíssima tese de Brice Parain sobre a linguagem poderia de alguma forma ser reforçada, dando-se ao *logos* que demonstra uma certa espessura onde podem viver os mitos e as imagens. As imagens também *demonstram* à sua maneira. E a melhor prova da objetividade de sua dialética é que acabamos de ver uma "imagem inverossímil" impor-se à convicção poética dos mais diversos escritores. Os poetas, com toda a simplicidade, encontraram assim a lei hegeliana do "mundo invertido" que se exprime desta forma: o que, na lei do primeiro mundo, "é branco, torna-se negro na lei do mundo invertido", de sorte que o negro, num primeiro movimento dialético, é "o em-si do branco" (cf. Hegel, *La phénomenologie de l'esprit*, trad. fr. Hyppolite, t. I, pp. 132 e 134). Mas retornemos, para concluir, aos poetas.

Toda cor meditada por um poeta das substâncias imagina o negro como solidez substancial, como negação substancial de tudo o que atinge a luz. Não cessamos de sonhar em profundidade com o estranho poema de Guillevic:

> *No fundo do azul há o amarelo,*
> *E no fundo do amarelo há o negro,*
> *Negro que se ergue*
> *E que olha,*
> *Que não se pode abater como um homem*
> *Com os punhos.*
>
> Cahiers du Sud. Exécutoire, n.° 280

A cor negra, diz também Michel Leiris (*Aurora*, p. 45), "longe de ser a do vazio e do nada, é antes a tinta ativa que faz sobressair a substância profunda e, conseqüentemente, escura de todas as coisas". E se o corvo é negro, para Michel Leiris é por causa dos "repastos cadavéricos", é negro "como o sangue coagulado ou a madeira carbonizada". O negro alimenta toda cor profunda, é a morada íntima das cores. Assim o sonham os obstinados sonhadores.

Os grandes sonhadores do negro hão de querer até descobrir, como Biely (*Le tentateur*, Anthologie Rais), esse negro penetrante que trabalha sob o negrume embotado, esse negro da substância que produz sua cor de abismo. Assim o poeta moderno reencontra o antigo devaneio do negro dos alquimistas, que buscavam o negro mais negro que o negro: "*Nigrum nigrius nigro.*"

D. H. Lawrence (*L'homme et la poupée*, trad. fr., p. 169) encontra a profundidade de algumas de suas impressões em semelhantes *inversões objetivas*, ao *inverter* todas as sensações. Do sol, "é apenas sua veste de poeira que brilha. Assim, os verdadeiros raios que chegam até nós viajando nas trevas são as trevas moventes do sol primitivo. O sol é obscuro; seus raios são obscuros. E a luz é apenas seu avesso; os raios amarelos são apenas o avesso do que o sol nos envia..."

E, dado o exemplo, a tese se amplia: "Nós vivemos portanto no avesso do mundo", continua Lawrence. "O mundo verdadeiro do fogo é sombrio, palpitante, mais negro que o sangue: o mundo de luz em que vivemos é o outro lado dele...

"Escutai ainda. O mesmo se dá com o amor. Este pálido amor que conhecemos é também o avesso, o sepulcro embranquecido do amor verdadeiro. O verdadeiro amor é selvagem e triste; é uma palpitação a dois nas trevas..." O aprofundamento de uma imagem nos leva a participar da profundidade de nosso ser. Novo poder das metáforas que trabalham no sentido exato dos sonhos primitivos.

V

3) A terceira perspectiva de intimidade que queremos estudar é a que nos revela um interior maravilhoso, um interior esculpido e colorido com mais prodigalidade do que as mais belas flores. Tão logo a ganga é retirada, assim que o geodo é aberto, um mundo cristalino nos é revelado; a seção de um cristal bem polido revela flores, entrelaçamentos, figuras. Não se pára mais de sonhar. Essa *escultura interna*, esses desenhos íntimos em três dimensões, essas efígies e retratos estão ali como belezas adormecidas. Esse pancalismo em profundidade suscitou as mais diversas explicações que são outras tantas maneiras de sonhar. Estudemos algumas delas.

Sigamos o espectador que vem do mundo exterior onde viu flores, árvores, luzes. Ele entra no mundo obscuro e fechado e descobre eflorescências, arborescências, luminescências. Todas essas formas vagas o impelem a sonhar. Um signo de sonho repousa nessas formas vagas que reclamam ser acabadas, ser ressaltadas. Em nosso livro *A água e os sonhos* havíamos sublinhado as sugestões estéticas que o sonhador recebe do reflexo de uma paisagem sobre uma água tranqüila. Parecia-nos que essa *aquarela natural* era um encorajamento constante para um sonhador que quisesse, igualmente, reproduzir as cores e as formas. A paisagem refletida na água do lago determina o devaneio que antecede a criação artística. Imita-se com mais ardor uma realidade que antes foi sonhada. Um velho autor, ao escrever no século XVII um desses livros de alquimia que tinham mais leitores que os livros científicos da época, vai nos ajudar a sustentar a nossa tese dos impulsos estéticos do onirismo: ''E se esses dons e ciências não estivessem (inicialmente) no interior da Natureza, a arte jamais saberia inventar por si mesma tais formas e figuras, e jamais saberia pintar uma árvore, uma flor, se a Natureza jamais o tivesse feito. E nos admiramos e ficamos extasiados quando vemos em mármores e em jaspes homens, anjos, bichos, casas, videiras, campos embelezados de todo tipo de flores.''[10]

Essa escultura descoberta na intimidade da pedra e do minério, essas *estátuas naturais*, essas pinturas íntimas naturais representam as paisagens e as personagens exteriores ''fora de sua condi-

---

10. Pierre-Jean Fabre, *Abrégé des secrets chymiques*, Paris, 1636.

ção habitual". Essas obras íntimas maravilham o sonhador da intimidade das substâncias. Para Fabre, o *gênio cristalino* é o mais hábil dos cinzeladores, o mais minucioso dos miniaturistas: "Por isso vemos esses quadros naturais nos mármores e nos jaspes serem muito mais delicados e perfeitos do que os propostos pela arte, pois as cores do artifício jamais são tão perfeitas, tão vivas e brilhantes como aquelas que a Natureza utiliza nesses quadros naturais."

O desenho é para nós, espíritos racionais, um signo humano por excelência: se vemos o perfil de um bisão desenhado na parede da caverna, sabemos logo que um homem passou por ali. Mas se um sonhador acredita que a natureza é artista, que a natureza pinta e desenha, não poderá ela esculpir tanto a estátua na pedra quanto moldá-la na carne? O devaneio das potências íntimas da matéria chega a esse ponto no espírito de Fabre (p. 305): "Vi nas grutas e cavernas da terra, na região de Languedoc perto de Sorège, numa caverna chamada em linguagem vulgar de Tranc del Caleil, vestígios das mais perfeitas esculturas e figuras que se poderiam desejar; os mais curiosos podem ir vê-los, eles verão inseridas e presas nos rochedos mil espécies de figuras que encantam o olhar dos espectadores. Nunca um escultor entrou lá dentro para talhar e cinzelar imagem... Isso nos leva a crer que a Natureza é dotada de dons e ciências maravilhosos que o Criador lhe concedeu para saber trabalhar diversamente, como ela faz em todo tipo de matérias..." E que não se vá dizer, continua Fabre, que isso é obra de demônios subterrâneos. Já passou o tempo de acreditar nos gnomos ferreiros. Não! cumpre render-se à evidência e atribuir a atividade estética às próprias substâncias, às potências íntimas da matéria (p. 305): "São substâncias sutis, celestes, ígneas e aéreas que residem no espírito geral do mundo, que têm a virtude e o poder de o dispor em todo tipo de figuras e formas que a matéria pode desejar; (às vezes) fora do gênero e da espécie em que a figura se encontra normalmente, como a figura de um boi, ou de um outro animal que se possa imaginar, em mármores, pedras e madeiras: essas figuras dependem da virtude natural dos espíritos Arquitetônicos que estão na Natureza."

E Fabre (p. 307) cita o exemplo — que encontramos várias vezes em nossas leituras dos livros alquímicos — da raiz de samambaia que, talhada como um pé recurvo, reproduz a figura da Águia romana. O mais desvairado dos devaneios reúne então a samambaia, a águia, o império romano: da samambaia à águia a correspondência permanece misteriosa, mas para o nosso autor isso deixa as relações ainda mais íntimas: "a samambaia deve fornecer às águias um grande segredo para sua saúde". Quanto ao império romano, tudo está claro: "A samambaia cresce em todos os cantos do mundo... as armas do império romano encontram-se espalhadas por toda a terra." O devaneio de decifração heráldica encontra seus signos no menor esboço.

Se aceitamos textos tão delirantes, imagens tão excessivas, é porque encontramos formas atenuadas delas, discretamente ativas, em autores que com toda a evidência não foram influenciados por relatos de alquimistas e não leram os velhos formulários de magia. Após ter lido a página sobre a raiz da samambaia num autor do século XVII, não nos espanta reconhecer a sedução de semelhante imagem em um autor tão comedido como Carossa. Lê-se em *O doutor Gion* (trad. fr., p. 23), quando Cynthia, a jovem escultora, corta um tomate: "Um fruto assim conhece bem o esplendor, disse ela, e mostrando o corte do núcleo branco envolvido pelo cristal avermelhado da polpa, tentou provar que esse núcleo se assemelhava a um anjinho de marfim, um anjinho ajoelhado com asas pontudas como as das andorinhas."

Em *Inferno*, de Strindberg (p. 65), lê-se da mesma forma: "Tendo colocado uma noz para germinar há quatro dias, separei o embrião em forma de coração não maior que uma semente de pêra, que está implantado entre dois cotilédones cujo aspecto lembra o cérebro humano. Imaginem minha emoção quando, sobre a platina do microscópio, percebi duas pequenas mãos, brancas como o alabastro, erguidas e juntas como em prece. Era uma visão? uma alucinação? Certamente que não! Uma realidade fulminante que me causou horror. Imóveis, estendidas para mim como em invocação, posso contar-lhes os cinco dedos, com o polegar mais curto, de verdadeiras mãos de mulher ou criança!" Esse texto, dentre muitos outros, nos mostra a potência de sonho do infinitamente pequeno para Strindberg, as significações prolixas que ele confere ao insignificante, a obsessão que tem pelo mistério *encerrado* no detalhe das coisas. De uma maneira geral, cortar um fruto, uma semente, uma amêndoa, é preparar-se para sonhar um universo. Todo germe de ser é germe de sonhos.

Os maiores poetas, ao esfumarem um pouco a imagem, nos conduzem a sonhos em profundidade. Em *Souvenirs sur Rainer Maria Rilke* da princesa Thurn-und-Taxis (publicado por Betz, p. 183) encontra-se o relato de um sonho de Rilke onde contracenam dialéticas de intimidade e de superfície, dialéticas cruzadas por repugnâncias e seduções. O poeta, em seu sonho da noite, "tem na mão um torrão de terra negra, úmida, desagradável, sentindo de fato um profundo asco, uma aversão nauseante, mas sabe que deve manipular essa lama, formá-la por assim dizer em suas mãos, e ele trabalha como numa terra argilosa com grande repugnância; pega uma faca para cortar uma fina fatia desse pedaço de terra, e ao cortar diz consigo mesmo que o interior será ainda mais repelente que o exterior; e quase hesitante, olha a parte interna que acaba de pôr a descoberto, e é a superfície de uma borboleta, de asas abertas, adorável no desenho e na cor, uma superfície maravilhosa de vivas pedrarias". O relato é um pouco tosco, mas os valores oníricos estão presentes. Todo adepto da leitura lenta, ao deslocar suavemente os valores, descobrirá o poder desse fóssil de luz envolto na "terra negra".

VI

4) Ao lado desses devaneios de intimidade que multiplicam e magnificam todos os detalhes de uma estrutura, há um outro tipo de devaneios de intimidade material — o último dos quatro tipos que anunciamos — que valoriza a intimidade antes em intensidade substancial do que em figuras prodigiosamente coloridas. Aí começam os devaneios infinitos de uma riqueza infinita. A intimidade descoberta é menos um estojo com muitas jóias do que um poder misterioso e contínuo, que desce, como um processo sem limite, ao infinitamente pequeno da substância. Para apresentar o nosso estudo com temas materiais, partiremos deliberadamente das relações dialéticas da cor e da tintura. Sente-se de imediato que a cor é uma sedução das superfícies, enquanto a tintura é uma verdade das profundezas.

Na alquimia, a noção de *tintura* ocasiona inúmeras metáforas, precisamente porque a ela correspondem experiências comuns e claras. A *virtude tingidora* é então particularmente valorizada. Sonha-se sem limite com o poder de conversão dos pós, com o poder de tintura das substâncias. A pedra filosofal poderia, pela força de sua tintura, transformar em ouro cem mil vezes o seu peso de chumbo, diz Roger Bacon, um milhão de vezes, diz Isaac o Holandês. E Raimundo Lúlio escreve que se tingiria o mar se se possuísse o verdadeiro mercúrio.

Mas as imagens dos líquidos coloridos são demasiado fracas e passivas, a água é uma substância demasiado acolhedora para nos dar as imagens dinâmicas da tintura. O drama material no qual se envolve o alquimista é uma trilogia do negro, do branco e do vermelho. Partindo das monstruosidades substanciais do negro, através das purificações intermediárias da substância embranquecida, como atingir os valores supremos do vermelho? O fogo vulgar produz colorações de um vermelho fugaz que podem iludir o leigo. É preciso um fogo mais íntimo, uma tintura que venha ao mesmo tempo queimar as impurezas íntimas e fixar suas virtudes na substância. Essa tintura corrói o negro, abranda-se ao embranquecer, depois triunfa com o rubor íntimo do ouro. Transformar é tingir.

Para resumir esse poder de transformação, após as dissensões em que um diz que a pedra filosofal tem a cor do açafrão, outro do rubi, um alquimista escreve: ela tem todas as cores, "é branca, vermelha, amarela, azul do céu, verde". Ela tem todas as cores, entenda-se: todos os poderes.

Uma vez a tintura valorizada ao ponto de tornar-se a verdadeira raiz da substância, ao ponto de *suplantar* a matéria sem forma nem vida, é mais fácil acompanhar as imagens das virtudes infusas e das forças de impregnação. O *sonho de impregnar* figura entre os mais ambiciosos devaneios da vontade. Ele tem apenas um complemento de tempo: a eternidade. O sonhador, em sua vontade de potência insidiosa, identifica-se com uma força que impregna para todo o sempre. A *marca* pode apagar-se. A tintura certa é indelével. O interior é conquistado no infinito da profundeza para o infinito dos tempos. Assim o deseja a tenacidade da imaginação material.

Se fosse possível realizar, em toda a sua potência onírica, esses devaneios da tintura íntima, isto é, a cor provida de sua *força* colorante, talvez se compreendesse melhor a rivalidade entre uma doutrina psicológica, como é de fato a doutrina das cores em Goethe e Schopenhauer, e uma doutrina científica, apoiada em experiências objetivas, como é a teoria das cores em Newton. Ficar-se-ia menos espantado da veemência com que Goethe e Schopenhauer lutaram — tão inutilmente! — contra as teorias da física matemática. Eles tinham convicções íntimas formadas em imagens materiais profundas. O que Goethe reprova, em suma, na teoria de Newton, é o fato de ela não considerar senão o aspecto *superficial* das colorações. Para Goethe, a cor não é um simples jogo de luz, é uma *ação* nas profundezas do ser, uma ação que desperta valores sensíveis essenciais. "*Die Farben*", diz Goethe, "*sind Thaten des Lichts, Thaten und Leiden.*" As cores são ações da luz, ações e esforços. Como compreender essas cores sem participar de seu ato profundo? pensa um metafísico como Schopenhauer. E qual é o ato da cor, senão tingir?

Esse ato de tingir considerado em toda a sua força primária, mostra-se de imediato como uma vontade da mão, de uma mão que aperta o tecido até o último fio. A mão do tintureiro é uma mão de amassador que quer atingir o *fundo da matéria*, o *absoluto da sutileza*. A tintura vai também ao *centro* da matéria. Um autor do século XVIII escreve: "Pois a tintura é como um ponto essencial do qual, como do centro, saem os raios que se multiplicam em sua operação." (*La lettre philosophique*, trad. fr. de Duval, 1773, p. 8) Quando a mão não tem força, tem paciência. A dona de casa encontra tais impressões em certas limpezas minuciosas. Uma página curiosa de um romance de D. H. Lawrence nos mostra uma vontade de brancura que é como uma vontade de impregnar a limpeza até chegar tão próximo ao fundo da matéria que parece que a matéria vai explodir, que não poderá conservar este auge de brancura. Grande sonho de uma vida material excessiva, que reaparece várias vezes na obra do grande escritor inglês[11]: "Henriqueta lavava ela própria sua roupa pela alegria de branqueá-la, e do que mais gostava era pensar em vê-la tornar-se cada vez mais branca, como a garota de Spenser, ao sol e no mar, indo examiná-la na grama a cada cinco minutos, encontrando-a cada vez realmente mais branca, até seu marido declarar que ela atingiria um ponto de brancura em que as cores explodiriam, e que ao sair ela veria pedaços de arco-íris na grama e nos arbustos no lugar das toalhas e camisas.

"— Eu ficaria bem espantada! disse ela, aceitando a coisa como uma eventualidade muito admissível e acrescentando com ar pensativo: — Não, realmente é impossível."

---

11. D. H. Lawrence, *Kangourou*, trad. fr., p. 170.

Como conduzir melhor os sonhos até as imagens absolutas, até as imagens impossíveis! Este é um sonho de lavadeira tratado pela imaginação material em um desejo de brancura substancial, apresentando de algum modo a limpeza como uma qualidade de átomo. Para ir tão longe, basta às vezes bem começar e sonhar, como Lawrence sabia, trabalhando.

A longa fidelidade da tinturaria à matéria pode aparecer em práticas muito curiosas. B. Carnaut (*La peinture dans l'industrie*, p. 11) recorda que os pintores romanos utilizavam, para o negro, a borra de vinho calcinado: "Eles supunham que da qualidade do vinho dependia a beleza do negro." Assim a imaginação material crê facilmente na transitividade dos valores: um bom vinho produz uma borra bem homogênea que produz um belo negro[12].

Em 1783, o abade Bertholon em seu livro sobre *A eletricidade dos vegetais* diz ainda (p. 280): "O conde de Mouroux, no quinto volume das misturas de Turim (*mélanges Turin*), tentou provar, mediante grande número de experiências, que as flores contêm um princípio colorante particular fixo, existente também nas cinzas, que se transmite às vitrificações nas quais se faz penetrar a cor da flor."

De um modo engraçado, Swift pensa também em uma tintura em profundidade. Em *A viagem a Laputa* ele põe na boca de um inventor estas palavras: Não é uma tolice tecer o fio do bicho-da-seda, quando temos, com a aranha, uma escrava que poderia ao mesmo tempo fiar e tecer para nós? Só faltaria tingir. E mesmo para isso a aranha não está apta a um terceiro ofício? Basta que a alimentemos com moscas "de cores diversas e brilhantes". E incorporando ainda mais as cores na alimentação — as moscas que servirão de alimento às aranhas, por que não alimentá-las com "gomas, óleo e glúten, necessários para que os fios da aranha adquiram uma consistência adequada"? (trad. fr., cap. V, p. 155)[13]

---

12. Aproximemos dessa bela cor negra uma tinta de poeta. D'Annunzio sonha em escrever seus juramentos com uma tinta indelével, uma tinta feita "com o negro-de-fumo dissolvido em mel, goma, almíscar e hipomanes" (*Le dit du sourd et muet qui fut miraculé en 1266*, Roma, 1936, p. 11). Quem gosta das substâncias sonhará por muito tempo diante de tal tinteiro.

13. Há uma outra maneira de "aumentar" as imagens: o relato de viagem. Um viajante citado em *Introduction à la philosophie des anciens* (1689) viu no Brasil aranhas "que fazem teias suficientemente fortes para prender pássaros do tamanho de tordos".

Objetar-se-á talvez que esses ditos espirituosos estão bem longe da seriedade dos devaneios. Mas, se o sonho não tem o costume de gracejar, há espíritos claros que sabem gracejar em seu sonho. Swift é um deles. A verdade é que essa fantasia material foi formada a partir do tema de uma assimilação digestiva. O psiquismo digestivo de Swift — que um psicanalista iniciante não terá dificuldade em reconhecer, tantos são os seus traços nas Viagens — nos mostra assim a imaginação material sob uma luz simplificada, mas trazendo sempre a marca de uma impregnação profunda das propriedades substanciais[14].

Daremos aliás um exemplo que mostrará bem, acreditamos, como uma imagem material tão singular como a tintura sonhada em sua impregnação substancial pode perturbar uma vida moral, pode cobrir-se de juízos morais. Com efeito, a imaginação é tão ardente para odiar as imagens como para estimá-las. Vamos ver uma imaginação que rejeita qualquer tintura como uma desonestidade, como uma espécie de mentira material que simboliza todas as mentiras. A página é um pouco longa, mas a extraímos de William James, que não hesitou em apresentá-la por inteiro, apesar de seu caráter anedótico, em seu livro *L'expérience religieuse* (trad. fr., p. 249). Ela nos mostrará que os atrativos ou as repugnâncias formadas pela imaginação da matéria íntima das coisas podem desempenhar uma função nas mais altas regiões da vida espiritual: "Os primeiros *quakers* eram verdadeiramente puritanos... Lemos no *Diário* de um deles, John Woolman:

"Tenho freqüentemente meditado sobre a causa primordial da opressão de que padecem tantos homens... De tempos em tempos, me pergunto: será que, em todas as minhas ações, eu faço das coisas um uso conforme à justiça universal?...

"Refletindo freqüentemente em tudo isso, senti sempre mais escrúpulo em usar chapéus e roupas tingidos com uma tintura que os deteriora... Estava persuadido de que tais hábitos não se fundamentam na verdadeira sabedoria. O temor de afastar de mim aqueles que eu amava, ao singularizar-me, me retinha e me incomodava. Continuei portanto a vestir-me como antes... Fiquei doente...

---

14. Evidentemente, todas as qualidades, e não apenas a cor, são tonalizadas em profundidade pela imaginação. Para a sua água de alcatrão, Berkeley aconselha empregar "cavacos de velhos pinheiros, *bem nutridos*" (*La siris*, trad. fr., p. 12).

Sentindo a necessidade de purificar-me ainda mais, não tinha nenhum desejo de recobrar a saúde antes que o objetivo de minha provação fosse atingido... Tive a idéia de arranjar um chapéu de feltro cujos pêlos tivessem conservado sua cor natural; mas o temor de singularizar-me ainda me atormentava. Isto causou-me fortes atribulações no momento de nossa assembléia geral, na primavera de 1762; eu desejava ardentemente que Deus me indicasse o bom caminho. Profundamente curvado em espírito diante do Senhor, recebi dele a vontade de submeter-me àquilo que eu sentia que ele exigia de mim. De volta à minha casa, arranjei um chapéu de feltro de cor natural.

"Quando eu tomava parte em reuniões, essa singularidade me punha à prova; justamente naquela ocasião uns elegantes que gostavam de seguir as mudanças da moda puseram-se a usar chapéus brancos, iguais ao meu: vários amigos que não sabiam quais eram os meus motivos para usá-lo passaram a me evitar. Por certo tempo isso criou um obstáculo para o exercício de meu ministério. Muitos amigos receavam que ao usar tal chapéu eu quisesse ostentar minha singularidade. Quanto àqueles que me falavam disso num tom amistoso, eu lhes dizia geralmente em poucas palavras que o uso daquele chapéu não dependia de minha vontade."

Mais tarde, viajando a pé pela Inglaterra, ele teve impressões análogas: "Em minhas viagens, diz ele, passei perto de grandes tinturarias; e muitas vezes caminhei num solo todo embebido de matérias corantes. Desejei vivamente que os homens pudessem alcançar a limpeza das casas, das roupas, do corpo e do espírito. A tintura dos tecidos destina-se, de um lado, a agradar aos olhos do outro, a ocultar a sujeira. Várias vezes, obrigado a caminhar na lama que exalava fedores malsãos, desejei fortemente que se viesse a refletir sobre o valor da prática que consiste em disfarçar a sujeira sob a tintura.

"Lavar nossas roupas para mantê-las puras e asseadas, é limpeza; mas ocultar-lhes a sujeira é o contrário da limpeza. Cedendo a este hábito, fortalecemos a tendência de encobrir aos olhos tudo o que nos desagrada. A limpeza perfeita convém a um povo santo. Mas colorir nossas roupas para dissimular-lhes as nódoas é contrário à perfeita sinceridade. Certos tipos de tinturas tornam o tecido menos útil. Se todo o dinheiro gasto em matérias corantes, em operações de tintura, e todo o dinheiro que se perde estragando assim

o tecido fosse aplicado para conservar por toda a parte a mais perfeita limpeza, como ela reinaria no mundo!'' (*The Journal of John Woolman*, Londres, 1903, cap. XII e XIII, pp. 158 ss. e pp. 241, 242)[15].
Como se vê, certas almas introduzem *valores* nas mais singulares imagens, que deixam indiferente a maioria dos homens. Isso nos prova que toda imagem material adotada sinceramente torna-se imediatamente um valor. Para insistir sobre esse fato, vamos terminar o capítulo suscitando uma última dialética de valores, dialética que podemos designar nos seguintes termos: *sujar para limpar*. Ela será a marca de um combate intestino das substâncias e conduzirá a um verdadeiro maniqueísmo da matéria.

VII

Em nosso estudo sobre o ar (Conclusão, parte II), já encontramos incidentalmente um devaneio da limpeza ativa, de uma limpeza conquistada contra a imundície insidiosa e profunda. É preciso que todo valor, a limpeza como os demais, seja conquistado de um anti-valor, sem o que não se vivencia a valorização. Então, como já indicamos, no onirismo da limpeza ativa se desenvolve uma dialética curiosa: suja-se primeiro para limpar melhor depois. A vontade de limpar deseja um adversário à sua altura. E, para uma imaginação material dinamizada, uma substância bem suja dá mais oportunidade à ação modificadora do que uma substância simplesmente embaciada. A sujeira é um *mordente* que retém o agente purificador. A dona de casa prefere limpar a mancha ao encardido. Parece portanto que a imaginação da luta pela limpeza necessita de uma provocação. Essa imaginação deve excitar-se em uma cólera maligna. Com que sorriso malvado passa-se a pasta de polir no cobre da torneira. Ela é atacada com a imundície do velho esfregão sujo e gorduroso, empastado de polidor. Amargor e hostilidade acumulam-se no coração do trabalhador. Por que trabalhos tão vulgares? Mas vem o momento do esfregão seco, então aparece a malvadez alegre, a malvadez vigorosa e tagarela: ''Torneira,

---
15. Poderíamos aliás nos perguntar se nos escrúpulos de Woolman não entra um componente sexual. Recordemos que para o inconsciente o ato da tintura é um ato masculino (cf. Herbert Silberer, *Probleme der Mystik und ihrer Symbolik*, p. 76).

você ficará um espelho; caldeirão, você ficará o sol!'' Enfim, quando o cobre brilha e ri, com a grosseria de um bom rapaz, a paz é selada. A dona de casa contempla as suas vitórias rutilantes. Impossível ter disposição para o trabalho, gostar de limpar a casa, sem animar-se com tais dialéticas.

Nesta luta, a imaginação varia as armas. Ela não trata da mesma maneira o polidor e a cera. Sonhos de impregnação sustentam a doce paciência da mão que dá à madeira a beleza através da cera: a cera, devagarinho, deve entrar na intimidade da madeira. Veja-se, em *Le jardin d'hyacinthe*[16], a velha Sidonie em seu trabalho doméstico: "A cera macia penetrava naquela matéria polida sob a pressão das mãos e o calor proveitoso de lã. Lentamente a bandeja ia adquirindo um brilho suave. Como se essa irradição atraída pelo esfregar magnético emergisse do alburno centenário, do próprio cerne da árvore morta; e se fosse difundido aos poucos ao estado de luz na bandeja. Os velhos dedos carregados de virtudes e a palma generosa extraíam do bloco maciço e das fibras inanimadas os poderes latentes da vida.'' Tais páginas reclamariam as observações feitas várias vezes no livro anterior: o trabalhador não fica "na superfície das coisas". Ele sonha com a intimidade, com as qualidades íntimas, com a mesma "profundidade" que o filósofo. À madeira ela oferece toda a cera que ela pode *absorver*, sem excesso, devagar.

Podemos presumir que almas simples, almas que meditam ao trabalharem fisicamente, manualmente, como foi o caso de um Jacob Boehme, conheceram esse caráter real da imagem material que faz do *mordente do mal* uma condição quase necessária da *impregnação do bem*. Ao ler o filósofo sapateiro parece-nos que é possível apreender esse duelo de imagens, antes que essas imagens se tornem simples metáforas. O maniqueísmo do grude e da cera é sensível na luta ferrenha, sempre renascente, entre os adjetivos contrários da adstringência e da doçura. Em muitos textos, podemos nos convencer de que o ponto de partida do devaneio material de Boehme é uma matéria ao mesmo tempo áspera e negra, comprimida, compressora, desagradável. Nessa matéria má, vêm engendrar-se os elementos (*Les trois principes*, t. I, p. 2): "Entre a adstringência e o amargor engendra-se o fogo; a aspereza do fogo é o amar-

---

16. Henri Bosco, *Le jardin d'hyacinthe*, p. 193.

gor, ou o próprio aguilhão, e o adstringente é a cepa e o pai de ambos, e no entanto é engendrado por eles, pois um espírito é como uma vontade ou um pensamento que se eleva, e que, em sua própria ascensão, se busca, se impregna e se engendra." Para ser fiel ao pensamento de Boehme, cumpre aliás não colocar sistematicamente o tempo da adstringência antes do tempo da doçura. Isto seria aceitar muito ingenuamente, como diz Claude de Saint-Martin, uma linguagem criatural. Adstringência e doçura estão ligadas materialmente, é pela adstringência que a doçura une-se à substância, é no mordente do mal que se impregna o bem. Uma matéria de limpeza permanece fiel e ativa com a contração adstringente da matéria pegajosa e acre. É preciso que uma luta desperte-lhe constantemente a acuidade. É preciso que a limpeza, como o bem, esteja em perigo para permanecer desperta e fresca. Este é um caso particular da imaginação das qualidades. Voltaremos a ele em nosso capítulo sobre a tonalização das qualidades. Queremos mostrar aqui que, a propósito das qualidades aparentemente mais plácidas, a imaginação pode provocar infindáveis oscilações, oscilações que penetram a intimidade mais minuciosa das substâncias.

VIII

Podemos aliás dar exemplos de uma intimidade tenaz, uma intimidade que mantém suas qualidades e ao mesmo tempo as exalta. Parece, por exemplo, que um mineral tem por finalidade valorizar a própria cor; ele é imaginado nesse *pancalismo ativo* tão característico da imaginação material.

Com efeito, é sempre por uma *bela cor* que o alquimista designa a *substância propícia*, aquela que satisfaz os desejos do trabalhador, aquela que põe um termo a seus esforços. O fenômeno alquímico não se dá apenas como a produção de uma substância que aparece, é uma maravilha que se apresenta com todo o seu esplendor. Paracelso calcina o mercúrio "até que ele se manifeste com sua bela cor vermelha", ou, como dizem outros adeptos, com sua *bela túnica vermelha*. A cor que não fosse *bela* seria o signo de uma manipulação inacabada. Decerto o químico moderno emprega semelhantes expressões; diz freqüentemente que um corpo é de um belo verde, outro de um belo amarelo. Mas esta é a expressão de uma realidade, não a expressão de um valor. O pensamento científico, nesse aspecto, não tem nenhuma tonalidade estética. Não era assim no tempo da alquimia. Então a *beleza* privilegiava um resultado, era o signo de uma substancialidade pura e profunda. Por isso, quando um historiador das ciências, confiante nos conhecimentos científicos de sua época, relê os velhos livros, às vezes vê nessa declaração de uma bela e límpida cor só um meio para designar a substância em questão. Muito raramente coloca o juízo alquímico em sua verdadeira função, a de um juízo de valor íntimo, juízo de valor em que convergem todos os valores imaginários. Para julgar tais convergências é preciso formular não apenas uma doutrina da experiência, mas também uma doutrina do devaneio.

Assim, o fato de uma substância alquímica ser de um *belo verde* é para o juízo de valor o sinal de uma *valorização muito comprometida*. Em muitos casos o verde é a *primeira bela cor*. A escala dos valores substancialmente valorizados, das cores que são as marcas de um valor profundo, varia um pouco segundo os adeptos. A escala de perfeição segue, na maioria das vezes, a seguinte ordem: negro, vermelho e branco. Mas encontramos também a escala negro, branco e vermelho. E a sublimação material é uma real conquista da cor. Eis, por exemplo, a *dominação* do vermelho.

O Falcão está sempre no topo das montanhas gritando:

Eu sou o Branco do Negro, o Vermelho da Cor de Limão.

Evidentemente, a valorização das cores límpidas denuncia a imundície diabólica das cores embaciadas, sujas, mescladas. No século XVI, o eleitor de Saxe proscrevia o índigo como "uma cor mordente diabólica — *fressende Teufels Farbe*"[17].

De qualquer maneira, a beleza de uma cor material revela-se como uma riqueza em profundidade e em intensidade. É a marca da tenacidade mineral. E, por uma inversão muito usual no reino da imaginação, ela é sonhada tanto mais sólida quanto mais bela for.

Em sua *Histoire de la chimie*, onde consegue determinar melhor do que todos os seus predecessores a dualidade entre a química e a alquimia, Fierz-David indica com acerto uma valorização de co-

---

17. Cf. Hoefer, *Histoire de la chimie*, t. II, p. 101.

res substanciais na origem da invenção da pólvora. O negro carvão "como *materia prima* foi misturado ao enxofre (o homem vermelho) e ao sal (a mulher branca)". A explosão, valor cósmico insigne, foi o signo resplandecente do nascimento do "jovem rei"[18]. Não se pode deixar de reconhecer aqui a ação de uma certa causalidade das cores; a pólvora realiza uma síntese das potências do negro, do vermelho e do branco. Tais devaneios das potências substanciais podem nos parecer agora longínquos e obscuros. Não estamos muito dispostos a admitir que nos proponham uma teoria do *devaneio inventivo*, uma teoria dos devaneios falsos que conduzem à experiência verdadeira. Mas é preciso tantos interesses para manter a paciência inicial, tantas esperanças de potência mágica para animar as primeiras pesquisas, que não se deve afastar nenhum pretexto da base das primeiras descobertas numa época em que os conhecimentos objetivos não estavam ligados por nenhum sistema dotado de poder indutivo, de valores inventivos.

Estamos portanto sempre diante do mesmo problema: acreditamos que é preciso dar às expressões seu pleno sentido psíquico, quando estudamos temas que abrangem os valores inconscientes misturados às observações objetivas. As cores não se prendem aqui a um nominalismo. São forças substanciais para uma imaginação ativista.

Da mesma maneira, quando ocorrem as *comparações* com as potências cósmicas, é preciso elevar tais comparações até converte-las em *participações*, sem o que se destonalizam os documentos psicológicos. Por exemplo, quando um alquimista fala de um precipitado *branco como a neve*, ele já admira, já venera. A admiração é a forma primária e ardente do conhecimento, é um conhecimento que enaltece o seu objeto, que o valoriza. Um valor, no primeiro encontro, não se avalia: admira-se. E toda comparação de uma substância com um ser da natureza, como a neve, um lírio, um cisne, é uma participação em uma intimidade profunda, em uma virtude dinâmica. Em outras palavras, todo sonhador que valoriza a substância branca, comparando-a com substâncias imaculadas, acredita captar a brancura em seu ato, em seus atos naturais.

Perder-se-á o benefício da imaginação material e dinâmica como elemento de investigação psicológica se não se respeitar o rea-

---

18. H. E. Fierz-David, *Die Entwicklungsgeschichte der Chemie*, Basiléia, 1945, p. 91.

lismo profundo das expressões. As tinturas alquímicas vão ao fundo da substância, são fundos de substância. Há vontade de colorir, de tingir, ao longo de todas as transmutações alquímicas. O finalismo da experiência alquímica designa a cor como um objetivo. Por exemplo, o objetivo supremo, a pedra branca, acaba sendo mais brancura do que pedra, é a brancura concreta. Ao acompanhar sua valorização, deseja-se que essa pedra deixe de ser pétrea e seja bastante pura para encarnar a brancura.

Assim que se compreende esta ação em profundidade das *belas cores* materiais, sabe-se para sempre que a beleza usufrui sem cessar seus pleonasmos. É assim que revivo o ímpeto pancalista dos versos de Luc Decaunes:

> *Encontrei a bela neve de braços de linho,*
> *A bela neve de membros de cevada,*
> *A neve bela como a neve.*
> A l'oeil nu. Les mains froides, p. 53

Com o último verso, a brancura volta a seu regaço, o círculo de beleza substancial, da intimidade de beleza, se fecha. Sem pleonasmo, não há beleza. Por isso mesmo está demonstrada a transitividade das outras metáforas: as outras metáforas estão em bom alinhamento pois conduzem à substância primária, numa maravilhosa unidade do sonho de brancura. Tudo isso só aparece se acrescentarmos à análise literária uma análise dos valores oníricos. Mas estas são *verdades de imaginação* que a crítica literária clássica não aceita. Apegado ao nominalismo das cores, preocupado em deixar os adjetivos em liberdade, o crítico literário clássico quer a todo momento separar as coisas de sua expressão. Não quer seguir a imaginação em sua encarnação das qualidades. Em suma, o crítico literário explica as idéias pelas idéias, o que é legítimo —, os sonhos pelas idéias, o que pode ser útil. Esquece no entanto, o que é indispensável, de explicar os sonhos pelos sonhos.

Assim, o sonho da intimidade de uma matéria de maneira nenhuma tem medo de uma tautologia das impressões; ele enraíza na substância a qualidade mais valorizada. É isso que confere aos sonhos de substância sua singular fidelidade. Poder-se-ia dizer do *ouro* que ele é psiquicamente inalterável. Quem sonha com a matéria beneficia-se de uma espécie de enraizamento pivotante de suas impressões. A materialidade defronta-se então com a idealidade das impressões, o devaneio objetiva-se por uma espécie de obrigação externa e interna. Nasce uma espécie de materialismo fascinante que pode deixar lembranças imperecíveis em uma alma. Talvez tenhamos uma boa medida da infinita profundidade sonhada na intimidade das coisas se considerarmos o mito da purificação profunda das substâncias. Já assinalamos rapidamente, para enfatizar-lhe o caráter dialético, o desejo que tem o alquimista de lavar o *interior das substâncias*. Mas tal imagem atrai inúmeras metáforas, metáforas que não se limitam a duplicar a realidade, mas que provam bem que o alquimista quer de algum modo exorcizar as imagens realistas. Herbert Silberer bem o percebeu (*op. cit.*, p. 78). Ele indica o deslocamento de toda expressão. Trata-se de lavar com água? — acrescenta-se imediatamente que não é com água natural com sabão? mas não é sabão comum com mercúrio? mas não é mercúrio metálico. Três vezes a significação é deslocada, três vezes a realidade não passa de uma significação provisória. A imaginação não encontra no real o verdadeiro sujeito ativo do verbo *lavar*. Ela deseja uma atividade indefinida, infinita, que desça ao recôndito da substância. Sente-se em ação uma mística da limpeza, uma mística da purificação. Então a metáfora que não chega a exprimir-se representa a realidade psíquica do desejo de pureza. Aí também abre-se a perspectiva de uma intimidade de infinita profundidade.

Temos aqui um bom exemplo da necessidade que tinham os alquimistas de *multiplicar* as metáforas. A realidade, para eles, é uma aparência enganadora. O enxofre repleto de odor e de luz não é o *verdadeiro enxofre*, não é a raiz do verdadeiro fogo. O próprio fogo não é o verdadeiro fogo. É apenas o fogo flamejante, crepitante, fumegante, produtor de cinzas. Imagem remota do verdadeiro fogo, do fogo-princípio, do fogo-luz, do fogo puro, do fogo substancial, do fogo-princípio. Percebe-se bem que o sonho das substâncias se realiza *contra* os fenômenos da substância, que o sonho da intimidade é o devir de um segredo. O caráter *secreto* da alquimia não corresponde a um comportamento social da prudência. Deve-se à natureza das coisas. Deve-se à natureza da matéria alquímica. Não é um segredo que se conhece. Mas um segredo essencial que se busca, que se pressente. Desse segredo nós nos aproximamos, ele está ali, centrado, encerrado nos cofres embutidos da substância, mas todos os disfarces são enganadores. Assim o sonho de intimidade prossegue com uma estranha confiança de chegar ao fim, apesar das ilusões que renascem sem cessar. O Alquimista ama tanto a substância que não pode acreditar que ela minta apesar de todas as suas mentiras. A busca da intimidade é uma dialética que nenhuma experiência mal sucedida pode deter.

IX

Se acompanharmos o longo estudo que C. G. Jung dedicou à alquimia, poderemos avaliar melhor o sonho de profundidade das substâncias. De fato, como Jung demonstrou, o alquimista *projeta* sobre as substâncias longamente trabalhadas o próprio inconsciente, que vem redobrar os conhecimentos sensíveis. Se o alquimista fala do mercúrio, ele pensa "exteriormente" no argento-vivo, mas ao mesmo tempo acredita estar diante de um espírito escondido ou prisioneiro na matéria (cf. Jung, *Psychologie und Alchemie*, p. 399), mas sob o termo *espírito*, ao qual a física cartesiana atribuirá realidade objetiva, começa a trabalhar um sonho indefinido, um pensamento que não quer encerrar-se nas definições, um pensamento que, para não se aprisionar nas significações precisas, multiplica as significações, multiplica as palavras. Embora C. G. Jung desaconselhe pensar o inconsciente como uma localização *sob* a consciência, parece-nos possível dizer que o inconsciente do alquimista projeta-se como *uma profundidade* nas imagens materiais. Mais sinteticamente, diremos que o alquimista *projeta a sua profundidade*. Em vários dos capítulos seguintes encontraremos essa mesma projeção. Voltaremos portanto ao assunto. Mas consideramos útil assinalar, em todas as oportunidades, uma lei a que chamaremos a isomorfia das imagens da profundidade. Ao sonhar a profundidade, sonhamos a nossa profundidade. Ao sonhar com a virtude secreta das substâncias, sonhamos com nosso ser secreto. Mas os maiores segredos de nosso ser estão escondidos de nós mesmos, estão no segredo de nossas profundezas.

X

Um estudo completo das imagens materiais da intimidade deveria considerar longamente todos os valores do calor oculto. Se o empreendêssemos, teríamos de retomar toda a nossa obra sobre o fogo, sublinhando melhor alguns traços que permitem falar de uma verdadeira dialética do calor e do fogo. Quando o calor e o fogo recebem suas imagens distintas, parece que tais imagens podem servir para designar uma imaginação introvertida e uma imaginação extrovertida. O fogo exterioriza-se, expande-se, mostra-se. O calor interioriza-se, concentra-se, oculta-se. Mais precisamente que o fogo, é o calor que merece o nome de *a terceira dimensão*, conforme a metafísica sonhadora de um Schelling (*Obras completas*, t. II, p. 82): *"Das Feuer nichts anderes als die reine der Körperlichkeit durchbrechende Substanz oder dritte Dimension sei."*

O interior sonhado é cálido, jamais ardente. O calor sonhado é sempre suave, constante, regular. Pelo calor, tudo é *profundo*. O calor é o signo de uma profundidade, o sentido de uma profundidade.

O interesse pelo suave calor acumula todos os valores íntimos. No debate que agitava no século XVII as duas grandes teorias da digestão estomacal (trituração ou cocção), quando se objetava que um calor tão suave como o do estômago não podia derreter em duas horas um osso "que a mais forte elixação nunca poderia dividir", alguns médicos respondiam que esse calor extraía uma *força* suplementar da própria alma.

XI

Às vezes uma dialética de intimidade e de expansão adquire, num grande poeta, uma forma tão suave que esquecemos a dialética do grande e do pequeno que, no entanto, é a dialética básica. Então a imaginação já não desenha, ela transcende as formas desenhadas e desenvolve com *exuberância* os valores da *intimidade*. Em suma, toda riqueza íntima aumenta ilimitadamente o espaço interior onde ela se condensa. O sonho fecha-se aí e desenvolve-se no mais paradoxal dos gozos, na mais inefável das felicidades. Acompanhemos Rilke buscando no coração das rosas um *corpo* de suave intimidade (*Interior da rosa. Ausgewählte Gedichte*, ed. Insel-Verlag, p. 14).

> *Que céus se puseram ali*
> *no lago interior*
> *dessas rosas abertas.*

O céu inteiro cabe no espaço de uma rosa. O mundo vem viver num perfume. A intensidade de uma beleza íntima condensa as belezas de todo um universo. Depois, em um segundo movimento, o poema fala da expansão da beleza. Essas rosas:

> *Mal podem elas caber em si mesmas,*
> *muitas, repletas, transbordaram de espaço interior*
> *nesses dias que terminam*
> *numa plenitude vasta, sempre mais vasta,*
> *até que todo o verão torne-se um quarto,*
> *um quarto num sonho.*

Todo o verão está *dentro* de uma flor; a rosa transborda de espaço interior. No plano dos objetos, o poeta nos faz viver os dois movimentos tão pesadamente designados pelos psicanalistas como introversão e extroversão. Esses movimentos correspondem tão bem à inspiração do poema que vale a pena acompanhá-los em sua evolução. O poeta busca ao mesmo tempo a intimidade e as imagens. Quer *exprimir a intimidade de um ser do mundo exterior*. Faz isso com uma estranha pureza de abstração, descartando as imagens imediatas, sabendo bem que não se faz sonhar descrevendo. Ele nos põe diante dos mais simples motivos de devaneio: acompanhando-o entramos no *quarto de um sonho*.

XII

Assim, estudando sucessivamente as meditações dos alquimistas, os preconceitos de pintores romanos, as idéias fixas e as manias de um pastor puritano, os gracejos de um Swift, as longas e obscuras imagens de um Boehme, ou simplesmente os pensamentos fugazes de uma dona de casa trabalhando, mostramos que a intimidade material das coisas solicitava um devaneio que apesar de seus aspectos múltiplos é muito característico. A despeito de todas as proibições dos filósofos, o homem sonhador quer chegar ao âmago das coisas, dentro da própria matéria das coisas. Dizem precipitadamente que nas coisas o homem encontra a si mesmo. A imaginação é mais curiosa pelas novidades do real, pelas revelações da matéria. Ela gosta desse materialismo aberto que a todo momento se oferece como ocasiões de imagens novas e profundas. À sua maneira, a imaginação é objetiva. Tentamos dar uma prova disso ao escrever todo esse capítulo sobre a intimidade do sonho nas coisas sem nos ocupar com a intimidade do sonhador.

XIII

Evidentemente, se nos déssemos por tarefa o estudo dos níveis inconscientes mais ocultos, se buscássemos as origens mais pessoais da intimidade do sujeito, teríamos de percorrer uma perspectiva bem diferente. É por essa via que se pode, em particular, caracterizar a volta à mãe. Tal perspectiva foi explorada em suas profundezas pela psicanálise com bastante desvelo para que não nos seja preciso estudá-la.

Limitar-nos-emos a uma observação vinculada ao nosso tema específico da determinação das imagens.

Essa *volta à mãe*, que se apresenta como uma das mais fortes tendências para a *involução psíquica*, é acompanhada, ao que parece, de um recalque das imagens. Entrava-se a sedução dessa volta involutiva ao precisar-lhe as imagens. Nessa direção, com efeito, encontramos as imagens do ser adormecido, as imagens do ser de olhos fechados ou semicerrados, sempre sem vontade de ver, as próprias imagens do inconsciente estritamente cego que forma todos os seus valores sensíveis com suave calor e bem-estar.

Os grandes poetas sabem nos fazer voltar a essa intimidade primitiva de formas muito indecisas. Cumpre segui-los não acrescentando mais imagens às existentes em seus versos, caso contrário estaremos pecando contra a psicologia do inconsciente. Por exemplo, num livro em que o ambiente social de Clemens Brentano foi estudado com exatidão e argúcia, René Guignard acredita poder julgar um poema do ponto de vista da consciência clara[19]: "As estrofes nas quais a criança lembra à mãe o tempo em que estava em seu seio não nos parecem muito apropriadas. Sem dúvida, não se poderia representar mais adequadamente a união íntima de dois seres, mas parece-nos chocante fazer uma criança dizer:

---
19. René Guignard, *La vie et l'oeuvre de Clemens Brentano*, 1933, p. 163.

> *Und war deine Sehnsucht ja allzugross*
> *Und wusstet nicht, wem klagen,*
> *Da weint ich still in deinen Schooss*
> *Und konnte dirs nicht sagen.* *

"Ficamos na dúvida", continua o crítico, "se é comovente ou ridículo: em todo caso Brentano gostava muito desse texto, e, numa época que não saberíamos precisar, ele o remanejou para realçar-lhe o caráter quase religioso."

A inaptidão para julgar do ponto de vista do inconsciente está manifesta aqui. O crítico universitário faz uma imagem visual de uma criança *dentro* do seio da mãe. Essa imagem é chocante. Se o leitor a forma, ele se afasta da linha de imaginação do poeta. Se o crítico tivesse acompanhado o sonho do poeta no mundo do calor confuso, do calor sem limite onde fica o inconsciente, se tivesse revivido o tempo dos primeiros alimentos, teria compreendido que no texto de Brentano se abre uma terceira dimensão, uma dimensão que escapa à alternativa "do comovente e do ridículo".

Se o poeta "gostava muito desse texto" e até procurou dar-lhe uma tonalidade religiosa, é porque esse texto tinha para ele um *valor*, valor que uma crítica ampla só pode buscar no inconsciente, já que a parte clara, como nota René Guignard, é bastante pobre. Essa crítica aprofundada revelará sem dificuldade a influência de uma intimidade das potências maternais. Os traços dessa intimidade são evidentes. Basta ver aonde eles conduzem. Porque Brentano fala à sua noiva "como uma criança... fala à sua mãe", o crítico vê nisso um "símbolo bem característico da fraqueza do poeta que deseja antes de tudo sentir-se acariciado e mimado". Mimado! Que corte de bisturi em uma carne viva e sadia! Era um sono maior que Clemens Brentano pedia ao amor!

De fato, quantos prolongamentos seria preciso seguir a partir de poemas tão múltiplos! Um único parágrafo não é suficiente para estudar a intimidade maternal da Morte: "Se a mãe é muito pobre para alimentar o filho, que ela o coloque docemente 'no limiar da morte' e morra com ele, para que ao abrir os olhos ele a aviste no céu!" Um céu, por certo, que teria a palidez dos lim-

---

* *E era tão imensa a tua saudade/ E não sabia a quem lamentar/ Então chorei em silêncio no teu colo/ E nada podia te dizer.*

bos, uma morte que teria a doçura de um seio, uma comunhão numa vida mais tranqüila, numa vida pré-natal. Mas nessa via da imaginação as imagens esfumam-se, apagam-se. A intimidade que, sonhada nas substâncias, reclamava tantas imagens, desta vez é *apenas intensidade*. Ela nos confia seus valores primordiais, valores tão remotamente enraizados no inconsciente que ultrapassam as imagens familiares e atingem os mais arcaicos arquétipos.

CAPÍTULO II

A INTIMIDADE EM CONFLITO

> O ser interior tem todos os movimentos.
>
> HENRI MICHAUX

I

Para um mero filósofo escrevendo e lendo no dia a dia, seu livro é uma vida irreversível, e assim como ele gostaria de reviver a vida para melhor pensá-la — único método filosófico para melhor vivê-la — também gostaria, terminado o livro, de ter de refazê-lo. Esse livro terminado, como ajudaria ao novo livro! Tenho a melancólica impressão de ter aprendido, ao escrever, como eu deveria ter lido. Tendo lido tanto, gostaria de reler tudo. Quantas imagens literárias que não *vi*, das quais não retirei a roupagem de banalidade. Um de meus arrependimentos, por exemplo, é não ter estudado no momento oportuno as imagens literárias do verbo *formigar* (*fourmiller*). Tarde demais reconheci que a uma realidade que formiga está ligada uma *imagem fundamental*, uma imagem que reage em nós como um princípio de mobilidade. Essa imagem aparentemente é pobre; na maioria das vezes é uma palavra, e até uma palavra literariamente negativa: é a confissão de que não sabemos descrever o que vemos, a prova de que nos desinteressamos dos movimentos desordenados.

E no entanto, que estranha convicção na clareza dessa palavra! Que variedade de aplicação! Do queijo habitado às estrelas que povoam a noite imensa, tudo se agita, tudo formiga. A imagem é aversão e é admiração. Ela reveste-se facilmente de valores contrários. É portanto uma imagem arcaica.

Como então haver desconhecido essa prodigiosa imagem dos movimentos milionários, todas as alegrias anárquicas de uma intimidade loucamente dinamizada! Marquemos ao menos essa imagem por seu duplo paradoxo.

Em primeiro lugar, assinalemos que uma desordem estática é imaginada como um conjunto agitado: as estrelas são tantas que parecem, nas belas noites de verão, formigar. *A multiplicidade é agitação*. Não há, na literatura, um único *caos imóvel*. Quando muito se encontra, como em Huysmans, um caos imobilizado, um caos petrificado. E não é sem razão que nos livros do século XVIII e dos séculos anteriores vê-se a palavra *chaos* ortografada *cahots* [solavancos].

Mas eis o paradoxo recíproco. Basta olhar — ou imaginar — um conjunto de corpos que se agitam em todos os sentidos para que se lhe atribua um número que ultrapassa em muito a realidade: *a agitação é multiplicidade*.

II

Mas vejamos a intervenção de algumas idéias e algumas imagens nesses paradoxos. Perceberemos assim quão facilmente as imagens simples e fugidias tornam-se idéias "primárias".

Por exemplo, a fermentação é geralmente descrita como um movimento formigante, e é isso que a torna como que o intermediário mais indicado entre o inerte e o vivo. Por causa de sua agitação intestina a fermentação é vida. A imagem encontra-se, em toda a sua ingenuidade, em Duncan[1]: "Os princípios ativos, escapando às partes grosseiras que os mantinham envolvidos, são como as formigas que saem por si sós pela porta que lhes é aberta." Assim a imagem do movimento formigante é promovida à categoria de meio de explicação. Os princípios "ativos" de fermentação convertem a substância imaginada num verdadeiro formigueiro.

Flaubert submete-se também à lei da imaginação que confere a agitação à pequenez. No livro *La tentation de Saint Antoine* (primeira versão) ele põe na boca dos pigmeus estas palavras: "Miniaturas de homem, remexemo-nos no mundo como os bichinhos na

---

1. Duncan, *op. cit.*, t. I, p. 206.

corcova de um dromedário.'' Também, que mais podem fazer pigmeus sob a pena de um escritor cuja altura ultrapassa um metro e oitenta? Em nosso livro anterior indicamos como, de uma alta montanha, os viajantes gostavam de comparar os homens a formigas agitadas. Todas essas pequenas imagens são demasiado abundantes para não ter uma significação.

Como todas as imagens fundamentais, a imagem do formigueiro pode ser valorizada e desvalorizada. Pode transmitir tanto uma imagem da atividade quanto uma imagem da agitação. Neste último caso, fala-se de ''uma vã agitação''. Assim comportam-se ''as idéias'' na insônia de um trabalhador do espírito. O formigueiro em aflição também não pode passar a imagem exata de uma alma desamparada, levada pelas palavras incoerentes, uma imagem *"der turbulenten Zerstreuheit des Daseins"*[1a]... A imagem do formigueiro pode então ser um *teste* para uma análise ativista. Conforme os estados de alma, ela é conflito ou união. É evidente que em tal análise pela imagem é preciso descartar os conhecimentos adquiridos nos livros. A história natural das formigas não vem ao caso.

Aqui está, para acabar de uma vez com essas pobres imagens, uma página que não teremos dificuldade em psicanalisar, mediante um simples sorriso. Ela é tirada de uma obra de tom sério, de uma obra que nunca se afasta da maior seriedade. Se olharmos ao microscópio, diz Hemsterhuis[2], o líquido seminal de um animal, há vários dias sem se aproximar de uma fêmea, encontraremos "um número prodigioso dessas partículas, ou desses animálculos de Leeuwenhock, mas todas em repouso e sem o menor sinal de vida". Façam, ao contrário, com que uma única fêmea passe diante do macho antes do exame microscópico, então "encontrarão todos esses animálculos não só vivos, mas nadando todos no líquido, que aliás é espesso, com uma rapidez prodigiosa". Deste modo, o sério filósofo confere ao espermatozóide todas as agitações do desejo sexual. O ser microscópico registra imediatamente os incidentes psicológicos de um espírito "agitado" pelas paixões.

Essa intimidade buliçosa pode parecer uma paródia dos valores íntimos, mas mostra bem, a nosso ver, a ingenuidade da imaginação das agitações intestinas. Aliás, ao passar da agitação ao conflito, vamos ver imagens mais dinâmicas, em que a vontade de poder e de hostilidade terão ampla participação.

1a. Ludwig Binswanger, *Ausgewählte, Vorträge und Aufsätze*, Berna, 1947, p. 109.
2. Hemsterhuis, *Oeuvres*, t. I, p. 183.

III

Com muita freqüência a agitação intestina das substâncias é apresentada como o *combate* íntimo de dois ou de vários princípios materiais. A imaginação material, que encontrava o repouso na imagem de uma substância fixa, contém uma espécie de batalha na substância agitada. Ela substancializa um combate. São muitos ainda, no século XVIII, os livros de química que evocam, no próprio título, o *combate das substâncias*. Basta despejar vinagre no giz, a efervescência é imediatamente um objeto de interesse para alunos jovens. Essa primeira *aula prática* de química é, no estilo do século XVIII, um combate de substâncias. Parece que o químico sonhador assiste às lutas entre o ácido e o giz como a uma rinha de galos. Se preciso, ele fustiga com sua vareta de vidro os combatentes quando a ação arrefece. E nos livros de alquimia não são raras as injúrias contra uma substância "mordicante" que "morde" mal.

As designações alquímicas como *lobo voraz* atribuída a uma substância — poderíamos citar várias outras — provam bem a animalização das imagens em profundidade. Essa animalização — será necessário dizer? — nada tem a ver com formas ou cores. Nada legitima exteriormente as metáforas do leão ou do lobo, da víbora ou do cão. Todos esses animais revelam-se como metáforas de uma psicologia da violência, da crueldade, da agressão, as quais correspondem, por exemplo, à *rapidez* do ataque[3]. Um *bestiário metálico* está em ação na alquimia. Esse bestiário não é um simbolismo inerte. Subjetivamente, assinala as estranhas participações do alquimista nos combates de substâncias. Ao longo de toda a alquimia, tem-se a impressão de que o bestiário metálico reclama o gladiador alquimista. Objetivamente, ele é uma medida — sem dúvida bem imaginária — para as forças de hostilidade das diversas substâncias uma contra a outra. A palavra *afinidade*, que por muito tempo foi — e continua sendo — um termo de explicação para o espírito pré-científico, suplantou sua antítese: a hostilidade.

Mas existiu uma química da *hostilidade* paralelamente a uma química da *afinidade*. Essa química da hostilidade exprimiu as for-

---

3. As imagens partiram, as palavras permaneceram. Diremos apenas que o ácido sulfúrico "ataca" o ferro e não ataca o ouro.

ças de agressão do mineral, toda a maldade dos venenos e peçonhas. Teve vigorosas e prolixas imagens. Tais imagens embotaram-se e enfraqueceram, mas é possível fazê-las reviver sob as palavras tornadas abstratas. Com efeito, muitas vezes é a imagem química, a imagem material, que dá vida a expressões animalizadas. Assim, as mágoas "corrosivas" jamais teriam recebido esse nome se a ferrugem não tivesse "corroído" o ferro, se a ferrugem não tivesse aplicado incansavelmente seus pequenos dentes de rato sobre o ferro dos machados[4]. Se pensarmos no coelho, protótipo dos roedores, a mágoa corrosiva é, se ousamos dizer, um despropósito. O intermédio da *imagem material* é indispensável para encontrar as raízes oníricas da expressão da tristeza que corrói um coração. A ferrugem é a imagem extrovertida — certamente muito inadequada! — de um sofrimento ou de uma tentação que *corrói* uma alma.

Seria um longo problema encontrar uma química sentimental que nos faria determinar a nossa perturbação íntima através de imagens no âmago das substâncias. Mas essa *extroversão* não seria vã. Ela nos ajudaria a colocar nossos sofrimentos "para fora", a fazer nossos sofrimentos funcionarem como se fossem imagens. Uma obra como a de Jacob Boehme é em geral animada, no detalhe de suas páginas, por semelhantes processos de extroversão. O filósofo sapateiro projeta suas análises morais nas coisas, nos elementos; ele encontra entre a cera e o grude as lutas da doçura e da adstringência.

Mas a extroversão tem apenas um tempo. É enganadora quando pretende ir ao *âmago* das substâncias, pois acaba por encontrar nele todas as imagens das paixões humanas. Pode-se assim mostrar ao homem que vivencia as suas imagens "a luta" entre os álcalis e os ácidos; ele vai mais além. Sua imaginação material trans-

---

4. Um autor do século XVII diz que "o abacaxi come o ferro". Se deixarmos uma faca dentro de um abacaxi, ela será "em um dia e uma noite comida e consumida pelo fruto". Deve-se tomar, nesse texto, a palavra comer em sentido pleno, pois se continuarmos a leitura veremos que o ferro assim *comido* reaparece no talo da planta. O autor fala também de árvores exóticas que têm, à guisa de cerne, um talo de ferro. Vemos que nesse caso a palavra *comer* hesita entre o sentido próprio e o sentido figurado. De um jogo de palavras, Pierre Leroux faz, no século XIX, uma filosofia. Ele desenvolve um comentário fluente do fato de que *esse* quer dizer ao mesmo tempo ser e comer, e acrescenta: "Comer é negar, é devorar, é ser cruel, é ser assassino. Logo, existir é ser cruel e assassino... O ácido come, e o álcali também; a planta come, o animal come, o homem come, tudo come." (*La grève de Samarez*, livro II, p. 23) Voltaremos, com mais sonhos, ao duplo sentido da palavra latina *esse* no capítulo sobre o complexo de Jonas.

forma-a insensivelmente numa luta entre a água e o fogo, depois numa luta entre o feminino e o masculino. Victor-Emile Michelet fala ainda do "amor do ácido pela base, que a mata e que se mata para fazer um sal".

O homem saudável, para Hipócrates, é um composto equilibrado da água e do fogo. À menor indisposição, a luta dos dois elementos hostis recomeça no corpo humano. Um surdo conflito manifesta-se ao menor pretexto. Assim poderíamos inverter a perspectiva e preparar uma psicanálise da saúde. A luta central seria captada na ambivalência do *animus* e da *anima*, ambivalência que instala em cada um de nós uma luta de princípios contrários. São esses princípios contrários que a imaginação recobre com imagens. Toda alma irritada leva a discórdia a um corpo febril. Está então disposta para ler, nas substâncias, as imagens materiais de sua própria agitação.

Aliás, para os leitores que não quiserem sonhar tão longe, bastará meditar sobre os ácidos "fortes" e os ácidos "fracos" para ter um estoque de imagens dinâmicas que dão vida às lutas intestinas. De fato, toda luta é dualidade — em virtude de um postulado simplificador das imagens dinâmicas. Mas, reciprocamente, para a imaginação toda dualidade é luta. Para a imaginação, toda substância fica necessariamente dividida assim que deixa de ser elementar. Essa divisão não é plácida. Assim que a imaginação se refina já não se satisfaz com uma substância de vida simples e uniforme. À menor *desordem* imaginada no *interior* das substâncias, o sonhador julga-se testemunha de uma agitação, de uma luta pérfida.

As imagens materiais da intimidade em conflito encontram apoio tanto nas intuições vitalistas quanto nas intuições alquímicas. Obtêm uma adesão imediata "da alma gástrica". O psicanalista Ernest Fraenkel teve a gentileza de nos enviar as páginas nas quais estuda a instância digestiva sob o nome de alma gástrica. Ele mostra nesse estudo que a alma gástrica é essencialmente sádica, e acrescenta: "O sadismo gástrico é o do químico que expõe a sua vítima ao efeito de um ácido que queima."

Quando se compreendeu como funciona a imaginação pessimista que insere o tumulto no âmago das substâncias, lê-se com outros olhos páginas como esta em que Friedrich Schlegel explica, no século XIX, a nuvem de gafanhotos como a criação direta de um ar tumultuado. O gafanhoto é então uma substância de mal tornada visível[5]: "Que dizer desses enxames de gafanhotos... Será algo mais que uma criação doentia de um ar infectado por alguns elementos contagiosos e caindo em dissolução? Que o ar e a atmosfera sejam dotados de vida, e mesmo de uma vida muito sutil, é uma coisa que suponho aceita; não creio ser mais contestável que esse mesmo ar é um composto confuso de forças contrárias, em que o sopro balsâmico da primavera luta contra o vento abrasador do deserto e contra os miasmas contagiosos de toda espécie." Deixemos então a imaginação trabalhar e compreenderemos que o miasma aumenta até produzir o gafanhoto. Este inseto que consegue ser ao mesmo tempo verde e seco — síntese de qualidades materialmente contraditórias[6] — é uma matéria terrestre produzida no próprio ar pelas forças más de um fluido pernicioso.

Evidentemente, ficaríamos bem embaraçados em fornecer o menor argumento *objetivo*, a menor imagem *real* para sustentar o tema de Schlegel. Mas não faltam argumentos *subjetivos*. Basta dar livre curso à imaginação material e à imaginação dinâmica, isto é, basta restituir à imaginação sua função primária, no limiar da palavra e do pensamento, para sentir animalizarem-se os fluidos perniciosos que vêm tumultuar e agitar as substâncias louváveis. Quando a imaginação é devolvida à sua função vital que é valorizar as trocas materiais entre o homem e as coisas, quando é verdadeiramente o comentário figurado de nossa vida orgânica, então a higiene encontra naturalmente suas imagens substanciais, tanto para o bem como para o mal. A respiração jovem e forte aspira a plenos pulmões um ar que a imaginação ditosa declara *puro*, e, diz a filosofia da vida, "um ar dotado de vida". Ao contrário, um peito oprimido acha o ar "pesado", conforme a locução tantas vezes empregada pelos poetas que desenvolveram o tema do satanismo dos maus odores[7]. Desde então, duas substâncias, a boa e a má, estão em luta no ar.

Compreende-se então a intuição de Schlegel, imaginando no próprio ar a ação de duas forças contrárias que produzem o bem e o mal, a paz ou a guerra, as alegrias das colheitas ou os flagelos,

---

5. F. Schlegel, *La philosophie de la vie*, t. I, p. 296.
6. No reino da imaginação material, o verde é aquático. Cf. o gafanhoto criado por Satã com restos de animais (Hugo, *Légende des siècles. Puissance égale bonté*).
7. Para Du Bartas, Satã é "Esse Revoltado, Rei dos ares mais pesados." (*La semaine*, p. 19)

os sopros balsâmicos ou os miasmas. Assim o quer uma sensibilidade à vida que torna vivas e vitais todas as matérias do universo. Deste modo o sentir é reintegrado no pensar, como queria Solger[8].

Mas já que tomamos por regra assinalar de passagem todas as relações entre os *valores* substanciais e as *palavras*, na esperança de juntar pouco a pouco os elementos de uma imaginação falada, vamos fazer algumas observações sobre a desvalorização *estritamente lingüística* dos valores substanciais.

Há palavras anti-respiratórias, palavras que nos sufocam, palavras que nos obrigam a esgares. Elas escrevem nossa vontade de recusa em nosso rosto. Se o filósofo se dispusesse a recolocar as palavras na boca ao invés de convertê-las precipitadamente em pensamentos, descobriria que uma palavra pronunciada — ou simplesmente uma palavra cuja pronúncia se imagina — é uma atualização de todo o ser. Todo o nosso ser é deixado tenso por uma palavra; as palavras de recusa, em particular, comportam tal sinceridade que não podem ser subjugadas pela polidez.

Vejam, por exemplo, com que sinceridade pronuncia-se a palavra *miasma*. Não é uma espécie de onomatopéia muda da repugnância? Uma golfada de ar impuro é expelida e a boca se fecha em seguida com energia. A vontade quer ao mesmo tempo calar-se e não respirar[9].

Assim também, toda a química do século XVIII designa por *mofetas* os gases das reações nauseabundas, as exalações das minas. A palavra traduz uma imaginação mais contida, mas que opera no mesmo sentido que os miasmas, ao designar as substâncias da decomposição. As mofetas são muxoxos eruditos.

Esse realismo psicológico da palavra falada confere de certo modo um peso ao mau ar respirado. O fluido aéreo fica então carregado de mal, um mal polivalente que reúne todos os vícios da substância terrestre; o miasma adquiriu toda a podridão do pântano; a mofeta todo o enxofre da mina. O ar do céu não poderia explicar tais vilanias. Para isso é preciso uma substância perturbada em sua profundeza, mas sobretudo uma substância que possa subs-

---

8. Cf. Maurice Boucher, tese, Paris, p. 89.
9. Talvez fosse interessante filmar aquele grande escritor quando pronunciava — ou simplesmente quando escrevia — a palavra *moisi* [bolor], que desempenha uma certa função em seu materialismo de desprezo: "*Une fade odeur de moisi m'enserre.*" [Um insípido odor de bolor me encerra.]

tancializar a perturbação. Todo o século XVIII teve medo das matérias de febre, das matérias de pestilência, das matérias tão profundamente perturbadas que perturbam ao mesmo tempo o universo e o homem, o Cosmos e o Microcosmos. Para o abade Bertholon, esses vapores mefíticos ("mofeticos") que emanam das minas prejudicam tanto os fenômenos elétricos quanto os fenômenos vitais. Vapores deletérios introduzem-se nos centros das substâncias e lhes trazem seu germe de morte, o próprio princípio da decomposição.

Mesmo um conceito tão pobre como o conceito de desgaste, conceito que para um espírito racional é hoje totalmente *extrovertido*, pode aparecer em uma perspectiva de *introversão*. Podemos assim citar exemplos em que imaginamos a ação de uma verdadeira *matéria de destruição*. O ser, costuma-se repetir, está *minado* por dentro. Mas essa aniquilação íntima, a imaginação a designa como uma substância ativa, como um filtro, como um veneno.

Em suma, a imaginação substancializa a destruição. Ela não pode satisfazer-se com uma demolição, com um desgaste exterior. Duncan escreve em 1682: Ante a idéia de que os corpos mais duros acabam por se desgastar, este médico não deseja que se acuse simplesmente *o tempo*. Prefere imaginar a ação do Sol ou "a impetuosidade de uma matéria sutil que passando rapidamente pelos poros de todos os corpos abala-lhes insensivelmente as partes". E acrescenta, passando do dogmatismo à crítica, como fazem em geral aqueles que substituem uma imagem por outra: "Os poetas são os únicos que acusam o tempo dessa dissipação geral que vai desgastando aos poucos os corpos mais duros."

IV

Como exemplo de substância infeliz, poderíamos evocar inúmeras páginas em que os alquimistas tornaram viva a imagem material da morte, ou, mais exatamente, uma dissolução materializada. Ainda que os três princípios materiais de Paracelso, o enxofre, o mercúrio e o sal sejam normalmente, como expusemos em nossa obra anterior[9a], princípios de união e de vida, eles podem sofrer

---

9a. Cf. *A terra e os devaneios da vontade* (cap. IX).

tamanha perversão íntima que se tornam os princípios de uma morte que dissolve o próprio interior dos elementos.

Esse materialismo da morte é muito diferente de nossa noção clara das *causas* da morte. Muito diferente também da personificação da Morte. Decerto o alquimista, como todos os pensadores da Idade Média, tremeu ante as representações simbólicas da Morte. Viu a Morte misturar-se aos vivos na dança macabra. Mas essas imagens de esqueletos mais ou menos velados não encobre completamente um devaneio mais secreto, mais substancialista, em que o homem medita sobre uma dissolução carnal ativa. Então ele já não teme apenas as imagens do esqueleto. Tem medo das larvas, tem medo das cinzas, tem medo do pó. Em seu laboratório há muitos procedimentos de dissolução, pela água, pelo fogo, pelo almofariz, para não imaginar que ele próprio se tornará uma substância sem figura. Vejamos alguns traços desses temores sábios. Nós os sentiremos tanto mais ativos quando reunirmos mais estreitamente, como no tempo da alquimia, as realidades do Cosmos e as realidades humanas do Microcosmos.

O *sal radical*, que em nossa carne liga o fogo da alma à umidade radical do corpo, pode desligar-se. Então a morte penetra na própria substância do ser. A doença já é uma morte parcial, uma substância mórbida. Assim, diz Pierre-Jean Fabre[10], a morte tem sua "subsistência real e material" em nosso corpo sofredor.

Fabre descreve em detalhe as divisões que atormentam as substâncias, que perturbam as mais sólidas substâncias. Ao enxofre vital opõem-se os enxofres antinaturais.

Arsênicos, Realgares, Ouro-pigmentos, Sandáracas — que belo alexandrino! — são dessa espécie.

Assim também, todas as "peçonhas quentes e ígneas, sejam elas celestes, aéreas, aquáticas ou terrestres", são matérias de febre.

Do mesmo modo, o "mercúrio de morte" começa já em nossa vida sua obra de dissolução: É o "inimigo principal do sal de vida, contra o qual trava abertamente a guerra", "corrompendo, apodrecendo e destruindo a solidez em todas as coisas, tornando-as moles e líquidas". Submerso por esse mercúrio frio, o ser afoga-se intimamente. "Ingerimos a febre com nossos legumes aquosos", diz Rimbaud.

---

10. Pierre-Jean Fabre, *Abrégé des secrets chymiques*, Paris, 1636, p. 91.

Manifesta-se assim uma Contra-Natureza que luta contra a Natureza e essa luta é íntima; desenvolve-se no seio das mais sólidas substâncias.

Para bem compreender a natureza dessa contra-natureza íntima cumpre retomar todos os sonhos de intimidade do alquimista. Em primeiro lugar é mister lembrar que o mineral tem uma vida mineral, e em segundo que essa vida mineral, desde Paracelso, é estudada em suas ações sobre a vida humana. O corpo humano tornou-se um aparelho de experiências, uma retorta, uma fornalha de alquimista. É nesse recipiente humano que devem ser feitas as experiências mais interessantes, as de maior valor. O alquimista busca antes o ouro potável do que o ouro em barra. Trabalha antes nas metáforas do ouro do que na realidade do ouro. E é às maiores metáforas, àquelas da juventude, que ele atribui naturalmente os maiores valores.

Até que ponto então esses valores devem ser frágeis? Se uma substância química dá provas de seu valor supremo como remédio, de que traição irá revelar-se capaz? Se o remédio age *obliquamente*, é ele o responsável por isso. Não se incrimina o corpo humano enfraquecido. No mercúrio da poção infiltrou-se um mercúrio de veneno[11]. O enxofre de vida é pervertido em enxofre de morte assim que um "reanimante" trai sua missão, assim que um ouro potável já não transmite coragem a um coração combalido.

Assim a intimidade corporal do homem participa da determinação dos valores minerais. Ninguém deve se espantar se a contra-natureza das substâncias se manifesta *humanamente*. É no homem e pelo homem que a natureza se determina em contra-natureza. Para muitos alquimistas o princípio material de morte foi misturado com os princípios de vida no momento do pecado original. O pecado original pôs o verme na maçã, e todos os frutos do mundo, em sua realidade e em suas metáforas, ficaram estragados. Uma matéria de ruína infiltrou-se em tudo. Daí em diante a carne é uma falta em seu próprio ser.

---

11. Alfred Jarry, *Spéculations*, Éd. Charpentier, 1911, p. 230. "A linguagem registra com precisão as verdades consagradas pela experiência, mas ao longo do tempo as disfarça tão bem que com elas fabrica confortáveis erros, põe frente a frente, em termos 'alotrópicos', os dois pólos dessa antinomia: dizemos *poison* [veneno] e *potion* [poção]. A palavra popular e temível foi forjada pela multidão das almas ingênuas para designar as drogas em que não ousavam tocar todos os dias..."

A carne já é um inferno material, uma substância dividida, perturbada, constantemente agitada de conflitos. Essa carne de inferno tem seu lugar no Inferno. No Inferno, diz Pierre-Jean Fabre (*op. cit.*, p. 94), estão reunidas "todas as doenças", mais como matérias supliciadas do que como suplícios. Aí reina "uma mistura e um caos de misérias inimagináveis". O inferno da substância é precisamente uma mistura de enxofre antinatural, de umidade alheia e de sal corrosivo. Todas as forças da *bestialidade mineral* lutam nessa *substância de inferno*. Com essa substancialização do mal, vemos em ação estranhos poderes da metáfora material. Trata-se realmente de imagens *abstratas-concretas*; contêm em intensidade o que no mais das vezes se descreve como imensidade. Elas visam o *centro* dos males, *concentram* os sofrimentos. O Inferno figurado, o Inferno com suas imagens, o Inferno com seus monstros foi feito para atingir a imaginação vulgar. O alquimista, em suas meditações e em suas obras, acredita ter isolado a substância de monstruosidade. Mas o verdadeiro alquimista é um espírito elevado. Deixa às feiticeiras a tarefa da quintessência do monstruoso. Por sua vez a feiticeira só trabalha nos reinos animal e vegetal. Ela não conhece a intimidade maior do mal, a que se insere no mineral pervertido.

V

Mas não chegaríamos ao fim se quiséssemos estudar em detalhe todas as imagens da discórdia íntima, todos os dinamismos das forças que nascem da divisão do ser, todos os sonhos da originalidade revoltada que faz com que o ser não queira mais ser o que é. Nestas rápidas anotações, desejaríamos apenas indicar a profundidade de uma perspectiva que se designa como um pessimismo da matéria. Queríamos mostrar que o sonho de hostilidade pode adquirir um dinamismo tão íntimo que provoca, de uma maneira paradoxal, a divisão do simples, a divisão do elemento. No interior de qualquer substância, a imaginação da cólera materializada suscita a imagem de uma contra-substância. Parece então que a substância deve se manter contra uma substância hostil, no interior mesmo de seu ser. O alquimista, que substancializa todos os seus sonhos, que *realiza* tanto seus fracassos como suas esperanças, formou assim verdadeiros antielementos. Tal dialética já não se contenta com as oposições aristotélicas das qualidades — quer uma dialética das forças ligadas às substâncias. Em outras palavras, continuando os primeiros sonhos, a imaginação dialética já não se satisfaz com as oposições entre a água e o fogo — quer a discórdia mais profunda, a discórdia entre a substância e as suas qualidades. As imagens materiais de um *fogo frio*, de uma *água seca*, de um *sol negro*, nós as encontramos seguidamente em nossas leituras de alquimia. Elas se formam também, mais ou menos explícitas, mais ou menos concretas, nos devaneios materiais dos poetas. Indicam uma vontade de contradizer inicialmente as aparências, depois de assegurar para sempre essa contradição mediante uma discórdia íntima, fundamental. O ser que segue tais devaneios, segue em primeiro lugar uma *conduta de originalidade* disposta a enfrentar todos os desafios da percepção razoável, depois torna-se a presa dessa originalidade. Sua originalidade não é mais do que um processo de negação.

A imaginação que se compraz com tais imagens de oposição radical enraíza em si a ambivalência do sadismo e do masoquismo. Sem dúvida essa ambivalência é bem conhecida dos psicanalistas. Mas eles quase só estudam o seu aspecto afetivo, as suas reações sociais. A imaginação vai mais longe; ela faz filosofia, determina um materialismo maniqueísta, em que a substância de cada coisa torna-se o lugar de uma luta renhida, de uma fermentação de hostilidade. A imaginação aborda uma *ontologia da luta* em que o ser se formula em um *contra-si*, totalizando o algoz e a vítima, um algoz que não tem tempo de saciar-se em seu sadismo, uma vítima a quem não se deixa comprazer-se em seu masoquismo. O repouso é negado para sempre. A própria matéria não tem direito a isso. Afirma-se a agitação íntima. O ser que segue tais imagens conhece então um estado dinâmico que é inseparável da embriaguez: é agitação pura. É *formigueiro puro*.

VI

Um dos grandes fatores de agitação íntima entra em ação à mera imaginação das trevas. Se pela imaginação entramos nesse espaço noturno encerrado no interior das coisas, se vivenciamos verdadeiramente a sua escuridão secreta, descobrimos núcleos de infelicidade. No capítulo anterior deixamos a imagem do negrume secreto do leite em sua placidez. Mas ela pode ser o signo de perturbações profundas, e cabe-nos agora indicar brevemente o caráter hostil de semelhantes imagens. Se pudéssemos reunir e classificar todas as *imagens negras*, as imagens substancialmente negras, constituiríamos, assim acreditamos, um bom material literário suscetível de duplicar o material figurado da análise de Rorschach. Conhecemos pessoalmente tarde demais os belos trabalhos de Ludwig Binswanger e de Roland Kuhn sobre a Daseinsanálise e a análise rorschachiana. Não poderemos utilizá-los a não ser em outro trabalho. Limitemo-nos portanto, neste final de capítulo, a algumas observações suscetíveis de indicar a orientação de nossas pesquisas.

Entre os dez cartões do teste de Rorschach figura um amontoado de borrões escuros íntimos que causa freqüentemente "o choque negro" (*Dunkelschock*), ou seja, desperta emoções profundas. Assim, um único borrão preto, intimamente complexo, quando sonhado em suas profundezas, basta para nos colocar em *situação de trevas*. Só se espantarão com tal potência os psicólogos que recusam acrescentar à psicologia da forma uma psicologia da imaginação da matéria. O ser que segue sonhos, sobretudo o ser que comenta sonhos, não pode permanecer no contorno das formas. Ao menor apelo de uma intimidade, penetra na matéria de seu sonho, no elemento material de seus fantasmas. Lê, no borrão preto, a potência dos embriões ou a agitação desordenada das larvas. Toda treva é fluente, logo, toda treva é material. Assim funcionam os devaneios da matéria noturna. E para um autêntico sonhador do interior das substâncias, um canto de sombra pode evocar todos os terrores da vasta noite.

Muitas vezes, prosseguindo nosso trabalho solitário nos livros, invejamos os psiquiatras a quem a vida oferece todos os dias "casos" novos, "indivíduos" que vão procurá-los com um *psiquismo completo*. Para nós, os "casos" são pequeninas imagens encontradas no canto de uma página, no isolamento de uma frase inesperada, sem o entusiasmo das descrições do real. Contudo, apesar da raridade de seus êxitos, nosso método tem uma vantagem, a de nos colocar ante o problema único da expressão. Temos portanto o meio de fazer a psicologia do sujeito que se exprime, ou melhor, do sujeito que *imagina sua expressão*, do sujeito que amolda sua responsabilidade na própria poesia de sua expressão. Se nossos esforços pudessem ser prosseguidos, haveria a possibilidade de examinar, como um mundo autônomo, o universo da expressão. Veríamos que esse universo da expressão se oferece às vezes como um meio de libertação relativamente aos três mundos examinados pela Daseinsanálise: *Umwelt, Mitwelt, Eigenwelt* — mundo ambiental — mundo inter-humano — mundo pessoal. Pelo menos, três mundos da expressão, três tipos de poesia, podem encontrar aqui sua distinção. Com relação à poesia cósmica, por exemplo, poderíamos ver como ela é uma libertação do universo real, uma libertação do *Umwelt* que nos cerca, que nos encerra, que nos oprime. Todas as vezes em que conseguimos elevar imagens ao nível cósmico, percebemos que tais imagens nos davam uma consciência feliz, uma consciência demiúrgica. Se confrontássemos os trabalhos de Ludwig Binswanger com os de Moreno, talvez pudéssemos formular o seguinte esquema. Ao *Eigenwelt*, mundo dos fantasmas pessoais, poderíamos associar o psicodrama. Ao *Mitwelt*, mundo inter-humano, poderíamos associar o sociodrama. Seria preciso então trabalhar o *Umwelt*, o mundo dito real, o mundo percebido com evidência, com os princípios da imaginação material. Fundaríamos assim uma instância psíquica particular a que poderíamos muito bem chamar a instância do cosmodrama. O ser sonhante trabalharia o mundo, faria exotismo em casa, assumiria uma tarefa de herói nas batalhas da matéria, entraria na luta dos negrumes íntimos, tomaria partido na rivalidade das tinturas. Sairia vencedor no detalhe das imagens, de todo "choque negro".

Mas seria necessário um livro inteiro para falar dessas batalhas da intimidade em conflito. Vamos, no próximo capítulo, nos contentar em examinar a batalha de dois objetivos. Veremos que essa simples dialética transmite ao ser que imagina uma tonalização feliz.

CAPÍTULO III

A IMAGINAÇÃO DA QUALIDADE. RITMANÁLISE E TONALIZAÇÃO

> Ao escrever nos expomos diretamente ao excesso.
>
> HENRI MICHAUX,
> *Liberté d'action*, p. 41

I

Todas as descrições psicológicas relativas à imaginação partem do postulado de que as imagens reproduzem mais ou menos fielmente as sensações, e quando uma sensação detectou numa substância uma qualidade sensível, um gosto, um odor, uma sonoridade, uma cor, um polimento, uma forma arredondada, não se vê bem como a imaginação poderia ultrapassar essa lição inicial. No reino das qualidades, a imaginação deveria então limitar-se a comentários. Em razão desse postulado indiscutido, chega-se a dar ao *conhecimento* da qualidade um papel preponderante e durável. De fato, todo problema colocado pelas qualidades das diversas substâncias é sempre resolvido pelos metafísicos, assim como pelos psicólogos, no plano do *conhecer*. Mesmo quando se delineiam temas existencialistas, a qualidade conserva o ser de um *conhecido*, de um *experimentado*, de um *vivido*. A qualidade é aquilo que *conhecemos* de uma substância. Por mais que se acrescente a esse *conhecimento* todas as virtudes de intimidade, todo o frescor de instantaneidade, deseja-se sempre que a *qualidade*, ao revelar um ser, o faça *conhecer*. E orgulhamo-nos de nossa experiência de um instante como de um *conhecimento* indestrutível. Transformamo-la na base dos *reconhecimentos* mais seguros. Assim o gosto e suas lembranças nos foram dados para que *reconheçamos* nossos alimentos. E nos maravilhamos, como Proust, da deliciosa fidelidade das mais simples lembranças ligadas deste modo, em profundidade, à matéria.

Se agora, na alegria de saborear as frutas do ano novo, prestarmos a nossas sensações uma homenagem exuberante, se *imaginarmos* todo um mundo para enaltecer um de seus bens, daremos a impressão de trocar a alegria de sentir pela alegria de falar. Parece então que a imaginação das qualidades se coloca imediatamente à margem da realidade. Sentimos prazeres e os transformamos em canções. A embriaguez lírica se apresenta apenas como uma paródia da embriaguez dionisíaca.

No entanto, essas objeções tão razoáveis, tão clássicas, nos parecem desconhecer o sentido e a função de nossa adesão apaixonada às substâncias que amamos. Em suma, a imaginação, a nosso ver, inteiramente positiva e primária, deve, quanto ao tema das qualidades, defender o existencialismo de suas ilusões, o realismo de suas imagens, a própria novidade de suas variações. Assim, de acordo com nossas teses gerais, devemos colocar o problema do valor imaginário da qualidade. Em outras palavras, a qualidade para nós é a ocasião de tão grandes valorizações que o *valor passional* da qualidade não tarda a suplantar o *conhecimento* da qualidade. A maneira pela qual *amamos* uma substância, pela qual lhe *enaltecemos* a qualidade, manifesta uma reatividade de todo o nosso ser. A qualidade imaginada nos revela a nós mesmos como sujeito qualificante. E a prova de que o campo da imaginação abarca tudo, de que ultrapassa em muito o campo das qualidades percebidas, é que a reatividade do sujeito se manifesta nos aspectos mais dialeticamente opostos: a exuberância ou a concentração — o homem de mil gestos de acolhida ou o homem recolhido em seu prazer sensível.

Assim, ao abordar o problema do *valor subjetivo* das imagens da qualidade, devemos nos convencer de que o problema de sua *significação* deixa de ser o problema principal. O *valor da qualidade* está em nós verticalmente; ao contrário, a *significação* da qualidade está no contexto das sensações objetivas — horizontalmente.

Podemos então formular uma revolução copernicana da imaginação, restringindo-nos cuidadosamente ao problema psicológico das qualidades *imaginadas*: ao invés de buscar a qualidade no *todo* do objeto, como o signo profundo da substância, será preciso buscá-la na *adesão total* do sujeito que se envolve a fundo naquilo que imagina.

As correspondências baudelairianas nos haviam ensinado a somar as qualidades correspondentes a todos os sentidos. Mas elas se desenvolvem no plano das significações, em uma atmosfera de símbolos. Uma doutrina das qualidades imaginadas deve não só concluir a síntese baudelairiana acrescentando-lhe as consciências orgânicas mais profundas, mais dissimuladas, mas deve também promover um sensualismo fervilhante, ousado, ébrio de inexatidão. Sem essas consciências orgânicas e essas loucuras sensíveis, as correspondências correm o risco de ser idéias retrospectivas, que deixam o sujeito na atitude da contemplação, atitude que o priva dos valores de adesão.

Quando a felicidade de imaginar prolonga a felicidade de sentir, a qualidade propõe-se como uma acumulação de valores. No reino da imaginação, sem polivalência não há valor. A imagem ideal deve nos seduzir por todos os nossos sentidos e deve nos mobilizar mais além do sentido que está mais manifestamente envolvido. É este o segredo das correspondências que nos convidam à vida múltipla, à vida metafórica. As sensações não são muito mais do que as causas ocasionais das imagens *isoladas*. A *causa real do fluxo de imagens* é na verdade a *causa imaginada*; para nos servirmos da dualidade das funções que invocamos nos livros anteriores, diríamos de bom grado que a *função do irreal* é a função que dinamiza verdadeiramente o psiquismo, ao passo que a *função do real* é uma função de tolhimento, uma função de inibição, uma função que *reduz* as imagens de modo a dar-lhes um simples valor de signo. Vemos portanto que ao lado dos *dados* imediatos da sensação é preciso considerar as *contribuições* imediatas da imaginação.

Onde é possível acompanhar melhor a sedução do irreal do que na sensualidade falada, na sensualidade enaltecida, na sensualidade literária?

Para uma consciência que se exprime, o primeiro bem é uma imagem, e os grandes valores dessa imagem estão em sua própria expressão.

Uma consciência que se exprime! Haverá outras?

II

Uma dialética dos valores anima a *imaginação* das qualidades. Imaginar uma qualidade é dar-lhe um valor que ultrapassa ou contradiz o valor sensível, o valor real. Dá-se prova de imaginação ao refinar a sensação, ao desbloquear a grosseria sensível (cores ou perfumes) para realçar os matizes, os buquês. Busca-se o *outro* no interior do *mesmo*.

Talvez essa filosofia se torne mais clara se colocarmos o problema da imaginação das qualidades a partir do ponto de vista da imaginação *literária*. Facilmente teremos exemplos em que um *sentido* é excitado por um outro *sentido*. Às vezes um substantivo será sensibilizado por dois adjetivos contrários. Com efeito, para que serviria, no reino da imaginação, o substantivo provido de um adjetivo único? O adjetivo não seria então imediatamente absorvido pelo substantivo? Como resistiria a essa absorção? Fará o adjetivo único outra coisa além de sobrecarregar o substantivo? Dizer que um cravo é vermelho é apenas designar o *cravo vermelho*. Uma língua rica diria isso em uma única palavra. Diante de um cravo vermelho será preciso portanto mais do que a palavra cravo e a palavra vermelho reunidas para traduzir a estridência de seu odor vermelho. Quem nos dirá essa brutalidade? Quem fará trabalhar, diante dessa flor audaciosa, o sadismo e o masoquismo de nossa imaginação? — Odor do *cravo vermelho*, do cravo que não pode ser ignorado, nem sequer pela visão, eis um odor de direta reatividade: é preciso fazê-lo calar ou amá-lo.

Quantas vezes o homem de literatura buscou aproximar os termos de remota antítese até convertê-los no privilégio dos qualificativos que vêm se contradizer em um mesmo nome! Por exemplo, num livro que soube animar todas as personagens com a mais exata ambivalência psicológica, em que todos os incidentes e — como veremos — as próprias palavras fazem vibrar essa ambivalência, Marcel Arland (*Etienne*, p. 52) ouve uma jovem cantar "com uma voz afinada uma romança meio ingênua, meio obscena, à maneira das velhas camponesas". É preciso uma real destreza psicológica para manter equilibrados, cada qual em seu meio-sentido, os dois adjetivos que o escritor põe aqui lado a lado: meio ingênua, meio obscena. Sobre nuanças tão sutis e tão mobilizadas, a psicanálise corre o risco de ser demasiado dogmática. Não demorará em denunciar uma *falsa ingenuidade*; à menor alusão meio obscena, julgar-se-á autorizada a desvendar todos os subentendidos. O escritor não queria isso; afirmou uma reserva de inocência, uma raiz ainda vigorosa de fresca ingenuidade. Cumpre acompanhá-lo e perceber o equilíbrio de suas imagens, cumpre escutar a jovem que canta com uma voz *afinada* uma velha canção. Teremos então a oportunidade de viver uma ritmanálise que consegue restituir duas tentações contrárias em uma situação em que o ser equívoco exprime-se como ser equívoco, como o ser de dupla expressão.

Mas não podemos nos estender sobre um exame das qualidades morais, que nos daria tão facilmente exemplos da *dupla expressão*. Nossa demonstração ganhará em se concentrar nas qualidades materiais, na imaginação tonalizada das duas qualidades contrárias vinculadas a uma mesma substância, a uma mesma sensação.

Por exemplo, em *La gourmandise* [A gula], Eugène Sue nos descreve um cônego comendo "ovos de galinha-d'angola fritos na gordura de codorna, regados com caldo de lagostim". O feliz comensal bebe "um vinho ao mesmo tempo seco e aveludado" (ed. 1864, p. 232). Certamente tal vinho pode revelar-se seco em seu ataque sensível e depois aveludado à reflexão. Mas o *gourmet* faz questão de dizer: "Este vinho! Como é vaporoso!" Que se veja aliás, nesse exemplo, o caráter realizante das metáforas; sob os dedos, as coisas secas e as coisas aveludadas se contradizem implacavelmente, um veludo áspero desmentiria seus valores comerciais. Mas transportados do pobre sentido do tato para as riquezas do paladar, eis que os adjetivos se tornarão toques mais delicados. O vinho "escrito" tem sutilezas inverossímeis. Daremos outros exemplos, que serão tanto mais demonstrativos, acreditamos, quanto mais se afastarem da área sensível. Contradições que seriam intoleráveis em seu primeiro estado sensível tornam-se vivas em uma transposição para outro sentido. Assim, em *La canne de jaspe* [A bengala de jaspe], Henri de Régnier fala das algas "pegajosas e lisas" (p. 89). O tato, sem a visão, não associaria esses dois adjetivos, mas aqui a visão é um tato metafísico.

Um grande escritor da qualidade visual como Pierre Loti sabe partir de uma grande contradição entre a luz e a sombra e tornar mais sensível essa contradição *diminuindo-lhe* a expressão. Por exemplo, tendo acabado de nos mostrar "luzes cruas, batendo em grandes sombras duras", ele faz esse choque ressoar em uma "gama dos cinzas ardentes e dos marrons avermelhados". Dar ao cinza um ardor incisivo, despertar um leitor perdido no cinzento de sua leitura, eis um domínio na arte de escrever. Os cinzas ardentes de Loti são os únicos cinzas verdadeiramente agressivos que encontrei em minhas leituras (*Fleurs d'ennui* [Flores de tédio]. "Suleima", p. 318).

Vejamos um outro exemplo em que um som é trabalhado dialeticamente pelas interpretações imaginárias. Quando Guy de Maupassant escuta o rio que corre invisível sob os salgueiros, ele ouve "um grande ruído irado e doce" (*La petite roque*, p. 4). A água *resmunga*. Trata-se de uma censura ou de um som? E essa suavidade de murmúrio será verdadeiramente *boa*? Será uma voz campestre? É no caminho escavado ao longo do rio que se passa o drama descrito pelo escritor. Todos os seres do mundo, todas as vozes da paisagem em uma narrativa bem feita têm, para o homem imaginante, uma *pars familiaris* e uma *pars hostilis*, como as vísceras das vítimas examinadas pelos arúspices. O manso rio exprime, nesse dia, as ansiedades do crime. Então um leitor de lenta leitura pode sonhar no detalhe mesmo das frases. Aí também, entre doçura rabujenta e ira afetuosa, pode ritmanalisar impressões que seriam bloqueadas por observações unitárias. O verdadeiro psicólogo encontrará no coração humano uma união dos contrários afetivos que modificará as grosseiras ambivalências. Não basta dizer que o ser apaixonado é movido ao mesmo tempo pelo amor e pelo ódio, é preciso reconhecer essa ambivalência em impressões mais contidas. Em *Le vent noir* [O vento negro], por exemplo, Paul Gadenne multiplicou as exatas ambivalências. Num capítulo, um de seus heróis pode dizer: "Eu sentia em mim tanto doçura quanto violência." Síntese raríssima, mas da qual o livro de Paul Gadenne mostra toda a realidade.

Cumpre portanto bem distinguir em literatura entre o adjetivo que se limita a designar mais precisamente um objeto e o adjetivo que envolve a intimidade do sujeito. Quando o sujeito entrega-se por inteiro às suas imagens, ele aborda o real com uma *vontade de arúspice*. O sujeito vem procurar no objeto, na matéria, no elemento, advertências e conselhos. Mas essas vozes não podem ser claras. Conservam o equívoco dos oráculos. Por isso esses pequenos objetos oraculares têm necessidade de uma pequena contradição de adjetivos para nos falarem. Em um conto que é considerado, por vários motivos, inspirado em Edgar Poe, Henri de Régnier[1] recorda a voz cujas sílabas "eram o choque de um cristal límpido e noturno". Límpido e noturno! que tonalização de uma melancolia pregnante e doce! Uma profundeza mais, e o poeta, prosseguindo seu devaneio, evoca, captando a limpidez e a sombra noturnas, "uma fonte num bosque de ciprestes", o que pessoalmente nunca vi, o que adoraria ver... Sim, eu sei por que, naquele dia, não consegui ler mais...

III

Mas a energia das imagens, sua vida, não provém, repetimos, dos objetos. A imaginação é sobretudo o *sujeito tonalizado*. Parece que essa tonalização do sujeito tem duas dinâmicas diferentes, conforme ocorra em uma espécie de tensão de todo o ser ou, pelo contrário, em uma espécie de liberdade completamente descontraída, completamente acolhedora, aberta ao jogo das imagens sutilmente ritmanalisadas. Impulso e vibração são duas espécies dinâmicas bem diferentes quando as experimentamos em seu andamento vivo.

Vejamos inicialmente uns exemplos em que a tensão sensibiliza o ser conduzindo-o ao extremo da sensibilidade. As correspondências sensíveis aparecem então não na base, mas nos ápices psíquicos dos diferentes sentidos. Irá compreendê-lo aquele que, na noite mais escura, esperou com paixão o ser amado. Então o ouvido *atento* procura ver. É só fazer consigo mesmo a experiência e se perceberá a dialética do ouvido recolhido e do ouvido atento, a tensão buscando um além do som enquanto o ouvido recolhido goza docemente do seu bem. Thomas Hardy[2] viveu essas *transcendências sensíveis* que anota com precisão. "Sua atenção estava a tal ponto concentrada que os ouvidos pareciam quase cumprir a função de ver como a de ouvir. Impossível deixar de constatar essa extensão dos poderes dos sentidos em tais momentos. Era provavelmente sob o domínio de emoções desse tipo que devia encontrar-se o surdo doutor Kitto, quando, segundo suas palavras, conseguiu depois de um longo treinamento deixar o corpo tão sensível às vi-

---
1. Henri de Régnier, *La canne de jaspe. Manuscrit trouvé dans une armoire*, p. 252.
2. T. Hardy, *Le retour au pays natal*, trad. fr., 2ª parte, p. 156.

brações do ar que ouvia por ele e não pelos ouvidos." Naturalmente não nos cabe discutir a realidade de tais pretensões. Basta, para nosso objetivo, que as *imaginemos*. Basta que um grande escritor como Thomas Hardy sirva-se delas como de uma imagem *válida*. Com razão, Humboldt recorda este princípio de uma boa descrição ensinado pelos árabes: "A melhor descrição é a que faz do ouvido um olho."[3]

Assim também o homem amedrontado ouve a voz terrível de todo o seu corpo a tremer. Como são insuficientes as observações médicas sobre as alucinações auditivas de um Edgar Poe! A explicação médica unifica geralmente a alucinação e ignora seu caráter dialético, sua ação de superação. As imagens *visuais* do ouvido *esticado* levam a imaginação para além do silêncio. As imagens não se formam em torno das penumbras e dos murmúrios reais, interpretando sensações. É preciso sentir as imagens no próprio ato da imaginação *esticada*. As provas sensíveis dadas pelo escritor devem ser julgadas como meios de expressão, meios para comunicar ao leitor as imagens primaríssimas. Há uma maneira de ler *A queda da casa de Usher* em sua pureza de imaginação auditiva, restituindo a tudo o que se vê seu vínculo fundamental com o que se ouve, com o que o grande sonhador ouviu. Não é exagero dizer que ele ouviu a luta entre as cores sombrias e as luminescências vagas e flutuantes. Lendo com todos os seus ecos imaginários este conto insuperável de uma paisagem que está morrendo, tem-se a revelação da mais sensível das harpas humanas vibrando como nunca à passagem de todas as matérias de sombra em movimento na noite.

Então, quando a imaginação põe em nós a mais atenta das sensibilidades, nos damos conta de que as qualidades representam para nós mais devires do que estados. Os adjetivos qualificativos vivenciados pela imaginação — e como seriam vivenciados de outro modo? — aproximam-se mais dos *verbos* que dos *substantivos*. *Vermelho* aproxima-se mais de *avermelhar* que de *vermelhidão*. O vermelho imaginado ficará escuro ou pálido, conforme o peso de onirismo das impressões imaginárias. Toda cor imaginada torna-se um matiz frágil, efêmero, inapreensível. Ela *tantaliza* o sonhador que quer fixá-la.

Essa tantalização atinge todas as qualidades imaginadas. Os grandes sensibilizadores da imaginação, os Rilke, os Poe, as Mary

---

3. A. Humboldt, *Cosmos*, trad. fr., II, p. 82.

Webb, as Virginia Woolf, sabem tornar limítrofes o *demasiado* e o *não bastante*. Isso é necessário para determinar, pela simples leitura, uma participação do leitor nas impressões descritas. Blake diz igualmente: "Só conhece o suficiente quem primeiro conheceu o excesso." (*Casamento do céu e do inferno*) Gide acrescenta à sua tradução a seguinte nota: "Literalmente: não podes conhecer o que é bastante se não tiveres conhecido primeiro o que é mais do que o bastante." A literatura contemporânea é farta de exemplos de imagens *por excesso*. Jacques Prévert, em *Le quai des brumes*, escreve: "Descrevo as coisas que estão atrás das coisas. Assim, quando vejo um nadador, descrevo um afogado." O *afogado* imaginado determina uma tonalização do nadador que luta não apenas contra a água, mas também contra a água perigosa, homicida. A maior luta não é travada contra as forças reais, é travada contra as forças imaginadas. O homem é um drama de símbolos.

Assim o senso comum não se engana quando repete, de acordo com o chavão, que os verdadeiros poetas nos fazem "vibrar". Mas, se esta palavra tem um sentido, é preciso justamente que o *demasiado* lembre o *não bastante* e que o *não bastante* seja imediatamente preenchido pelo *demasiado*. Só então a intensidade de uma qualidade se revela numa sensação renovada pela imaginação. Só se vive as qualidades revivendo-as com todas as contribuições da vida imaginária. D. H. Lawrence escreve em uma carta (citada por de Reul, *op. cit.*, p. 212): "De repente, nesse mundo repleto de tons, de matizes, de reflexos, capto uma cor, ela vibra em minha retina, molho aí meu pincel e exclamo: eis a cor." Acreditamos de fato que com semelhante médoto não se pinta a "realidade". Entramos naturalmente no universo das imagens, ou melhor, tornamo-nos o sujeito tonalizado do verbo imaginar.

Dada a sua sensibilidade, entre o não bastante e o demasiado, uma imagem jamais é definitiva, ela vive em uma duração oscilante, em um ritmo. Todo *valor* luminoso é um ritmo de valores[4]. E esses ritmos são lentos, entregam-se precisamente a quem quer vivê-los lentamente, *saboreando* o seu prazer.

E é aqui que a imaginação propriamente *literária* vem de algum modo associar-se a todas as felicidades de imagens, chaman-

---

4. Será necessário dizer que não se deve confundir esse ritmo com as vibrações de que falam os físicos?

do o sujeito para as alegrias imaginárias, sejam elas para o bem ou para o mal. Muitas vezes encontramos, ao longo de nossas pesquisas sobre os elementos imaginários, essa ressonância das palavras *profundas*, palavras que são, conforme a expressão de Yves Becker, *palavras limites*:

> Água, lua, pássaro, palavras limites.
> Adam. La vie intellectuelle, novembro de 1945

Nessas palavras, toda a árvore da linguagem se agita. A etimologia pode às vezes contradizer isso, mas a imaginação não se engana. Elas são *raízes imaginárias*. Determinam em nós uma *participação imaginária*. Por consideração a elas, mantemos tal parcialidade que os traços reais pouco contam.

Em resumo, o realismo do imaginário funde juntos o sujeito e o objeto. É então que a intensidade da qualidade é encarada como uma tonalização completa do sujeito.

Mas a imagem literária, triunfo do espírito de sutileza, pode também determinar ritmos mais leves, ritmos que são apenas leves, como o frêmito da folhagem dessa árvore íntima que é, em nós, a árvore da linguagem. Alcançamos então o simples encanto da *imagem comentada*, da imagem que se beneficia das superposições das metáforas, da imagem que adquire seu sentido e sua vida nas metáforas.

Assim será a bela imagem através da qual Edmond Jaloux nos faz sentir num velho vinho, num vinho "despojado", "vários buquês superpostos". Acompanhando o escritor, vamos reconhecer toda a *verticalidade de um vinho*. Esses "buquês superpostos", cada vez mais delicados, não são o oposto de um vinho com "ressaibo"? São os buquês superpostos que nos expressam uma *altura substancial* feita de um apelo de imagens, das imagens mais tênues, mais longínquas. E naturalmente tais imagens são *literárias*: necessitam se exprimir e não podem se contentar com uma simples expressão, com uma única expressão. Se as deixássemos falar, essas metáforas literárias mobilizariam toda a linguagem. Aqui, admiravelmente, Edmond Jaloux *apoloniza o dionisismo*. Sem nada perder das alegrias delirantes, ele abre um caminho às alegrias exuberantes. Então aquele que medita o vinho torna-se capaz de *exprimi-lo*. Compreende-se que Eugène Sue possa ter escrito (*La gourmandise*, p. 231) de um homem que medita ao beber: "E se é possível dizer, ele escutou-se por um instante saborear o buquê do vinho." Abre-se então o jogo infinito das imagens. Parece que o leitor é chamado a *continuar* as imagens do escritor; ele sente-se em estado de imaginação aberta, recebe do escritor a permissão plena de imaginar. Eis a imagem em sua maior abertura[5]: "O vinho (uma garrafa de *aleatico* de 1818) era despojado como o estilo de Racine e, como ele, feito de vários buquês superpostos: um verdadeiro vinho clássico."

Em outra obra, já havíamos falado de uma imagem em que Edgar Poe, experimentando um longo sofrimento numa noite escura como breu, evocava, para expressar a conjunção de sua infelicidade e das trevas, o estilo de Tertuliano. Se procurássemos um pouco, veríamos que muitas metáforas que exprimem uma qualidade sensível poderiam ser assinadas por um grande nome literário. É que as qualidades materiais, bem ocultas nas coisas para serem não só bem expressas, mas bem exaltadas, exigem o domínio de toda a linguagem, um *estilo*. O conhecimento poético de um objeto, de certa maneira, implica todo um estilo.

Aliás, em muitos aspectos, a imagem literária é uma imagem polêmica. Escrever é agradar a alguns e desagradar a muitos. A imagem literária recebe as críticas contrárias. Por um lado é tachada de banalidade, por outro de preciosidade. Ela é lançada na discórdia do bom gosto e do mau gosto. Seja na polêmica, seja mesmo na exuberância, a imagem literária é uma dialética tão viva que dialetiza o sujeito que vive todos os seus ardores.

---

5. Edmond Taloux, *Les amours perdues*, p. 215.

SEGUNDA PARTE

CAPÍTULO IV

A CASA NATAL E A CASA ONÍRICA

> Desposa e não desposa tua casa.
> RENÉ CHAR,
> *Feuilles d'hypnos,*
> in *Fontaine,* outubro de 1945, p. 635

> Coberta de colmo, vestida de palha, a Casa assemelha-se à Noite.
> LOUIS RENOU,
> *Hymnes et prières du Veda,* p. 135

I

O mundo real apaga-se de uma só vez, quando se vai viver na casa da lembrança. De que valem as casas da rua quando se evoca a casa natal, a casa de intimidade absoluta, a casa onde se adquiriu o sentido da intimidade? Essa casa está distante, está perdida, não a habitamos mais, temos certeza, infelizmente, de que nunca mais a habitaremos. Então ela é mais do que uma lembrança. É uma casa de sonhos, a nossa casa onírica.

> *Häuser umstanden uns stark, aber unwahr, — und keines*
> *Kannte uns je. Was war wirklich im All?*

Casas erguiam-se ao redor, poderosas mas irreais, — e nenhuma jamais nos conheceu. Que havia de real em tudo isso?
RILKE,
Les sonnets à Orphée, VIII, trad. fr. Angelloz

Sim, o que é mais real: a própria casa onde se dorme ou a casa para onde se vai, dormindo, fielmente sonhar? Eu não sonho em Paris, neste cubo geométrico, neste alvéolo de cimento, neste quarto com venezianas de ferro tão hostis à matéria noturna. Quando os sonhos me são propícios, vou para longe, numa casa na Champagne, ou nalgumas casas onde se condensam os mistérios da felicidade.

Dentre todas as *coisas* do passado, é talvez a casa que se evoca melhor, a ponto de, como diz Pierre Seghers[1], a casa natal "estar na voz", com todas as vozes que se calaram:

> *Um nome que o silêncio e as paredes me devolvem,*
> *Uma casa para onde vou sozinho chamando,*
> *Uma estranha casa que está em minha voz.*
> *E que o vento habita.*

Quando o sonho se apodera assim de nós, temos a impressão de *habitar* uma imagem. Nos *Cadernos de Malte Laurids Brigge*, Rilke escreve precisamente (trad. fr., p. 230): "Estávamos como numa imagem." E precisamente o tempo passa de um lado e de outro, deixando imóvel essa ilhota da lembrança: "Tive o sentimento de que o tempo de repente estava fora do quarto." O onirismo arraigado assim localiza de algum modo o sonhador. Em outra página dos *Cadernos*, Rilke exprimiu a contaminação do sonho e da lembrança, ele que tantas andanças fez, que conheceu a vida nos quartos anônimos, nos castelos, nas torres, nas isbás, vive agora "em uma imagem": "Jamais tornei a ver desde então essa estranha morada... Tal como a encontro em minha lembrança com desenrolar infantil, não é uma construção; está completamente incorporada e repartida em mim; aqui um cômodo, ali um outro, e acolá um trecho de corredor que não liga esses dois cômodos, mas está conservado em mim como um fragmento. É assim que tudo está disperso em mim, os quartos, as escadas que desciam com uma lentidão tão cerimoniosa, outras escadas, vãos estreitos subindo em espiral, em cuja obscuridade avançávamos como o sangue nas veias." (p. 33)

"Como o sangue nas veias"! Quando estudarmos mais particularmente o dinamismo dos corredores e dos labirintos da imaginação dinâmica, haveremos de nos lembrar dessa observação. Ela

---

[1] Pierre Seghers, *Le domaine public*, p. 70.

dá testemunho aqui da endosmose do devaneio e das lembranças. A imagem está em nós, "incorporada" em nós, "repartida" em nós, suscitando devaneios bem diferentes conforme sigam corredores que não levam a parte alguma ou quartos que "encerram" fantasmas, ou escadas que obrigam a descidas solenes, condescendentes, indo buscar lá embaixo algumas familiaridades. Todo esse universo se anima no limite dos temas abstratos e das imagens sobreviventes, nessa zona em que as metáforas adquirem o sangue da vida e depois se apagam na linfa das lembranças.

Parece então que o sonhador está pronto para as mais longínquas identificações. Ele vive *fechado em si mesmo*, torna-se *fechamento*, canto escuro. As palavras de Rilke expressam esses mistérios:

"Bruscamente, um quarto, com sua lâmpada, apresentou-se à minha frente, quase palpável... Eu já era um canto dele, mas as venezianas me sentiram, tornaram-se a fechar. Esperei. Então uma criança chorou; ao redor, nessas moradas, eu sabia qual era o poder das mães, mas sabia também de que chãos privados para sempre de ajuda nasce todo choro." (*Ma vie sans moi*, trad. fr. Armand Robin)

Como se vê, quando se sabe dar a todas as *coisas* o seu peso justo de sonhos, *habitar oniricamente* é mais do que habitar pela lembrança. A casa onírica é um tema mais profundo que a casa natal. Corresponde a uma necessidade mais remota. Se a casa natal põe em nós tais fundações, é porque responde a inspirações inconscientes mais profundas — mais íntimas — que o simples cuidado de proteção, que o primeiro calor conservado, que a primeira luz protegida. A casa da lembrança, a casa *natal*, é construída sobre a cripta da casa onírica. Na cripta encontra-se a raiz, o apego, a profundidade, o mergulho dos sonhos. Nós nos "perdemos" nela. Há nela um infinito. Sonhamos com ela também como com um desejo, como uma imagem que às vezes encontramos nos livros. Ao invés de sonhar com o que foi, sonhamos com o que deveria ter sido, com o que teria estabilizado para sempre nossos devaneios íntimos. Foi assim que Kafka sonhou "com uma pequena casa... bem em frente ao vinhedo, à beira da estrada... no mais profundo do vale". Essa casa teria "uma portinhola, pela qual certamente só se pode entrar rastejando, e ao lado duas janelas. O conjunto simétrico, como saído de um manual. Mas a porta é feita de uma madeira pesada..."[2]

---

2. Carta de Kafka, citada por Max Brod, *Franz Kafka*, p. 71.

"Como saído de um manual"! Grande domínio dos livros de sonhos comentados! E por que a madeira da porta era tão *pesada*? Que passagem oculta a porta obstrui? Querendo tornar misteriosa uma vasta casa, Henri de Régnier diz simplesmente: "Uma porta baixa era o único acesso ao interior." (*La canne de jaspe*, p. 50) Depois o escritor descreve complacentemente um ritual de entrada: já no vestíbulo "cada qual recebia um candeeiro aceso. Sem que ninguém acompanhasse o visitante, ele se dirigia para os aposentos da Princesa. O trajeto, longo, complicava-se num entrecruzamento de escadas e corredores..." (p. 52), e a narrativa prossegue, explorando uma imagem clássica do labirinto que estudaremos em um capítulo posterior... Aliás, lendo mais adiante, reconhecemos facilmente que o salão da Princesa é uma gruta transposta. Trata-se de uma "rotunda iluminada, através das paredes vidradas, por uma luz difusa" (p. 59). Na página seguinte, vemos a Princesa, "essa Elêusis reveladora", "na gruta de sua solidão e de seus mistérios". Indicamos aqui essas contaminações da casa onírica, da gruta e do labirinto, para preparar a nossa tese da isomorfia das imagens do repouso. Vemos claramente que há uma raiz onírica única na origem de todas essas imagens.

Quem de nós, ao caminhar pelo campo, não foi tomado pelo súbito desejo de habitar "a casa dos contraventos verdes"? Por que a página de Rousseau é tão popular, tão psicologicamente verdadeira? Nosso devaneio deseja sua casa de retiro e a deseja pobre e tranquila, isolada no pequeno vale. Esse devaneio habitante adota tudo o que o real lhe oferece, mas logo adapta a pequena morada real a um sonho arcaico. É a este sonho fundamental que chamamos a *casa onírica*. Henry David Thoreau o vivenciou muitas vezes. Ele escreve em *Walden* (trad. fr., p. 75): "Em certa época de nossa vida temos o costume de olhar todo lugar como o local possível de uma casa. Foi assim que inspecionei em todas as direções o campo num raio de uma dezena de milhas... Na imaginação adquiri todas as fazendas sucessivamente... Qualquer lugar que me sentasse, ali eu poderia viver, e a paisagem irradiava-se de mim. O que é uma casa senão um *sedes*, um assento? Descobri muitos locais para uma casa. Sim, eu poderia viver ali, dizia comigo mesmo; e ali eu vivi, durante uma hora, a vida de um verão, de um inverno; compreendi como poderia deixar os anos passarem, chegar ao fim do inverno, e ver a primavera chegar. Os futuros habitantes dessa região, onde quer que venham a instalar sua casa, podem estar certos de que foram precedidos. Uma tarde era suficiente para transformar a terra num pomar, dividida em bosque e pastagem, assim como para decidir que belos carvalhos ou pinheiros seriam deixados de pé defronte a porta, e de onde a menor árvore atingida pelo raio poderia se avistar melhor; depois eu deixava tudo ali, em pousio talvez, visto que um homem é rico em proporção do número de coisas que é capaz de deixar tranqüilas." Reproduzimos toda a passagem até a última linha, que revela a dialética do nômade e do autóctone, tão sensível em Thoreau. Essa dialética, ao dar mobilidade ao devaneio da intimidade domiciliada, não lhe destrói a profundidade, pelo contrário. Em muitas outras páginas, Thoreau compreendeu a rusticidade dos sonhos fundamentais. A choupana tem um sentido humano muito mais profundo do que todos os castelos no ar. O *castelo* é inconsistente, a *choupana* é enraizada[2a].

Uma das provas da realidade da *casa imaginária* é a confiança que tem um escritor de nos interessar pela recordação de uma casa da própria infância. Basta um sinal que atinja o fundo comum dos sonhos. Assim, com que facilidade acompanhamos Georges Duhamel já na primeira linha de sua descrição de uma casa familiar: "Após uma rápida disputa, obtive o quarto do fundo... Chegava-se a ele seguindo um longo corredor, um desses corredores parisienses, estreitos, sufocantes e escuros como uma galeria de mastaba. Gosto dos quartos do fundo, daqueles que se atinge com o sentimento de que não se poderia ir mais longe no refúgio."[3] Não é de surpreender que o espetáculo visto da janela do "quarto do fundo" continue as impressões de profundidade: "O que eu avistava de minha janela era um amplo fosso, um largo poço irregular, definido por muralhas verticais, e isso representava, aos meus olhos, ora o desfiladeiro de Hache, ora o abismo rochoso da caverna de Padirac, e em certas noites de grande sonho o *canyon* do Colorado ou uma das crateras da lua." Como traduzir melhor o poder sintético de uma imagem primária? Uma simples seqüência de pátios

---

2a. Em uma carta a seu irmão, Van Gogh escreve: "Na mais pobre casinha, no mais sórdido canto, eu vejo quadros e desenhos."
3. Georges Duhamel, *Biographie de mes fantômes*, pp. 7 e 8.

parisienses, eis o real. Isso é o suficiente para tornar vivas páginas inteiras de *Salammbô* e páginas sobre a ortografia da Lua. Se o sonho vai tão longe, é porque a sua raiz é boa. O escritor nos ajuda a descer em nossas próprias profundezas; uma vez transpostos os terrores do corredor, gostamos todos, nós também, de sonhar "no quarto do fundo".

É porque vive em nós uma casa onírica que elegemos um canto escuro da casa natal, um aposento mais secreto. A casa natal nos interessa desde a mais longínqua infância por dar testemunho de uma proteção mais remota. De onde viria, sem isso, o *sentido da cabana* tão intenso em tantos sonhadores, o *sentido da choupana* tão ativo na literatura do século XIX? Decerto não é o caso de se alegrar com a miséria dos outros, mas não se pode ignorar certo vigor na casa pobre. Emile Souvestre, em *Le foyer breton* [O lar bretão], narra o serão na cabana do tamanqueiro; cabana de lenhador onde se abriga uma vida bem pobre: "Sentia-se que aquela miséria não lhes afetava as vidas e que havia algo na casa que os protegia dela." É que o *pobre abrigo* mostra-se então claramente como o *primeiro abrigo*, como o abrigo que cumpre imediatamente sua função de abrigar[3a].

Quando se busca nesses longes oníricos, encontram-se impressões cósmicas. A casa é um refúgio, um retiro, um centro. Os símbolos então se coordenam. Compreende-se então que a casa das grandes cidades quase só tenha símbolos sociais. Ela só desempenha outros papéis em virtude de seus muitos cômodos. Com isso faz com que nos enganemos de porta, de andar. O sonho, neste caso, diz o psicanalista, nos conduz à casa da mulher de outrem, ou mesmo à casa de uma mulher qualquer. De há muito a psicanálise clássica assinalou o significado das peças enfileiradas, de todas as portas que se *oferecem*, sempre entreabertas, acolhendo a qualquer um, ao longo dos corredores. Tudo isso é um sonho menor. Não se aproxima do profundo onirismo da casa completa, da casa que tem poderes cósmicos.

3a. Cf. Loti, *Fleurs d'ennui. Pasquala Ivanovitch*, p. 236: "Sua choupana parece tão antiga e tão musgosa como o rochedo ao seu lado. O dia se vai, esverdeado pela ramagem dos carvalhos. O interior é baixo e escuro, enegrecido pela fumaça de dois ou três séculos. Não sei que encanto de outrora mescla-se ali com traços de pobreza e selvageria."

II

A casa oniricamente completa é a única onde se pode viver os devaneios de intimidade em toda a sua variedade. Nela se vive só, ou a dois, ou em família, mas sobretudo só. E em nossos sonhos da noite, há sempre uma casa onde vivemos só. Assim o exigem certos poderes do arquétipo da casa no qual se juntam todas as seduções da vida recolhida. Todo sonhador tem necessidade de retornar à sua célula, é chamado por uma vida verdadeiramente celular:

> *Era um cubículo apenas*
> *Mas ali eu dormia sem ninguém.*
> ....
> *Ali eu me abrigava.*
> ....
> *Sentia como que um calafrio*
> *Quando ouvia meu alento.*
> *Foi lá que eu conheci*
> *O verdadeiro gosto de mim mesmo.*
> *Foi lá que fui só eu,*
> *Sem nada conceder.*
>
> JULES ROMAINS,
> *Odes et prières*, p. 19

Mas a célula não é tudo. A casa é um arquétipo sintético, um arquétipo que evoluiu. Em seu porão está a caverna, em seu sótão está o ninho, ela tem raiz e folhagem. Por isso a casa de *A Valquíria* é um sonho tão grande. Grande parte de seu fascínio deve-se ao freixo que a atravessa. A árvore poderosa é o pilar da casa: "O tronco de freixo é o ponto central de um aposento", diz um tradutor de Wagner (ato I). O telhado e as paredes prendem-se aos galhos, deixam passar os galhos. A folhagem é um telhado, por cima do telhado. Como tal morada não viveria como uma árvore, como um mistério redobrado da floresta, acolhendo as estações da vida vegetal, sentindo a seiva vibrar no eixo da casa? Assim, quando soar a hora da felicidade, chamando Siegfried para a espada, a porta com tranca de madeira se abrirá pela mera fatalidade da primavera...

Tendo o porão como raiz, o ninho no telhado, a casa oniricamente completa é um dos esquemas verticais da psicologia humana. Ania Teillard, estudando a simbólica dos sonhos (*Traumsymbolik*, p. 71), diz que o telhado representa tanto a cabeça do sonhador como as funções conscientes, enquanto o porão representa o inconsciente. Teremos muitas provas da intelectualização do sótão, do caráter racional do telhado que é um abrigo evidente. Mas o porão é tão nitidamente a região dos símbolos do inconsciente que de imediato fica evidente que a vida consciente cresce à medida que a casa vai saindo da terra.

De resto, colocando-nos no mero ponto de vista da vida que sobe e que desce em nós, percebemos bem que "viver num andar" é viver bloqueado. Uma casa sem sótão é uma casa onde se sublima mal; uma casa sem porão é uma morada sem arquétipos.

E as escadas são lembranças imperecíveis. Pierre Loti, voltando a viver na casa de sua infância, escreve (*Fleurs d'ennui. Suleima*, p. 313): "Nas escadas, a obscuridade já domina. Em criança, eu tinha medo nessas escadas à noite; parecia-me que os mortos subiam atrás de mim para me agarrar as pernas, e então punha-me a correr angustiadíssima. Lembro-me bem desses pavores; eram tão fortes que persistiram por muito tempo, mesmo numa idade em que eu já não tinha medo de nada." Será verdade que não temos "medo de nada" quando nos lembramos tão fielmente dos medos de nossa infância?

Às vezes alguns degraus bastam para *escavar* oniricamente uma casa, para dar um ar de gravidade a um quarto, para convidar o inconsciente a sonhos de profundidade. Na casa de um conto de Edgar Poe, "tinha-se sempre a certeza de encontrar três ou quatro degraus para subir e para descer". Por que o escritor quis pôr essa nota em um conto tão emocionante como *William Wilson* (*Nouvelles histoires extraordinaires*, trad. fr., Baudelaire, p. 28)? É realmente uma topografia bem indiferente para o pensamento claro! Mas o inconsciente não esquece esse detalhe. Sonhos de profundidade são colocados em estado latente por tal lembrança. O monstro de voz baixa que é William Wilson deve formar-se e viver em uma casa que a todo momento dá impressões de profundidade. É por isso que Edgar Poe, nesse conto, como em tantos outros, indicou com os três degraus uma espécie de diferencial da profundidade. Alexandre Dumas, contando suas lembranças sobre a topografia do castelo *des Fossés* onde passou sua primeira infância, escreve (*Mes mémoires*, I, p. 199): "Não tornei a ver aquele castelo desde 1805" (A.

Dumas nasceu em 1802) "e no entanto posso dizer que se descia à cozinha por um degrau"; depois de algumas linhas em que descreve a mesa da cozinha, a lareira e a espingarda do pai, Dumas acrescenta: "Enfim, passando a lareira ficava a sala de jantar, à qual se subia por três degraus." Um degrau, três degraus, eis o suficiente para definir reinos. Desce-se o degrau que dá para a cozinha, sobem-se os três degraus que dão para a sala de jantar.

Mas essas observações muito sutis tornar-se-ão mais sensíveis exatamente quando formos sensibilizados pela vida dinâmica recíproca do sótão e do porão, o que fixa de fato o eixo da casa onírica. "Em um sótão, onde me encerrei aos doze anos, conheci o mundo, ilustrei a comédia humana. Em um sótão aprendi a história."[4] Vejamos pois como se diferenciam os sonhos nos dois pólos da casa.

III

Para começar, o medo é bem diferente. A criança está ali perto da mãe, vivendo na parte média da casa. Irá com a mesma coragem ao porão e ao sótão? Num e noutro os mundos são tão diversos. De um lado as trevas, do outro a luz; de um lado os ruídos surdos, do outro os ruídos claros. Os fantasmas de cima e os fantasmas de baixo não têm as mesmas vozes nem as mesmas sombras. A tonalidade de angústia varia de um lugar a outro. E é bastante raro encontrar uma criança que seja corajosa frente a ambos. Porão e sótão podem ser detectores de infelicidades imaginadas, dessas infelicidades que muitas vezes marcam, para o resto da vida, um inconsciente.

Mas vivamos apenas as imagens da vida tranqüilizada, em uma casa cuidadosamente exorcizada por bons pais.

Desçamos ao porão, como nos velhos tempos, com o castiçal na mão. O alçapão é um buraco negro no soalho; a noite e a friagem moram debaixo da casa. Quantas vezes, nos sonhos, recomeçaremos essa descida a uma noite emparedada! As paredes também são escuras sob as teias cinzentas da aranha. Ah! por que são engorduradas? Por que a mancha no vestido é indelével? Uma mulher não deve descer ao porão. É tarefa do homem buscar o vinho

---

4. Rimbaud, *Illuminations*, p. 238.

fresco. Como diz Maupassant (*Mont-Oriol*, III): "Pois só os homens iam à adega." Como a escada é íngreme, gasta, como são escorregadios os degraus! Há gerações os degraus de pedra não foram lavados. Em cima a casa é tão limpa, tão clara, tão ventilada! Eis finalmente a terra, a terra negra e úmida, a terra debaixo da casa, a *terra da casa*. Algumas pedras para calçar os barris. E debaixo da pedra, o ser imundo, o tatuzinho, que consegue — como tantos parasitas — ser gordo permanecendo achatado! Quantos sonhos, quantos pensamentos ocorrem no tempo apenas de encher um litro no barril!

Quando se compreendeu a necessidade onírica de ter vivido em uma casa que brota da terra, que vive enraizada em sua terra negra, lê-se com sonhos infinitos essa curiosa página em que Pierre Guéguen descreve o "Pisoteio da casa nova" (*Bretagne*, p. 44): "Concluída a casa nova, obrigava-se a terra a tornar-se uma base sólida e plana sob os tamancos. Para isso misturavam-se areia e escumalho, mais um aglutinante mágico feito de serragem de carvalho e licor de visco, e convocava-se a garotada da vizinhança para pisotear essa pasta." E a página inteira nos fala da vontade unânime dos dançarinos que, com o pretexto de obter um piso firme e uniforme, aferram-se a enterrar os malefícios[5]. Não estarão lutando assim contra os medos armazenados, contra os medos que se transmitirão de geração a geração nessa morada construída sobre a terra batida? Kafka também habitou durante um inverno uma casa *sobre a terra*. Era uma casinha que compreendia quarto, cozinha e sótão. Ficava em Praga na *Alchymistengasse*. Ele escreve (citado por Max Brod, *Franz Kafka*, p. 184): "É um sentimento muito particular o de ter sua casa, de poder fechar para o mundo a porta não de seu quarto, não de seu apartamento, mas simplesmente a de sua casa; de pisar diretamente, ao sair, a neve que cobre a rua silenciosa..."

No sótão vivem-se as horas de longa solidão, horas tão diversas que vão da birra à contemplação. É no sótão que ocorre a birra absoluta, a birra sem testemunha. A criança escondida no sótão se delicia com a angústia das mães: onde andará aquele birrento?

---

5. Em um artigo do *Journal asiatique* (*La maison védique*), de outubro de 1939, Louis Renou menciona, antes da edificação da casa védica, um rito "de apaziguamento do chão".

Também no sótão as intermináveis leituras, longe daqueles que tomam os livros porque já lemos demais. No sótão, o disfarce com a roupa de nossos avós, com o xale e as fitas[6]. Que museu para os devaneios é um sótão atulhado de coisas! Ali as velharias se ligam para sempre à alma da criança. Um devaneio torna vivos um passado familiar, a juventude dos ancestrais. Em quatro versos um poeta põe em movimento as sombras do sótão:

> *Em alguns cantos*
> *do sótão encontrei*
> *sombras vivas*
> *que se mexem.*
>
> PIERRE REVERDY,
> *Plupart du temps*, p. 88

Além disso, o sótão é o reino da vida seca, de uma vida que se conserva secando[7]. Eis a tília murcha, estalando ao contato dos dedos, e as uvas penduradas ao redor de um barril, maravilhoso lustre onde os cachos têm luzes tão claras... Com todos os seus frutos, o sótão rural é um mundo do outono, o mais suspenso de todos os meses...

Quem tiver a oportunidade de subir ao sótão familiar por uma escada de mão estreita, ou por uma escada sem corrimão, um tanto apertada entre as paredes, pode estar certo de que um belo diagrama se inscreverá para sempre em uma alma de sonhador. Por meio do sótão, a casa adquire uma singular altura, participa da vida aérea dos ninhos. No sótão, a casa está ao vento (cf. Giono, *Que ma joie demeure*, p. 31). O sótão é realmente a "casa leve" tal como sonha d'Annunzio vivendo em um chalé em Landes: "A casa sobre o galho, leve, sonora, impetuosa." (*Contemplation de la mort*, trad. fr., p. 62)

Por outro lado, o sótão é um universo inconstante. O sótão noturno é um lugar de grandes terrores. A irmã de Alain-Fournier percebeu esse pavor (*Images d'Alain-Fournier*, p. 21): "Mas tudo isso é a água-furtada do dia. A da noite, como poderá Henri suportá-la? Como saberá suportá-la? Como conseguirá ficar só naquele outro

---

6. Cf. Rilke, *Les cahiers de Malte Laurids Brigge*, trad. fr., p. 147.
7. Quem se dispuser a viver, com Mary Webb, no sótão de *Precious Bane*, conhecerá essas impressões de *vida economizada*.

universo em que entramos lá em cima, sem formas nem limites, aberto nas mortas claridades noturnas a mil presenças, a mil roçares, a mil aventuras sussurrantes?'' E pela porta entreaberta Alain-Fournier, em *Le grand meaulnes* (cap. VII), revê o sótão: "Toda noite sentíamos ao nosso redor, penetrando até o nosso quarto, o silêncio dos três sótãos.''

Assim, não há verdadeira casa onírica que não se organize em altura; com seu porão enterrado, o térreo da vida comum, o andar de cima onde se dorme e o sótão junto ao telhado, tal casa tem tudo o que é necessário para simbolizar os medos profundos, a trivialidade da vida comum, ao rés-do-chão, e as sublimações. Naturalmente, a topologia onírica completa exigiria estudos detalhados, seria preciso também incluir refúgios às vezes muito particulares: um armário embutido, um vão de escada, um velho depósito de lenha podem oferecer sugestivos elementos para a psicologia da vida fechada. Esta vida, aliás, deve ser estudada nos dois sentidos opostos do cárcere e do refúgio. Mas em nome da adesão total à vida íntima da casa que caracterizamos nessas páginas, deixaremos de lado os rancores e os pavores alimentados em um cárcere de criança. Estamos falando apenas de sonhos positivos, dos sonhos que voltarão ao longo de toda a vida como impulsos para inúmeras imagens. Podemos então formular como uma lei geral o fato de que toda criança que se encerra deseja a vida imaginária: os sonhos, ao que parece, são tanto maiores quanto menor o espaço em que'o sonhador está. Como diz Yanette Delétang-Tardif (*Edmond Jaloux*, p. 34): "O ser mais fechado é *gerador de ondas*.'' Loti traduz esplendidamente essa dialética do sonhador recolhido em sua solidão e das ondas de devaneios em busca da imensidade: "Quando eu era bem pequeno, eu tinha aqui alguns recantos que me representavam o Brasil, e onde eu chegava realmente a sentir impressões e pavores da floresta virgem.'' (*Fleurs d'ennui. Suleima*, p. 355). Proporcionaríamos à criança uma vida profunda se lhe déssemos um lugar de solidão, um canto. Um Ruskin, na grande sala de jantar de seus pais, viveu horas inteiras confinado em seu "canto"[8]. Ele fala longamente disso em suas lembranças de juventude. No fundo, a vida fechada e a vida exuberante são ambas ne-

---

8. Cf. Huysmans, *A rebours* [Às avessas], p. 15. Des Esseintes instala em seu salão "uma série de nichos".

cessidades psíquicas. Mas antes de serem fórmulas abstratas, é preciso que sejam realidades psicológicas com um quadro, com um cenário. Para que haja essas duas vidas são indispensáveis a casa e os campos.

Percebe-se agora a diferença de riqueza onírica entre a casa de campo construída verdadeiramente sobre a terra, dentro de uma cerca, em seu universo, e o edifício cujos compartimentos nos servem de moradia e que só se constrói sobre o calçamento das cidades? Será um porão essa sala lajeada onde se amontoam mais caixotes do que barris?

Assim, um filósofo do imaginário depara-se igualmente com o problema da "volta à terra". Que lhe perdoem a incompetência, considerando que ele não trata esse problema social senão no plano de um psiquismo sonhador; ele ficaria satisfeito se conseguisse incitar os poetas a nos construírem, com seus sonhos, "casas oníricas" com sótão e porão. Eles nos ajudariam a alojar nossas lembranças, a alojá-las no inconsciente da casa, de acordo com símbolos de intimidade que a vida real nem sempre tem a possibilidade de enraizar devidamente.

IV

Seriam precisas longas páginas para expor, em todos os seus caracteres e com todos os seus planos de fundo, a *consciência de estar abrigado*. São inumeráveis as impressões claras. Contra o frio, contra o calor, contra a tempestade, contra a chuva, a casa é um abrigo evidente, e cada um de nós tem mil variantes em suas lembranças para animar um tema tão simples. Coordenando todas essas impressões e classificando todos esses *valores* de proteção, perceberíamos que a casa constitui, por assim dizer, um contra-universo ou um universo do *contra*. Mas é talvez nas mais frágeis *proteções* que sentiremos a contribuição dos sonhos de intimidade. Basta pensar, por exemplo, na casa que se ilumina no crepúsculo e nos protege *contra a noite*. Logo temos o sentimento de estar no limite dos valores inconscientes e dos valores conscientes, sentimos que tocamos um ponto sensível do onirismo da casa.

Eis, por exemplo, um documento que exprime o valor da luz protegida: "A noite agora era mantida à distância pelas vidraças e estas, ao invés de dar uma visão exata do mundo exterior, o deformavam de forma estranha, a ponto de que a ordem, a fixidez, a terra firme pareciam estar instaladas no interior da casa; lá fora, ao contrário, já não havia senão um reflexo no qual as coisas, agora fluidas, tremiam e desapareciam." E Virginia Woolf observa a insularidade da peça iluminada: uma ilhota de luz no mar das trevas — e, na memória, uma lembrança isolada em anos de esquecimento. As pessoas reunidas sob a lâmpada têm consciência de formar um grupo humano reunido em uma concavidade de terreno, em uma ilha; estão ligados "contra a fluidez exterior". Como expressar melhor que participam das forças de luz da casa contra uma obscuridade rechaçada?

E as paredes são de ágata onde se ilustram as lâmpadas...
ST. JOHN PERSE,
Vents, 4

Em um de seus romances (*Le poids des ombres*, trad. fr.) Mary Webb soube dar, em sua extrema simplicidade, isto é, em seu puro onirismo, essa impressão de segurança da morada iluminada no meio do campo noturno. A casa iluminada é o farol da tranqüilidade sonhada. É o elemento central do conto da criança perdida. "Eis uma luzinha que surge, — lá longe, bem longe, como no conto do Pequeno Polegar." (Loti, *Fleurs d'ennui. Voyage au Monténégro*, p. 272) Assinalemos de passagem que o escritor descreve o real com as imagens de um conto. Os detalhes, aqui, nada especificam. Sua função é ampliar um sentimento de profundidade. Assim, quem dentre nós porventura teve um pai que lesse em voz alta, numa noite de inverno, diante da família reunida, *La Jérusalem délivrée* [A Jerusalém libertada]? E no entanto, quem dentre nós consegue ler sem infinitos devaneios a página de Lamartine? Por sabe-se lá que verdade de clima onírico essa página impõe-se a nós. A cena, diríamos com o peso do filósofo, explora um *a priori* onírico, evoca sonhos fundamentais. Mas só poderemos tratar essa questão a fundo se retomarmos um dia, do nosso ponto de vista da imaginação material, a dialética imaginária do dia e da noite. Por ora basta-nos indicar que os devaneios da casa atingem o máximo de condensação quando a casa se torna consciência do anoitecer, consciência da noite dominada. Tal consciência, de maneira paradoxal — mas fácil de explicar! —, atinge o que há de mais profundo e oculto em nós. A partir do anoitecer, começa em nós a vida noturna. A lâmpada converte em espera os sonhos que vão nos invadir, mas os sonhos já entram em nosso pensamento claro. A casa encontra-se então na fronteira de dois mundos. Compreendê-lo-emos ainda melhor quando reunirmos todos os sonhos de proteção. Então este pensamento de Mary Webb adquirirá seu pleno sentido[9]: "Para aqueles que não têm casa, a noite é um verdadeiro animal selvagem", não apenas um animal que urra no furacão, mas um animal imenso, que está em toda parte, como uma ameaça universal. Se vivenciarmos realmente a luta da casa *contra* a tempestade, chegaremos a dizer com Strindberg (*Inferno*, p. 210): "A casa inteira curveteia como um navio." A vida moderna afrouxa o vigor dessas imagens. Por certo ela aceita a casa como um lugar de tranqüilidade, mas trata-se apenas de uma tranqüilidade abstrata que pode assumir muitos aspectos. Esquece-se de um: o aspecto cósmico. É preciso que nossa noite seja humana contra a noite desumana. É preciso que seja protegida. A casa nos protege. Impossível escrever a história do inconsciente humano sem escrever uma história da casa.

De fato, a casa iluminada no campo deserto é um tema literário que atravessa os séculos, que aparece em todas as literaturas. A casa iluminada é como uma estrela na floresta. Orienta o viajante perdido. Os astrólogos costumavam dizer que ao longo do ano o sol habita as doze casas do céu, e os poetas não cessam de cantar a luz das lâmpadas como os raios de um astro íntimo. Essas metáforas são bem pobres, mas o fato de serem permutáveis entre si deve nos convencer de que são naturais.

Temas tão particulares como a janela só adquirem seu pleno sentido se percebermos o caráter *central* da casa. Estamos em casa, escondidos, olhamos *para fora*. A janela na casa dos campos é um olho aberto, um olhar lançado para a planície, para o céu longínquo, para o mundo *exterior* num sentido profundamente filosófico. A casa dá ao homem que sonha *atrás* de sua janela — e não à janela —, atrás da janelinha, da lucarna do sótão, o sentido de um *exterior* tanto mais diferente do interior quanto maior a intimidade de seu quarto. Parece que a dialética da intimidade e do Universo é

---

9. Mary Webb, *Vigilante armure*, trad. fr., p. 106.

especificada pelas impressões do ser oculto que vê o mundo na moldura da janela. D. H. Lawrence escreve a um amigo (*Lettres choisies*, trad. fr., t. I, p. 173): "Pilares, arcos das janelas, como buracos entre o fora e o dentro, a velha casa, intervenção de pedra perfeitamente apropriada a uma alma silenciosa, a alma que, prestes a ser sorvida no fluxo do tempo, olha através desses arcos nascer a aurora entre as auroras..."

Não há exagero nos valores atribuídos a esses devaneios emoldurados, a esses devaneios centrados em que a contemplação é a visão de um contemplador escondido. Se o espetáculo tem alguma grandeza, parece que o sonhador vive como que uma dialética da imensidão e da intimidade, uma ritmanálise real em que o ser encontra alternadamente a expansão e a segurança.

A título de exemplo de uma forte fixação de um *centro* para sonhos infinitos, vamos estudar uma imagem na qual Bernardin de Saint-Pierre sonha com uma árvore imensa no fundo de uma árvore oca[10] —, tema importante dos devaneios de refúgio e de repouso. "As obras da natureza em geral apresentam vários tipos de infinitos ao mesmo tempo: assim, por exemplo, uma grande árvore, *cujo tronco é cavernoso e coberto de musgo*, nos dá o sentimento do infinito no tempo, assim como o do infinito em altura. Ela nos oferece um monumento dos séculos em que não vivemos. Se lhe for acrescentado o infinito em extensão, como quando percebemos, através de seus sombrios galhos, vastos horizontes, nosso respeito aumenta. Acrescentemo-lhe ainda as diversas elevações de sua massa, que contrastam com a profundidade dos vales e com o nível das pradarias; suas meia-luzes veneráveis, que se opõem ao azul do céu e com ele brincam; e o sentimento de nossa miséria, que ela tranquiliza com as idéias de proteção que nos apresenta na espessura de seu tronco inabalável como um rochedo, e em sua copa augusta agitada pelos ventos, cujos majestosos murmúrios parecem penetrar em nossas misérias. Uma árvore, com todas as suas harmonias, inspira-nos uma certa veneração religiosa. Por isso Plínio disse que as árvores foram os primeiros templos dos Deuses."

Nós grifamos uma frase do texto, pois ela nos parece estar na origem do devaneio protegido e do devaneio amplificador. Esse tronco cavernoso coberto de musgo é um refúgio, é uma *casa onírica*.

---

10. Bernardin de Saint-Pierre, *Études de la nature*, ed. 1791, t. III, p. 60.

Ao ver a árvore oca, o sonhador, em pensamento, insinua-se na abertura; graças a uma imagem primitiva, experimenta precisamente uma impressão de intimidade, de segurança, de proteção maternal. Ele encontra-se então no *centro* da árvore, no *centro* de uma morada, e é a partir desse centro de intimidade que tem a visão e a consciência da imensidão de um mundo[11]. Vista *exteriormente*, mesmo em seu porte magnífico, nenhuma árvore suscitaria uma imagem "do infinito em altura". Para sentir esse infinito é preciso que se tenha imaginado o *aperto* do ser no tronco cavernoso. Há aí um *contraste* mais essencial do que aqueles que Bernardin de Saint-Pierre costuma desenvolver. Assinalamos várias vezes os valores imaginários múltiplos das *cavidades estreitas* como moradas oníricas. Mas no centro da árvore o devaneio é imenso. Já que estou tão bem protegido, meu protetor é onipotente. Desafia as tempestades e a morte. É com uma *proteção total* que sonha o escritor: a árvore aqui não é uma simples reserva de sombra contra o sol, tampouco uma simples cobertura contra a chuva. Não obteríamos os verdadeiros sonhos do poeta se buscássemos valores utilitários. A árvore de Bernardin de Saint-Pierre é uma árvore cósmica, como o carvalho de Virginia Woolf. Reclama uma participação em um universo. É uma imagem que nos engrandece. O ser sonhante encontrou a verdadeira morada. Do fundo da árvore oca, no centro do tronco cavernoso, seguimos o sonho de uma imensidão arraigada. Essa morada onírica é uma morada de universo.

Acabamos de descrever devaneios *centrais* em que o sonhador se apóia na solidão do centro. Devaneios mais extrovertidos nos dariam as imagens da casa acolhedora, da casa aberta. Veremos o exemplo disso em certos hinos do Atharva-Veda[12]. A casa védica tem quatro portas, nos quatro pontos cardeais, e o hino canta:

---

11. Em uma página do *Conte de l'or et du silence*, Gustave Kahn transforma a árvore oca num centro de imagens (p. 252): "O homem fala, e como que longa voz queixosa se manifesta e responde. Ele chega diante de uma árvore imensa, de seu tronco descem lianas ágeis; suas flores, que se erguem retas, parecem mirá-lo. Dir-se-ia que serpentes lançam a cabeça contra ele, mas bem acima da cabeça dele. Parece-lhe que de uma larga fenda no centro da árvore uma forma se destaca e o olha. Ele corre para lá; tudo sumiu, a não ser a cavidade profunda e negra..." Eis o abrigo que amedronta. Tantas imagens se acumulam nesse abrigo sintético que deveríamos estudá-las em todos os capítulos deste livro. Teremos oportunidade de retornar a essas sínteses de imagens.

12. Tradução fr. de Victor Henry, 1814.

> *Do oriente, homenagem à grandeza da Cabana!*
> *Do sul, homenagem...!*
> *Do ocidente, homenagem...!*
> *Do norte, homenagem...!*
> *Do nadir, homenagem...!*
> *Do zênite, homenagem...!*
> *De todas as partes, homenagem à grandeza da Cabana!*

A Cabana é o centro de um universo. Toma-se posse do universo ao se tornar dono da casa:

"Por parte da vastidão que há entre céu e terra, eu tomo posse, em teu nome, desta casa; o espaço que serve de medida à imensidão indistinta, transformo-o, para mim, num ventre inesgotável em tesouros, e em nome dele eu tomo posse da Cabana..."

Neste centro concentram-se os bens. Proteger um valor é proteger todos. O Hino à Cabana diz ainda:

Reservatório de Soma, lugar de Agni[*]*, residência e morada das esposas, morada dos Deuses, és tudo isto, ó Deusa, ó Cabana.*

V

Assim, uma casa onírica é uma *imagem* que, na lembrança e nos sonhos, se torna uma força de proteção. Não é um simples cenário onde a memória reencontra suas imagens. Ainda gostamos de viver na casa que já não existe, porque nela revivemos, muitas vezes sem nos dar conta, uma dinâmica de reconforto. Ela nos protegeu, logo, ela nos reconforta ainda. O *ato de habitar* reveste-se de valores inconscientes, valores inconscientes que o inconsciente não esquece. Podemos lançar novas raízes do inconsciente, não o desenraizamos. Para além das impressões claras e das satisfações grosseiras do *instinto de proprietário*, há sonhos mais profundos, sonhos que querem enraizar-se. Jung, empenhado em *fixar* uma dessas almas apátridas que estão sempre em exílio na terra, aconselhava-a, para fins psicanalíticos, a adquirir um terreno no campo, um canto no bosque, ou, melhor ainda, uma pequena casa no fundo de um jardim, tudo isso para fornecer imagens à vontade de se enrai-

---
[*] Soma e Agni são divindades do fogo para os hindus védicos. (N. T.)

zar, de permanecer[12a]. Esse conselho visa a explorar uma camada profunda do inconsciente, precisamente o arquétipo da casa onírica. É sobretudo para esse lado que chamamos a atenção do leitor. Mas, evidentemente, outras instâncias deveriam ser examinadas para um estudo completo de uma imagem tão importante como a da *casa*. Por exemplo, se examinássemos o caráter social das imagens, deveríamos estudar atentamente um romance como *La maison* de Henry Bordeaux. Esse exame determinaria uma outra camada das imagens, a camada do *superego*. Aqui a casa é o *bem de família*. Ela é encarregada de *manter* a família. E o romance de Henry Bordeaux, desse ponto de vista, é tanto mais interessante por estudar a família em seu conflito de gerações entre um pai que deixa periclitar a casa e o filho que devolve à casa solidez e luz. Em tal caminho, vai-se substituindo aos poucos a vontade que sonha pela vontade que pensa, pela vontade que prevê. Chega-se a um reino de imagens cada vez mais conscientes. A tarefa que nos impusemos foi o estudo específico dos valores mais vagos. Por esse motivo não insistimos sobre a literatura da casa familiar.

VI

Pode-se encontrar a mesma direção para os valores inconscientes em imagens da volta à terra natal. A própria noção de viagem tem um outro sentido se lhe acrescentamos a noção complementar de volta à terra natal. Courbet espantava-se da instabilidade de um viajante: "Ele vai ao Oriente. Ao Oriente! então ele não tem terra natal?"

A volta à terra natal, o regresso à casa natal, com todo o onirismo que o dinamiza, foi caracterizado pela psicanálise clássica como uma *volta à mãe*. Essa explicação, por mais legítima que seja, é no entanto demasiado grosseira, apega-se precipitadamente a uma interpretação global, apaga muitas nuanças que devem esclarecer detalhadamente uma psicologia do inconsciente. Seria interessante apreender bem todas as imagens do *regaço materno* e examinar o pormenor de substituição das imagens. Veríamos então que a casa

---

12a. Todo o sofrimento do errante se revela neste verso de Rilke: *Wer jetzt kein Haus hat, baut sich keines mehr.* [Quem agora não tem sua casa, não a construirá mais.]

tem seus próprios símbolos, e se desenvolvêssemos toda a simbólica diferenciada do porão, do sótão, da cozinha, dos corredores, do depósito de lenha..., perceberíamos a autonomia dos diferentes símbolos, veríamos que a casa constrói ativamente seus valores, que reúne valores inconscientes. O próprio inconsciente tem uma arquitetura de sua predileção.

Uma psicanálise com imagens deve portanto estudar não apenas o valor de expressão, mas também o *encanto de expressão*. O onirismo é ao mesmo tempo uma força aglutinante e uma força de variação. Está em ação, em dupla ação, nos poetas que encontram imagens muito simples e no entanto novas. Os grandes poetas não se enganam a respeito das nuanças inconscientes. Em seu belo prefácio à recente edição dos *Poemas* de Milosz, Edmond Jaloux assinala um poema que, com singular clareza, distingue a *volta à mãe* e a *volta à casa*.

> *Eu digo: Mãe. Mas é em ti que eu penso, ó Casa!*
> *Casa dos belos verões sombrios de minha infância.*
>
> Mélancolie

Mãe e Casa, eis os dois arquétipos no mesmo verso. Basta tomar a direção dos sonhos sugeridos pelo poeta para vivenciar, nos dois movimentos, a substituição das duas imagens[13]. Seria muito simples se o maior dos dois arquétipos, se o maior de todos os arquétipos, a *Mãe*, apagasse a vida de todos os outros. No trajeto que nos leva de volta às origens, há primeiramente o caminho que nos restitui à infância, à nossa infância sonhadora que desejava imagens, que desejava símbolos para duplicar a realidade. A realidade materna foi multiplicada imediatamente por todas as imagens de intimidade. A poesia da casa retoma esse trabalho, reanima intimidades e recobra a grande segurança de uma filosofia do repouso.

VII

A intimidade da casa bem fechada, bem protegida, reclama naturalmente as intimidades maiores, em particular a do regaço

---

13. Haverá uma casa materna sem água? Sem uma água *materna*? Sobre o tema *A casa natal*, Gustave Kahn escreve (*Le conte de l'or et du silence*, p. 59): "Casa materna, fonte original das origens de minha vida..."

materno, e depois a do ventre materno. Na ordem da imaginação, as pequenas imagens reclamam as grandes. Toda imagem é um *aumentativo psíquico*; uma imagem amada, acarinhada, é um penhor de vida acrescida. Eis um exemplo desse acréscimo psíquico pela imagem. O Dr. Jean Filliozat em seu livro *Magie et médecine* (p. 126) escreve: "Os taoístas pensavam ser vantajoso para garantir um rejuvenescimento colocar-se outra vez nas condições físicas do embrião, germe de toda a vida futura. Os hindus também o admitiam e ainda o admitem de bom grado. Foi num local 'obscuro e fechado como o ventre materno' que ocorreu, em 1938, uma cura de rejuvenescimento a que se submeteu um conhecido nacionalista, o pândita Malaviya, e que teve grande repercussão na Índia." Em suma, nossos *retiros* longe do mundo são demasiado *abstratos*. Eles nem sempre encontram esse quarto de solidão pessoal, esse local escuro "fechado como o ventre materno", esse canto retirado em uma casa tranqüila, esse subterrâneo secreto, mais abaixo até do porão profundo, onde a vida recobra seus valores germinativos.

Tristan Tzara (*L'antitête*, p. 112), apesar da liberdade de suas imagens livres, segue a direção desse mergulho. Ele conhece "esse paraíso de caçadores de vazio e de impassível, — senhora onipotente da proibição de viver fora das grutas de ferro, e da doçura de viver na imobilidade, cada qual em sua pessoa lucífuga e cada pessoa ao abrigo da terra, em sangue fresco..." Nessa reclusão, encontramos a síntese paraíso-prisão. Tzara diz ainda (*op. cit.*, p. 113): "Era uma prisão, formada de longas infâncias, o suplício dos mais belos dias de verão."

Se prestássemos mais atenção às imagens incoativas, imagens certamente muito ingênuas, que ilustram os primeiros valores, nos lembraríamos melhor de todos aqueles cantos sombreados da grande morada onde nossa pessoa "lucífuga" encontrava o seu *centro* de repouso, lembrança do repouso pré-natal. Mais uma vez, vemos que o onirismo da casa necessita de uma pequena casa dentro da grande para que recobremos as seguranças primárias da vida sem problemas. Nos cantinhos recuperamos a sombra, o repouso, a paz, o rejuvenescimento. Como iremos ver, todos os lugares de repouso são maternais.

VIII

Se, com um passo solitário, devaneando, numa casa que traz os grandes signos da profundidade, descemos pela estreita escada obscura que enrola seus altos degraus em torno do eixo de pedra, logo sentimos que *descemos a um passado*. Ora, para nós não há nenhum passado que nos dê o gosto de nosso passado, sem que logo se torne, em nós, um passado mais longínquo, mais incerto, esse passado enorme que já não tem data, que já não sabe as datas de nossa história. Tudo então simboliza. Descer, devaneando, num mundo em profundidade, em uma casa que assinala a cada passo a sua profundidade, é também descer em nós mesmos. Se prestamos um pouco de atenção às imagens, às lentas imagens que se nos impõem nessa "descida", nessa "dupla descida", não podemos deixar de surpreender-lhe os traços orgânicos. Raros são os escritores que os põem no papel. Mesmo que esses traços orgânicos surgissem da pena, a *consciência literária* os rejeitaria, a consciência vigiada os recalcaria[14]. E no entanto, a *homologia das profundezas* impõe tais imagens. Quem pratica a introspecção é o seu próprio Jonas, como entenderemos melhor quando tivermos acumulado, no próximo capítulo, imagens bastante numerosas e variadas do *complexo de Jonas?* Multiplicando as imagens veremos melhor a sua raiz comum e, portanto, sua unidade. Compreenderemos então que é impossível separar imagens diversas que se exprimem em uma valorização do repouso.

Mas como nenhum filósofo aceitaria a responsabilidade de personificar a síntese da dialética Baleia-Jonas, recorramos a um escritor que tem como lei captar as imagens no estado nascente, quando elas possuem ainda toda a sua virtude sintética. Que se releiam as páginas admiráveis que servem de introdução a *Aurora*[15]. "Era meia-noite quando tive a idéia de descer àquela antecâmara triste, decorada de velhas gravuras e panóplias..." Que se percebam sobretudo lentamente todas as imagens nas quais o escritor vive o desgaste e a morte das coisas, corroídas "por um ácido disperso

---

14. A *consciência literária* é, no escritor, uma realização íntima da *crítica literária*. Escreve-se para alguém, contra alguém. Felizes são aqueles que escrevem, libertos, para si mesmos!

15. Michel Leiris, *Aurora*, pp. 9 e ss.

no ar como uma suarda animal, penetrante e melancólico, com cheiro de antigas roupas gastas". Então nada mais é abstrato. O próprio tempo é um resfriamento, uma fusão de matéria fria. "O tempo passava por cima de mim e me resfriava tão traiçoeiramente como um vento encanado." E, após esse resfriamento e esse desgaste, o sonhador está pronto para ligar sua casa e seu corpo, seu porão e seus órgãos. "Eu não esperava nada, esperava menos que nada. Quando muito tinha a idéia de que, mudando de andar e de aposento, eu introduziria uma fictícia modificação na disposição de meus órgãos, portanto, na de meus pensamentos." A seguir vem o relato da extraordinária descida em que as imagens fazem andar lado a lado os dois fantasmas, o fantasma dos objetos e o fantasma dos órgãos, no qual "o peso das vísceras" é sentido como o peso de uma "mala cheia não de roupas, mas de carne de açougue". Como não perceber que Leiris entrou na mesma morada a que certos sonhos conduziram Rimbaud, na "casa de carne sangrenta"? (*Barbare*)

Michel Leiris continua: "Passo a passo, eu ia descendo os degraus da escada... Eu estava muito velho e todos os acontecimentos de que me recordava percorriam de cima a baixo o âmago de meus músculos como tarraxas vagueando nas paredes de um móvel..." (p. 13) Tudo se animaliza quando a descida se acentua: "Os degraus gemiam sob meus pés e parecia-me pisar animais feridos, de sangue muito vermelho, e cujas tripas formavam a trama do macio tapete." O próprio sonhador desce agora como um animal aos condutos da casa — depois como um sangue animalizado: "Se sou incapaz de descer agora a não ser de gatinhas, é que no interior de minhas veias circula ancestralmente o rio vermelho que animava o corpo de todos esses animais acuados." Ele sonha ser "uma centopéia, um verme, uma aranha". Todo grande sonhador com inconsciente animalista reencontra a vida invertebrada.

Por outro lado as páginas de Leiris são fortemente orientadas por um eixo, conservam a linha de profundidade da casa onírica, uma casa-corpo, uma casa onde se come, onde se sofre, uma casa que emite queixumes humanos (p. 16). "Estranhos rumores continuavam a chegar a mim, e eu escutava os imensos sofrimentos que inflavam as casas com seus foles de forja, abrindo as portas e as janelas em crateras de tristeza que vomitavam, colorida de amarelo sujo pela luz doentia dos lampiões familiares, uma inesgotável enxurrada de sopa, misturada aos ruídos de discussões, de garrafas desarrolhadas por mãos suadas e de mastigações. Um longo rio de filés de vaca e de legumes mal cozidos escoava.'' Onde escoavam todos esses alimentos, nos corredores ou num esôfago? *Como todas essas imagens teriam um sentido se não tivessem um duplo sentido?* Elas vivem no ponto de síntese da casa e do corpo humano. Correspondem ao onirismo da casa-corpo.

Para bem desdobrá-las e vivenciá-las depois duplamente, não podemos esquecer que elas são as imagens do anacoreta do sótão[16], do sonhador que um dia, dominando medos humanos, medos subumanos, quis explorar seus porões, os porões humanos, os porões subumanos.

A imagem clara então é apenas um eixo da referência vertical; a escada é apenas um eixo de descida às profundezas humanas. Já estudamos a ação desses eixos verticais em nossos livros *O ar e os sonhos* e *A terra e os devaneios da vontade* (cap. XII). Esses eixos da imaginação vertical são, afinal de contas, tão poucos que é compreensível que as imagens se reúnam em torno de um deles. ''Não és senão um homem que desce a escada...'', diz Michel Leiris, acrescentando em seguida (p. 23): ''Essa escada não é a passagem vertical com degraus dispostos em espiral, dando acesso às diversas partes do lugar que contém teu sótão; são tuas próprias vísceras, é o teu tubo digestivo que comunica tua boca, da qual te orgulhas, com teu ânus, do qual te envergonhas, cavando por todo o teu corpo uma sinuosa e viscosa trincheira...''[17]

Que melhor exemplo se poderia dar de imagens complexas, de imagens com inacreditáveis forças de síntese? É claro que para sentir em ação todas essas sínteses e preparar-lhe a análise — admitindo-se que não se tenha a imaginação bastante rica para viver sinteticamente as imagens complexas — é preciso partir da *casa onírica*, ou seja, despertar no inconsciente uma morada muito velha e muito simples onde sonhamos viver. A casa real, mesmo a casa de nossa infância, pode ser uma casa oniricamente mutilada; pode ser também uma casa dominada pela idéia do superego. Em particular,

---

16. ''Havia vinte anos eu não ousava me aventurar naquele dédalo da escada, havia vinte anos eu vivia estritamente encerrado entre os tabiques decrépitos do velho sótão.'' (*Aurora*, p. 11)

17. Um filósofo dirá o mesmo com imagens com menos ''imagens''. Em *Carnets de voyage* (p. 241) de Taine, lemos: ''A casa é um ser completo com uma cabeça e um corpo.'' Taine não leva mais longe a anatomia.

muitas de nossas casas citadinas, muitas de nossas mansões burguesas são, no sentido psicanalítico do termo, "analisadas". Têm *escadas de serviço* onde circulam, como diria Michel Leiris, rios de "provisões de boca". Bem distinto desse "esôfago", o elevador leva os visitantes, o mais rápido possível e evitando os longos corredores, à sala de estar. É aí que se "conversa", longe dos odores da cozinha. É aí que o repouso se sacia de conforto.

Mas essas casas em ordem, esses aposentos claros, serão verdadeiramente as casas onde se sonha?

CAPÍTULO V

O COMPLEXO DE JONAS

> Os gordos não têm o direito de usar as mesmas palavras e as mesmas frases que os magros.
> GUY DE MAUPASSANT,
> *Le colporteur. Lettre trouvée sur un noyé*, p. 169

> ... uso externo, uso interno. Mas essa ilusão do "dentro" e do "fora", no corpo humano, só existe porque o homem, depois de tantos milênios que deixou de ser hidra com estômago reversível, perdeu a habilidade de poder por tecidos, como certas roupas bretãs, pelo avesso e pelo direito...
> ALFRED JARRY,
> *Spéculations*, 1911, p. 232

I

A imaginação que narra deve pensar em tudo. Deve ser divertida e séria, deve ser racional e sonhadora; cumpre-lhe despertar o interesse sentimental e o espírito crítico. O melhor conto é aquele que sabe atingir os limites da credulidade. Mas para traçar as fronteiras da credulidade, é raro que se estude, em todos os seus aspectos, a *vontade de fazer acreditar*. Em particular, negligencia-se o que chamaremos de *provas oníricas*, subestima-se o que é *oniricamente* possível sem ser *realmente* possível. Em suma, os realistas relacionam tudo com a experiência dos dias, esquecendo a experiência das noites. Para eles a vida noturna é sempre um resíduo, uma seqüela da vida acordada. Propomos recolocar as imagens na dupla perspectiva dos sonhos e dos pensamentos.

Às vezes também um sorriso inoportuno do narrador destrói uma crença lentamente edificada pelos sonhos. Uma história de outrora é subitamente desacreditada por um gracejo de hoje. Giraudoux pôs na moda essa mitologia mistificada, esses anacronismos de colegial. Para mostrar essa destruição das imagens pelo sorriso do narrador, esse déficit de qualquer credulidade, vamos estudar uma imagem que já não é capaz de fazer sonhar, tanto ela já foi ridicularizada. Trata-se da imagem de Jonas no ventre da baleia. Tentaremos encontrar nela alguns elementos oníricos mesclados com imagens claras.

Essa imagem pueril suscita um interesse ingênuo. Poderíamos chamá-la de bom grado uma *imagem narradora*, uma imagem que produz automaticamente um conto. Ela exige que se imagine um antes e um depois. Como Jonas entrou no ventre da baleia, como irá sair? Dêem a crianças francesas de doze anos essa imagem como tema de *composição*. Não tenham dúvida de que essa composição será trabalhada com *interesse*. O tema poderá servir de *teste de composição francesa*. Dará uma medida da capacidade jocosa do aluno. Procurando um pouco, talvez se descubra uma mina de imagens mais profundas.

Vejamos primeiro um exemplo de pobres pilhérias. Para isso bastará reler as páginas em que Herman Melville relata à sua maneira a aventura de Jonas[1]. Ele instala Jonas na *boca* da baleia. Depois, como a palavra *oco* basta para que se sonhe com uma *habitação*, segundo a lei constante dos devaneios de intimidade, Melville acha divertido dizer que Jonas se alojou num *dente oco* da baleia[2]. Tão logo inicia este sonho, Melville "pensa" a tempo que a baleia não tem dentes. É do conflito deste *sonho* do dente oco e do *pensamento* aprendido nos livros escolares que nasce o tacanho humor do capítulo dedicado à história de Jonas, em um livro que, felizmente, tem outras belezas. Aliás, o capítulo inteiro destoa em uma obra que consegue aliar tantas vezes os valores oníricos com os valores realistas. Isto deveria convencer-nos de que não se pode *gracejar* com os sonhos, ou, em outras palavras, de que o cômico é o apanágio da vida consciente. Em uma lenda da Nova Zelândia, o herói maori

---

1. Melville, *Moby Dick*, trad. fr., p. 357.
2. Um dos peregrinos devorados junto com a salada por Gargântua bate com seu bordão no dente oco do gigante (Rabelais, cap. XXXVIII).

introduz-se no corpo da avó Hine-te-po e diz aos pássaros que o observam: "Meus amiguinhos, quando eu penetrar na garganta da velha, não devem rir; mas quando eu sair, espero que me acolham com cantos de alegria."[3]

Convém portanto separar o *fazer acreditar* e o *fazer rir* para se ter certeza de acompanhar um tema da vida natural das imagens.

Aliás, essa separação do gracejo e da credulidade nem sempre é fácil. As crianças são às vezes mestras na arte de gracejar. Em uma classe cujos alunos tinham de cinco a oito anos, André Bay fez a seguinte experiência. Pediu a cada um de seus jovens alunos que contasse uma história inventada livremente, para *divertir* os colegas. Ele publicou uma coletânea delas (André Bay, *Histoires racontées par des enfants*). O complexo de Jonas aparece em quase toda página dessa coletânea. Eis alguns exemplos. Quatro rãs engolem quatro crianças perdidas e as levam de volta à mãe. Uma rã engole um porco e temos aí a fábula de La Fontaine, de uma rã que queria ser tão grande como um boi, traduzida nas imagens intimistas do ventre assimilador. Um lobo devora um porco. Um cordeiro come um camundongo: "uma vez lá dentro, o camundongo se insinua pelas tripas do cordeiro até a ponta de seu rabo". Como o cordeiro sofre sob os dentes do comundongo, pede para uma serpente curá-lo. A serpente come o rabo do cordeiro. O cordeiro quer então "comer a serpente para vingar o rabo", e por aí segue a história, realmente sem fim, do comedor que é comido, tanto assim que a história termina em uma evidente "nadificação" digestiva. Assim conclui o jovem narrador: "O cordeiro tornou-se minúsculo como uma bola de gude... Ele sumiu." — "Um porco, num dia em que estava com muita fome, comeu uma tartaruga inteirinha. A tartaruga picou toda a carne no interior do porco e com ela fez uma casa."As duas imagens de intimidade trocam aqui os seus valores. O conto é particularmente curioso no seu desenvolvimento. Como o porco teve muita dor, fez "um grande buraco em sua barriga para tirar a tartaruga. Depois disso sentiu-se muito melhor. Ele retirou também a casa". Mas não perde facilmente as imagens do suave repouso. E já que é tão gostoso dentro da "casa do ventre", a criança acrescenta tranqüilamente: o porco "entrou em sua própria barriga e lá sentiu-se bem. Ah! como está bom,

---

3. Leïa, *Le symbolisme des contes de fées*, p. 96.

dizia ele, está quentinho!'' Imagens narradoras como esta nos confirmam, acreditamos, quando as designamos como auto-Jonas, como o sonho de viver realmente "em casa", "no centro de seu próprio ser", "em seu próprio ventre". Mas todas as páginas do livro de André Bay poderiam servir para um estudo das imagens de integração. Para terminar, vejamos uma história em que um jovem narrador refere-se ao poder de integração da baleia, pois a baleia é o maior dos ventres do mundo. Lembremos que os contos recolhidos por André Bay são contos compostos livremente pelas crianças, sem nenhum tema proposto. Portanto, tornamos a encontrar a noção de uma *composição francesa natural*, sinal de uma necessidade de *compor histórias*. Eis a última história. Um leão, um lobo e um tigre que haviam comido "ovelhas e pastores", fogem de avião. O leão e o lobo caem no mar. Um pescador captura-os com a rede. Mas surge a baleia que "engole o lobo, o leão, o pescador e o barco". Grande bocado, destino pequeno. A vida tranquila continua. Com efeito: "O pescador continuou a fumar seu cachimbo no ventre da baleia. Assim fez um pequeno buraco para a fumaça." Reencontraremos esses *devaneios de acomodação* quando estudarmos as imagens de intimidade da gruta.

II

A imagem de Jonas no ventre da baleia terá algo a ver com a realidade?

Toda criança que teve a felicidade de nascer perto de um rio, toda criança cujo pai pescava com vara, já se maravilhou ao encontrar o vairão ou a mugem no ventre do lúcio. À beira do rio, vendo o lúcio devorar sua presa, a criança sonha certamente com o triste fim reservado à criatura devorada. A forma do cadoz, tão delgado no seio das águas, destina-o finalmente a ir viver no estômago de outrem. Quantos objetos têm assim um perfil gastronômico! Ao contemplá-los, temos a explicação de numerosas tentações mórbidas.

Um sonhador do devoramento como Jeronimus Bosch joga sem cessar com essas imagens. Para ilustrar a máxima cósmica: devorai-vos uns aos outros, Maurice Gossart, em seu livro sobre Bosch, escreve: "Uma goela enorme engole um peixe que por sua vez abocanha um pequeno arenque. Dois pescadores estão sentados na frente de um barco. O mais velho diz à criança, mostrando-lhe tal prodígio: 'Veja, meu filho, sei disso há muito tempo, os peixes grandes comem os pequenos.' '' O próprio Spinoza não desdenha a clareza desse apólogo. A fábula: *Aquele é capturado quando julga capturar* resume-se nessa imagem bem simples: "Eternos devoradores, perpétuos devorados." É esta, segundo Georges Barbarin, "a divisa do peixinho de água doce"[4].

Também os sábios inventam alguns prodígios, às vezes discretos, às vezes excessivos. Em *Traité des aliments* (p. 367), Louis Lémery diz que no ventre do "cruel lúcio" encontram-se peixes inteiros. "Há mesmo alguns autores que observam que já foram encontrados aí gatos." Daudin (*Histoire naturelle générale et particulière des reptiles*, ano X [1801], t. I, p. 63) escreve: "O príncipe João Maurício de Nassau... viu uma mulher holandesa que estava grávida ser devorada inteira por uma dessas monstruosas serpentes." A gravidez da mulher desperta um interesse "redobrado". Assim nascem as belas histórias. Veremos em breve outros *Jonas de Jonas*, outros exemplos de devoradores devorados. A esse respeito a fauna literária dos répteis é bastante rica.

Assim, Alexandre Dumas achou interessante anotar esta lembrança (*Mes mémoires*, t. I, p. 200). Três anos atrás, ele viu o jardineiro cortar uma cobra pelo meio. Dela sai uma rã engolida que logo se vai saltitante. "Esse fenômeno, que nunca mais tive a ocasião de ver ocorrer, impressionou-me singularmente, e permaneceu tão vivo em meu espírito que ao fechar os olhos revejo, no momento em que escrevo estas linhas, os dois pedaços móveis da cobra, a rã ainda imóvel e Pierre apoiado sobre a pá, sorrindo de antemão de meu espanto."[5] As pequenas imagens fixam as grandes. Sem essa rã libertada, o escritor ainda se lembraria do rosto sorridente do bom jardineiro?

Louis Pergaud escreveu páginas divertidas sobre a morte da rã no ventre da cobra[6]. "Uma baba morna e pegajosa a envolvia: um movimento lento e irresistível a arrastava implacavelmente para as profundezas." Pergaud encontra assim, antecipadamente, o exemplo de uma vertigem sartriana, de uma *vertigem lenta* que leva

---

4. Barbarin, *Le livre de l'eau*, p. 26.
5. Dumas retoma esse episódio em duas longas páginas de seu escrito sobre as serpentes, publicado ao final do volume *Filles, lorettes et courtisanes*, ed. 1875, p. 164.
6. Louis Pergaud, *De goupil à Margot*, p. 161.

insensivelmente à morte, a uma morte quase materializada, pela incorporação no pegajoso, no viscoso (p. 162). "A morte deslizou assim sobre ela, ou melhor, não era ainda a morte, mas uma vida passiva, quase negativa, uma vida suspensa, não na quietude como ao sol do meio-dia, mas cristalizada, por assim dizer, na angústia, pois algo de imperceptível, como um ponto de consciência talvez, vibrava ainda nela pelo sofrimento."

Convém sublinhar, de passagem, um adjetivo que se insinuou nesse texto tão rico de imaginação material — o adjetivo *morno*. Ele não está no mesmo nível materialista das imagens que o cercam. Corresponde a uma instância humana. Se nos exercitarmos em ler os textos mais lentamente ainda do que foram escritos, tão lentamente como foram sonhados, sentiremos, ao sonhar com essa mornidão, que o escritor participa de uma singular ambivalência. Estará ele sofrendo com a vítima ou deliciando-se com o devorador? Em que boca encontra-se esta saliva morna? De onde vem esse súbito calor num mundo que os livros designam como o mundo da vida fria? Os livros não são feitos apenas com o que se *sabe* e o que se *vê*. Necessitam de raízes mais profundas.

A continuação do conto de Pergaud quer aliás que a rã seja libertada. Um falcão vem comer a comedora, cortar em duas a cobra com uma bicada, de sorte que a primeira vítima desliza "sobre as almofadas viscosas da goela de seu captor". Se nos lembrarmos que o narrador empenhou-se em nos mostrar antes a rã devorando gafanhotos, vemos funcionar aqui, do gafanhoto à rã, da rã à cobra, da cobra ao falcão, um Jonas ao cubo, um (Jonas)^3. A álgebra não se deterá em tão belo caminho. "Uma seda chinesa, diz Victor Hugo[7], representa o tubarão que come o crocodilo que come a águia que come a andorinha que come a lagarta." Eis o (Jonas)^4.

No *Kalevala* de Lönnrot é descrita uma longa história de devoradores devorados. Ela é ainda mais interessante porque a autópsia do último devorador permite descobrir no estômago mais central, mais recôndito, um bem mais precioso do que todos: o filho do Sol reencontra a centelha furtada do firmamento. Eis a cena: o filho do Sol abre o ventre do lúcio, o maior devorador (*op. cit.*, p. 633).

---

7. Victor Hugo, *Les travailleurs de la mer*, ed. Nelson, t. II, p. 198.

O COMPLEXO DE JONAS

> *No ventre do lúcio cinza*
> *Descobriu o salmão pálido.*
> *No ventre do salmão pálido*
> *Um salmonete liso descobriu.*

No ventre deste último peixe, ele descobre uma bola azul, na bola azul uma bola vermelha. Ele parte a bola vermelha.

> *No meio da bola vermelha*
> *Achava-se a bela centelha*
> *Que escapara do céu,*
> *E atravessara as nuvens,*
> *Os oito anéis do firmamento,*
> *Os nove arcos da atmosfera.*

Pode-se ler em seguida um longo relato em que o ferreiro, de barba queimada, mãos queimadas, persegue a centelha errante até aprisioná-la "dentro do tronco de um velho amieiro seco, no fundo de um cepo apodrecido", pondo depois o cepo em uma panela de cobre que envolve na casca de bétula. Mas todos esses artifícios de um novo encaixamento apenas fazem com que se entendam melhor os princípios do encaixamento natural que estão em ação no complexo de Jonas. Aliás, se lermos o canto XLVIII do *Kalevala*, seguindo os métodos de uma doutrina da imaginação material, reconheceremos facilmente que todas as imagens em ação aqui vinculam-se aos próprios sonhos dos *elementos materiais*.

Não é sem razão que aqui o fogo oculta-se no ventre dos peixes. Precisamos completar a imagem formulada pelas *formas* e compreender que o próprio lúcio está no ventre do rio, no *seio das águas*. A dialética *água* e *fogo*, dialética que recobra as profundas ambivalências do feminino e do masculino, pode ser considerada um verdadeiro antecedente onírico de todas as imagens ingenuamente circunstanciadas. Quando é preciso convencer a centelha a voltar "às chaminés da fornalha de ouro", o velho ferreiro lhe diz:

> *Centelha criada por Deus,*
> *Fogo dado pelo Criador,*
> *Te atiraste n'água sem razão.*

"Sem razão", mas não sem sonhos. Entre a água e o fogo, os combates e os desejos contraditoriamente multiplicam suas imagens, dinamizam incessantemente a imaginação.

Mas continuemos nosso exame de imagens mais simples, mais explicitamente estimuladas pelo desejo "de *saber* o que cada qual tem no ventre".

III

Há contos em que um complexo de Jonas forma de certo modo a trama da narrativa. É o caso do *Märchen* [conto de fada] de Grimm intitulado *Daumesdick* [Grosso como o polegar]. Esse pequeníssimo anão, dormindo no feno, é dado à vaca com uma braçada de forragem. Ele desperta na boca da vaca. Bastante hábil para evitar os dentes — habilidade que encontramos nos heróis valorosos — chega ao estômago, estranha morada sem janela onde não chega a luz do sol, o que irão notar os mitólogos que crêem na explicação solar dos contos. O engenhoso Daumesdick berra tão forte quanto pode: "Parem de me dar feno!" Essa ventriloquia basta para assustar a empregada: "Santo Deus, diz ela ao patrão, a vaca falou." Portanto a vaca está possuída pelo diabo. Matam-na e jogam seu estômago no estrume. Aparece um lobo esfomeado que *devora* o estômago e seu conteúdo antes que Daumesdick possa escapulir. O lobo não está saciado. O pequeno Jonas o aconselha a ir à cozinha de seus pais. O lobo, ainda magro, esgueira-se pelo buraco da pia (*die Gosse*), mas, como devora todas as provisões, não consegue sair pelo mesmo caminho. Caiu na armadilha; também ele encontra-se na pequena casa encerrado como num ventre. Daumesdick grita a plenos pulmões. O pai e a mãe, despertados, vêm matar o lobo, e a mãe com uma facada abre a barriga da fera para trazer à luz seu filho maravilhoso. Só será preciso fazer-lhe roupas novas, pois as antigas ficaram muito estragadas em todas essas aventuras. Como vemos, o conto procura pensar em tudo.

A história de uma serpente que devora outra também é freqüentemente narrada[8]. Alexandre Dumas (*Filles, lorettes et courtisanes*, p. 173) acrescenta uma variante. Como a cauda da serpente devorada ainda está aparecendo na boca da serpente devoradora,

---

8. Mais divertida ainda é a serpente de Tzara. "A serpente engole a cauda e vira-se pelo avesso como uma luva." (*L'antitête*, p. 182) O jogo, prosseguindo, recoloca a serpente ao direito. Eis uma forma nova de Uróboro. Esse auto-Jonas se tornou um divertido símbolo de eternidade.

dois guardas do jardim botânico tomam cada qual uma cauda na mão. "E a pequena serpente saiu da grande como uma espada sai da bainha." As duas serpentes reconciliadas devoram em seguida, cada qual, um grande coelho. Em todas essas histórias, a *morte devorada* é um simples incidente fácil de apagar.

Aliás, percebe-se claramente nessas narrativas o desejo de pilheriar. Cumpre reconhecer a importância das funções de pilhéria. Elas dão uma medida da habilidade do "narrador" e da credulidade do "narrado", se permanecemos no psiquismo consciente. Mas se formos "ao fundo das coisas", veremos que as pilhérias funcionam tanto no inconsciente do avô como no inconsciente do neto. Representam "disfarces" para um temor aninhado no inconsciente de todos os homens. Com o complexo de Jonas, a ação psicanalítica da pilhéria fica fácil de detectar. Mas encontraríamos essa ação do cômico em muitas curas psicanalíticas. Freqüentemente os psicanalistas — entre si — sabem rir apesar de seu triste ofício.

Em um conto de Milosz (*Contes et fabliaux de la vieille Lithuanie*, p. 96), pode-se acompanhar a ação quase subterrânea, inconsciente, da imagem do devorador devorado. Um psicanalista não terá, aliás, dificuldade de detectar nesse conto os indícios de uma fixação anal. Mas, precisamente, a velha imagem de Jonas, que nas primeiras páginas do livro não era ainda visível, aflora na página seguinte (p. 97); assim, ao que tudo indica, o conto de Milosz foi escrito no sentido inverso àquele em que foi sonhado. A psicanálise talvez não distinga suficientemente entre o que se poderia chamar de imagem implícita e de imagem explícita. Inteiramente voltada para a busca dos complexos essencialmente inconscientes, a psicanálise nem sempre dá a devida atenção às imagens explícitas, às imagens verdadeiramente delineadas que parecem disfarces inocentes de complexos profundos. Cremos que a imagem de Jonas no ventre da baleia poderia servir de questionário nas dispepsias de ordem psíquica. Por sua clareza, por sua simplicidade, por seu cunho falsamente pueril, essa imagem é um meio de análise — sem dúvida muito elementar, mas assim mesmo útil — para essa imensa região, tão pouco explorada, da psicologia digestiva.

Diante de imagens tão ingênuas, pode-se também avaliar melhor a ingenuidade de certas racionalizações, de modo que temos aqui alguns elementos para julgar essa psicologia reduzida que é suficiente em geral para analisar certos psiquismos simplificados, tanto no reino da imagem quanto no reino da idéia. Por exemplo, poderemos atribuir à racionalização da imagem tradicional esta opinião da Idade Média que Langlois recorda ao resumir *Le livre des trésors* [O livro dos tesouros]: acredita-se comumente que as baleias "em caso de perigo engolem a prole para lhe dar asilo, e a expelem em seguida". Um psicanalista, em nossa opinião, não teria o direito de ver aí uma aplicação da fantasia caracterizada pelo nome de volta à mãe. Com efeito, a ação da imagem *exterior*, da imagem *explícita*, da imagem *tradicional*, está aqui muito evidente. Temos de levar em conta as solicitações da imaginação figurada ao invés de imputar toda a atividade aos complexos profundos. Finalmente, a pobre convicção que analisamos nestas páginas é muito heterogênea. É difícil dar um exemplo de adesão total à imagem de Jonas. Por isso, a pobreza da imagem é muito propícia para nos fazer sentir a ação de elementos simplesmente justapostos, jamais completamente unificados.

IV

Nos devaneios populares, o *ventre* aparece como uma cavidade acolhedora. Dormir de boca aberta é oferecer um refúgio a todos os animais errantes. Folheando o *Dictionnaire infernal* de Collin de Plancy, encontraremos facilmente uma fauna estomacal legendária, reunindo todos os animais que a humanidade acredita ter vomitado. Por exemplo (Art. Gontran, cf. Art. Morey), uma doninha entra e sai da boca de um homem adormecido. Trata-se de uma alma migratória? No artigo *Feitiçarias*, conta-se de uma menina enfeitiçada que "vomitou pequenos lagartos, os quais desapareceram por um buraco feito no soalho". Não é de espantar que se tenha falado tanto de "possessão" por via bucal (Art. *Juramento*): uma menina engoliu o diabo.

Cardan, por sua vez, conta (p. 199) que um homem adormecido que havia engolido uma víbora foi salvo ao respirar fumaça de couro queimado. A serpente enfumaçada saiu da boca do indivíduo. Raspail (I, p. 308) cita com complacência um texto de 1673: "O bobo da corte de um príncipe, que se divertia comendo ovos de galinha crus e sem quebrar a casca, foi acometido de cólicas.

Deram-lhe de beber uma infusão de tabaco que o fez vomitar um pinto morto e sem penas, mas desenvolvidíssimo."

Quem bebe no riacho corre o risco de engolir rãs. Os contos sobre esse tema multiplicam-se. E uma vez iniciada a "amplificação", nada detém a imaginação. Em um conto da Gasconha recolhido por François Bladé, um asno bebe a lua que dormia sobre o rio. Os poetas, por instinto, utilizam a mesma imagem.

> *Os cavalos beberam a lua*
> *Que se via sobre a água,*

diz o poeta russo Serguei Iessenin.

O folclore de Gargântua ilustra amiúde esses contos do gigante que dorme de boca aberta[9]. "Um pastor surpreendido pela tempestade refugiou-se ali com seu rebanho, e ao explorar a imensa caverna que era a boca de Gargântua, espetou o céu da boca com o cajado. O gigante sentiu que algo lhe causava comichão e, despertando, engoliu o pastor e suas ovelhas." É freqüente o conto em que um pequeno camundongo sai da boca de um mineiro adormecido (cf. Dürler, *op. cit.*, p. 70). O mineiro, trabalhando nas entranhas da terra, engole sem cerimônia os seres do mundo subterrâneo.

O folclore de Gargântua oferece inúmeras ilustrações para uma psicologia do *Engole tudo*.

No livro de Paul Sébillot[10], vemos Gargântua engolir diferentes animais, um exército, um lenhador, carroças, seus filhos, sua mulher, frades, um moinho, suas amas-de-leite, pás, pedras, um rio. Vê-mo-lo engolir navios, o que, com um pouco de sonho, proporcionará ao leitor uma divertida *inversão* de imagens: não se diz que Jonas no ventre da baleia não passava de um viajante no porão do navio? Pois bem, aqui é o homem que engole o barco. Afinal, para quem sonha, isso não é coisa do outro mundo.

Ocorre uma inversão igual quando Gargântua engole não seu remédio mas seu médico, não o leite mas a ama-de-leite. Nesta última imagem de uma criança que, mamando um tanto forte, engole a ama-de-leite, temos a prova de que o complexo de Jonas é um fenômeno psicológico da deglutição. Em muitos aspectos, po-

---

9. Cf. Arnold Van Gennep, *Le folklore de la Bourgogne* (*passim*).
10. Paul Sébillot, *Gargantua dans les traditions populaires* (*passim*).

deríamos considerar o complexo de Jonas como um caso particular do complexo de desmame. Frobenius enfatizou particularmente os inúmeros mitos africanos associados à imagem de Jonas. Em alguns desses mitos, o ventre é considerado um forno onde o herói recebe uma forma bem acabada. Herbert Silberer não deixou de comparar esse fato, de um lado com os mitos do herói solar, de outro com as práticas da alquimia[11]. Este é um exemplo do determinismo polivalente das imagens. Em outras palavras, as grandes imagens são superdeterminadas, e vinculam-se por uma valorização superabundante às mais *fortes determinações*. A matéria alquímica que se aperfeiçoa na fornalha, o sol que no ventre da terra prepara-se para renascer, Jonas que no ventre da baleia repousa e se alimenta, são três imagens que formalmente nada têm em comum, mas que, todas elas, numa relação de mútua metáfora, exprimem a mesma tendência do inconsciente.

V

A ventriloquia, por si só, se a restituíssemos ao maravilhamento que suscitou, poderia proporcionar um longo tema de estudo. Dá vazão a uma vontade de enganar, a um divertido cinismo. Vejamos um curioso exemplo. Em seu livro *Les noms des oiseaux* [Os nomes dos pássaros], o abade Vincelot dedica uma página ao *Papaformigas* (p. 104), ao qual atribui as convulsões de um epiléptico, acusando-o ao mesmo tempo de preguiça. "Enfim", diz ele, "se compraz em bancar o ventríloco no fundo das árvores ocas nas quais se refugia; depois sai de seu retiro tenebroso para se certificar do efeito que produziu nos ouvintes, e continua a sua representação com poses e contorsões que fazem dele um verdadeiro saltimbanco." Do engolidor de sabres ao ventríloco, há lugar para toda uma comédia do ventre burlesco que mostra bem os interesses diversos por qualquer imagem ventruda.

Às vezes também a ventriloquia é considerada uma voz demoníaca. A farsa, como sói acontecer, vira confusão (cf. Collin de Plancy, *op. cit.*, Art. *Feitiçarias*). No conto *Les fées* [As fadas],

---

11. Cf. Herbert Silberer, *Probleme der Mystik und ihrer Symbolik*, p. 92.

de Perrault, a menina má cospe sapos a cada palavra que lhe sai da boca. O ventre contém assim todas as vozes da consciência pesada[12]. Todas essas imagens podem parecer remotas e divergentes. Mas se as tomamos em sua origem, não podemos deixar de reconhecer que todas elas são imagens de um ser habitado por um outro ser. Tais imagens devem portanto ser inseridas em uma fenomenologia das cavidades.

VI

C. G. Jung, em seu livro *Die Psychologie der Uebertragung* (A psicologia da transferência, p. 135), apresenta uma verdadeira tradução *alquímica* da imagem de Jonas, tradução que, do nosso ponto de vista, é extremamente valiosa pois que equivale a exprimir *materialmente*, mediante uma participação na intimidade da matéria, o que a imagem tradicional exprime no *reino das formas*. Na linguagem alquímica, já não se trata de uma personagem por rejuvenescer, mas de um princípio material por renovar. No ventre de um recipiente alquímico, a matéria por purificar, por exaltar, é confiada a uma água primitiva, ao mercúrio dos filósofos. Se as imagens formais subsistem, elas são metáforas. Por exemplo, a união renovadora se realizará nas *águas* de um útero, "*in die Amnionflussigkeit des graviden Uterus*" (p. 130).

Com anotações tão humanamente íntimas, não é de admirar que todo o inconsciente do alquimista fique envolvido. Ao ler esse Jonas alquímico, somos convidados a sonhar em profundidade, a seguir todas as imagens no sentido de uma profundidade. Eis o esquema desse mergulho, ao longo do qual devemos experimentar uma perda de imagens formais e um ganho de imagens materiais:

ventre,
seio,
útero,
água,
mercúrio,
princípio de assimilação — princípio da umidade radical.

---

12. Cf. o conto de Grimm, *Die drei Männlein im Walde*, onde a boa menina de coração de ouro cospe pepitas de ouro a cada palavra, enquanto sua irmã malvada cospe sapos.

Essa escala descendente deve nos ajudar a descer em nosso inconsciente. Ela põe em ordem símbolos que a psicanálise clássica considera precipitadamente *equivalentes*[13].

Ao perderem progressivamente os traços da vida consciente, as imagens parecem ganhar calor, o suave calor do inconsciente. Jung designa o mercúrio, que substancializa toda fluidez, toda dissolução assimiladora, exatamente como imagem ctônica do inconsciente que é ao mesmo tempo água e terra, massa profunda. Mas é a água que possui a maior "profundidade" inconsciente. É ela que assimila, como o suco gástrico.

Assim, apesar da aproximação que faremos mais adiante entre o cavalo de Tróia do astucioso Ulisses e a baleia de Jonas, cumpre distinguir suas instâncias inconscientes. A Baleia está no mar, está dentro da água, é uma potência primária da água. Seu ser, — seu existencialismo positivo e negativo —, joga com a dialética da hidropisia (*Wassersucht*) e da hidropsia*. Percebemos essa dialética em ação assim que diminuímos a clareza das imagens traçadas, assim que, precisamente, meditamos sobre a tradução *material* dos alquimistas. Como diz Jung (*op. cit.*, p. 165): "*Ja selbst die Mater Alchemia ist in ihrer unter Körperhälfte hydropisch.*" Para quem sonha nos níveis dos elementos, toda gravidez se desenvolve como uma hidropisia. É um excesso hídrico.

Se quiséssemos agora, apagando toda imagem ingênua, seguir o alquimista em seu esforço de pensamento, em sua conquista de uma ilustração das suas idéias abstratas referentes à intimidade das substâncias, teríamos de considerar um jogo de círculos e quadrados. Cremos então estar bem longe dos sonhos profundos: na verdade estamos muito perto dos arquétipos.

Com efeito, quem desenha um círculo atribuindo-lhe valores de símbolo, sonha mais ou menos vagamente com um *ventre*; quem desenha um quadrado atribuindo-lhe valores de símbolo, *constrói*

---

13. Cf. Herbert Silberer, *op. cit.*, p. 156: "*Erde, Höhle, Meer, Bauch des Fishes, u. s. w., das alles sind auch symbole für Mutter und Mutterleib*". É claro que nas gravuras de alquimia o homúnculo é representado muitas vezes flutuando ou de pé no centro de uma retorta. Mas é preciso saber apagar a representação para obter o princípio, é preciso sonhar *em profundidade*.

* Termos da fisiologia que designam a acumulação de serosidades numa cavidade do corpo (hidropisia) e a anemia contraída pelo feto no útero (hidropsia fetal). (N. T.)

um *refúgio*. Não é tão fácil passar dos interesses inconscientes para os interesses verdadeiramente geométricos.

Se fosse preciso remontar ainda mais ao reino dos arquétipos, talvez pudéssemos propor o círculo como ilustração do Jonas feminino e o quadrado como ilustração do Jonas masculino. O *animus* e a *anima* encontrariam assim a figuração plena de sonho que convém a seus poderes inconscientes. Estaríamos respeitando, aliás, a dualidade essencial proposta por Jung ao relacionar o *animus* e a *anima*. Haveria então dois Jonas essenciais correspondendo aos esquemas abaixo:

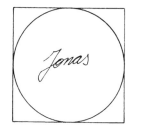 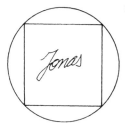

a anima *dentro* do animus ou o animus *dentro* da anima. De qualquer maneira, a relação entre *anima* e *animus* é uma dialética de envolvimento, e não uma dialética de divisão. É neste sentido que o inconsciente, em suas formas mais primitivas, é hermafrodita.

Uma figura extraída de um livro de alquimia de 1687 e reproduzida em *Psychologie und Alchemie* (p. 183) de C. G. Jung, representa um quadrado no qual está inserido um círculo. No interior do quadrado estão duas pequenas figuras representando um homem e uma mulher. O título é o seguinte: A quadratura do círculo. Ora, esta não é uma figura excepcional, e se levarmos adiante a sua análise, apoiando-nos nos comentários feitos pelos autores alquimistas, perceberemos o caráter misto das convicções. Com a ajuda das intuições geométricas, pretende-se esclarecer as intuições realistas. Aqui, a *quadratura do círculo* consiste em reunir em uma totalidade o sexo masculino e o sexo feminino, como se reúne em uma mesma figura um círculo enquadrado ou um quadrado circunscrito. Tal mistura dos valores da representação clara e dos valores da convicção inconsciente designa com bastante nitidez o caráter complexivo desses devaneios[14].

Acreditamos portanto que os esquemas propostos são abstrações apenas na aparência. Eles nos colocam na própria raiz da necessidade de representar, da necessidade de exprimir, da necessidade de *assegurar-se* da realidade íntima através de representações e expressões. Circundar é um grande sonho humano. Reencontrar o encerramento dos primeiros repousos é um desejo que renasce quando se sonha *com tranqüilidade*. Estudaram-se muito as imagens do refúgio como se a imaginação devesse aliviar dificuldades reais, como se a existência fosse uma existência constantemente ameaçada. Ora, na verdade, quando analisamos o complexo de Jonas, vemos que ele se apresenta como um valor de bem-estar. O complexo de Jonas irá marcar todas as figuras do refúgio com este signo primitivo de bem-estar suave, cálido, *jamais atacado*. É um verdadeiro absoluto de intimidade, um absoluto do inconsciente feliz.

Basta então um símbolo para conservar esse valor. O inconsciente estará tão seguro do fechamento do círculo como o mais experiente geômetra: se deixarmos os devaneios de intimidade seguirem seu caminho, um processo de involução constante nos restituirá todos os poderes de envolvimento, e a mão sonhadora desenhará o *círculo primitivo*. Parece pois que o próprio inconsciente conhece, como símbolo do ser, uma esfera de Parmênides. Essa esfera não tem as belezas racionais do volume geométrico, mas possui a grande segurança de um ventre.

VII

Os psicanalistas, pelo próprio fato de fornecerem novos tipos de explicação psicológica, têm uma certa tendência de responder com uma palavra às questões múltiplas colocadas por um psicólogo comum. Se lhes perguntarem de onde vem o interesse, mais ou menos sério, pelas imagens de Jonas, responderão: é um caso particular do processo de *identificação*. O inconsciente tem, de fato, uma espantosa capacidade de *assimilação*. É animado por um desejo, que renasce a todo instante, de assimilar todos os acontecimentos, e

---

14. Cf. Loeffler-Delachaux, *Le cercle. Un symbole* (*passim*).

essa assimilação é tão completa que o inconsciente é incapaz, ao contrário da memória, de separar-se de suas aquisições e trazer à tona o passado. O passado está inserido nele, mas ele não o lê. Isso aumenta a importância do problema da expressão dos valores inconscientes. Assim, quando relacionamos as imagens do Jonas com uma lei geral de assimilação, resta por explicar como essas imagens se multiplicam, se diferenciam, por que buscam as mais variadas expressões. A psicanálise deveria portanto encarar esse problema da expressão, considerando finalmente a expressão como uma verdadeira dialética do processo de assimilação.

O caso do complexo de Jonas é muito favorável para estudar o problema da projeção das fantasias em uma imagem, pois a imagem tem traços diretamente objetivos. Pode-se dizer, com efeito, que a *volta à mãe* está delineada aqui. Stekel[15] cita o caso de um doente que, com a idade de treze anos, animava desta forma a fantasia: ele desejava conhecer por dentro o corpo monstruosamente grande de uma mulher gigante. Imagina um balanço instalado dentro do corpo da mulher, o que acumula a embriaguez. O ventre tem dez metros de altura. Stekel vê aí uma projeção, na escala do sonhador de treze anos, das proporções existentes entre o embrião e a mãe. Assim, as pulsões obscuras a que os psicanalistas dão o nome de *volta à mãe* encontram ingênuas representações visuais. Manifesta-se aqui uma necessidade de ver, que é tanto mais característica por reportar o sonhador a um tempo pré-natal em que ele não via. Meditando sobre esse exemplo, vamos à raiz da necessidade de imagens. Por certo tal necessidade se satisfaz aqui de uma forma muito grosseira, muito ingênua. O sonhador junta, sem nuanças, os elementos inconscientes e os elementos conscientes. Mas é precisamente essa falta de nuanças que faz da imagem de Jonas um esquema útil para o exame psicanalítico da fantasia da volta à mãe.

Um elemento do mito também é freqüentemente esquecido pela psicanálise. Esquecem que Jonas é restituído à luz. Independentemente da explicação pelos mitos solares, há nessa "saída" uma categoria de imagens que merece atenção. A saída do ventre é automaticamente um regresso à vida consciente e mesmo a uma vida que *quer* uma nova consciência. É fácil relacionar essa imagem da

---

15. Citado por Silberer, *op. cit.*, p. 198.

saída de Jonas com os temas do nascimento real — com os temas do nascimento do iniciado após a iniciação — com os temas alquímicos de renovação substancial (cf. *Wiedergeburt*, Silberer, *op. cit.*, pp. 194 ss.).

O doutor Henri Flournoy, examinando atentamente figuras de heráldica, faz as seguintes observações[16]: "Encontramos às vezes nos brasões (a figura de uma) cobra que expele chamas ou engole uma criança. Penso que os heraldistas cometem um erro em seu modo de interpretar essa última figura; o animal não engole a pequena criatura humana como acreditam, ele a expele. Essa explicação parece-me a mais simples... Se a serpente que cospe fogo representa muito bem, graças à sua significação itifálica, a idéia do poder criador, compreende-se que essa idéia seja simbolizada melhor ainda pela imagem da serpente que expulsa uma criança." Poderíamos aliás observar uma espécie de criaçao desdenhosa, uma criação pelo macho que cospe literalmente crianças.

Aliás, não teríamos dificuldade em reunir imagens literárias de um *vômito prolífico*. Vejamos uma, rápida, a título de exemplo. "Os frutos abriam-se para dar origem a jovens crocodilos cuja boca deixava escapar cabeças de mulheres e homens. Essas cabeças procuravam-se e uniam-se duas a duas pelos lábios."[17] Temos aí o inverso de um (Jonas)^2, que um algebrista fantasioso escreverá tranqüilamente (Jonas)$^{-2}$ para a comodidade de suas classificações.

Um leitor "racional" logo irá condenar a gratuidade dessa imagem que pertence aos belos tempos do surrealismo. No entanto, apreciaremos melhor a imagem nascida da pena de Ribemont-Dessaignes se a compararmos com antigas imagens: uma mulher que sai da boca de um crocodilo é o próprio nascimento de uma sereia.

Era uma gravura reproduzida à página 610 do livro de C. G. Jung (*Psychologie und Alchemie*), tirada de uma miniatura do século XVIII, Vishnu é representado *saindo* da boca de um peixe. Assim também, com muita freqüência, as gravuras antigas que representam sereias fazem pensar em uma mulher que sai, como de uma bainha, da pele de um peixe. O devaneio, contanto que lhe pres-

---

16. *Internationalen Zeitschrift für Psychoanalyse*, 1920.
17. Georges Ribemont-Dessaignes, *L'autruche aux yeux clos*, 1925.

temos atenção, segue facilmente essa solicitação da imagem como se a sereia fosse um nascimento, um resumo da origem oceânica da vida. Deixando o inconsciente manifestar-se diante de tais imagens, logo nos damos conta de que a sereia das águas não é uma simples justaposição de duas formas, que sua origem é ainda mais profunda do que o desembaraço muscular de uma nadadora. A imagem da sereia se relaciona com as regiões inconscientes da matriz das águas.

IX

Naturalmente, não iremos evocar todos os esforços de racionalização feitos para sustentar o fato da permanência de animais no corpo humano. Bastarão alguns exemplos.

Raspail, que dá tanta importância à influência dos animais sobre a saúde dos homens, acumula histórias da serpente que se insinua no corpo humano[18]. "As serpentes buscam o leite e adoram o vinho que as deixa atordoadas. Já foram vistas ordenhando vacas; já foram encontradas afogadas no fundo das dornas! Elas podem penetrar num órgão, sem ocasionar com sua passagem a menor dor. Por que não viriam beber leite no estômago de uma criança, e vinho no de um bêbado, como o fazem na leiteira ou no barril?" E ele prossegue: "Imaginem, na época do inverno, uma pequena serpente buscando um abrigo, para nele se esconder e se aquecer, e introduzindo-se por baixo das saias de uma camponesa adormecida; a necessidade de hibernação não poderá levá-la a insinuar-se, pela vagina, até a cavidade uterina e nela se recolher completamente entorpecida?"

Ao lado dessa tentativa de discussão com argumentos mais ou menos objetivos, podemos encontrar em Raspail uma expressão muito curiosa que nos conduzirá ao mundo dos sonhos.

Que, no dizer de Plínio, uma serva possa ter dado à luz uma serpente, isto nada tem de tão maravilhoso, diz Raspail, "se imaginarmos que essa pequena serpente havia entrado, *graças ao espasmo dos sonhos*[19], na vagina da criada adormecida, e daí saiu, mais

---

18. Raspail, *Histoire naturelle de la santé et de la maladie...*, 1843, t. I, p. 295.
19. Grifado por nós.

indócil, como que atormentada, reproduzindo assim todas as dores do aborto". Será preciso que o *espasmo dos sonhos* responda tão facilmente à ocasião excepcional de uma pequena serpente que procura *efetivamente* um refúgio? Só um deus do sono poderia administrar tão bem as causas ocasionais, estabelecendo relações entre o mundo da realidade e o mundo dos sonhos. Já que se começa a anedota pelo espasmo dos sonhos, por que não a atribuir inteiramente a um pesadelo?

X

Dado seu sucesso, a imagem de Jonas no ventre da baleia deve ter raízes mais profundas do que uma tradição curiosa. Deve haver uma correspondência entre ela e devaneios mais íntimos, menos objetivos.

Esses devaneios, com efeito, advêm geralmente da confusão bem conhecida dos psicanalistas entre o ventre sexual e o ventre digestivo. Distingamos mais claramente essas duas regiões inconscientes.

Em sua forma digestiva, a imagem de Jonas corresponde a uma avidez de engolir sem perder o tempo necessário para mastigar. Parece que o glutão, animado por prazeres inconscientes primitivos, retorna ao período do *sucking*. Um observador fisionomista encontrará as suas características no rosto do comedor de ostras — rara iguaria que o ocidental engole viva. De fato, parece que é possível detectar dois estágios do inconsciente bucal: o primeiro corresponde à fase em que se engole, o segundo à fase em que se trinca. A baleia de Jonas e o Ogre do Pequeno Polegar poderiam servir de imagens a esses dois estágios. Notemos que, para a vítima engolida, a primeira imagem é pouco assustadora quando comparada à segunda. Se nos identificamos com o engolidor, de uma à outra imagem intervém uma nova ordem de ofensividade. A vontade de engolir é muito branda em comparação com a vontade de morder. O psicólogo da vontade deve integrar coeficientes diferentes em imagens tão dinamicamente diferentes. Toda a gastronomia, que tem necessidade de preparações tanto psíquicas quanto culinárias, será renovada com isso. Compreenderemos facilmente que uma refeição deve ser avaliada não só por um balanço nutritivo, mas também pelas justas satisfações proporcionadas à totalidade do ser inconsciente. É preciso que a boa refeição reúna os valores conscientes e os valores inconscientes. Ao lado de substanciais sacrifícios à vontade de morder, ela deve comportar uma homenagem aos tempos felizes em que engolíamos tudo, de olhos fechados.

É muito impressionante, aliás, que os mitólogos tenham implicitamente reconhecido a diferença dos níveis inconscientes que correspondem às duas ações: morder e engolir. Charles Ploix escreve: "Ao engolir o herói, a vaca dos Vedas o faz desaparecer ou o torna invisível: estamos certamente diante de um fato mítico, pois o herói é engolido e não devorado; ele reaparece depois para o desfecho." *Engolido e não devorado*, eis uma distinção que se pode enfatizar a propósito de todos os mitos do dia e da noite. A explicação racional decerto quererá compreender com precipitação, sem levar em conta os valores oníricos; dirá: já que a história deve nos *restituir* o herói ao raiar do novo dia, é mais racional que ele não seja feito aos pedaços. Mas não vemos bem por que um mito padeceria subitamente de preguiça na produção dos milagres. Na verdade, devorar desperta uma vontade mais consciente. Engolir é uma função mais primitiva. Por isso engolir é uma função mítica[20].

O engolido não sofre um infortúnio verdadeiro, não é necessariamente o *joguete* de uma desgraça. Conserva um *valor*. Como assinala C. G. Jung (*L'homme à la découverte de son âme*, trad. fr., p. 344): "Quando um indivíduo é engolido por um dragão, isso não é apenas um acontecimento negativo; quando a personagem engolida é um herói autêntico, chega até o estômago do monstro; a mitologia diz que o herói chega com a embarcação e a arma ao estômago da baleia. Lá, com os destroços de seu pequeno barco, esforça-se por romper as paredes estomacais. Está mergulhado em uma escuridão profunda, e o calor é tanto que o faz perder os cabelos. Depois acende uma fogueira no interior do monstro e procura atingir um órgão vital, o coração ou o fígado, que ele corta com a espada. Durante essas aventuras, a baleia nadou pelos mares do Ocidente rumo ao Oriente, onde vem a encalhar, morta, numa praia. Percebendo isso, o herói abre o flanco da baleia, de onde sai, qual um recém-nascido, no momento em que o sol se levanta. Ainda não é tudo: ele não sai sozinho da baleia, em cujo interior reencon-

---

20. Cf. Bréal, *Hercules et Cacus*, ed. 1863, p. 157.

trou seus pais falecidos, seus espíritos ancestrais, e também os rebanhos que eram o patrimônio da família. O herói os leva de volta à luz; trata-se, para todos, de um restabelecimento, de uma renovação perfeita da natureza. Tal é o conteúdo do mito da baleia ou do dragão.''

Para conservar seus valores míticos e suas funções inconscientes, o acontecimento precisa ser *breve*. Por isso as narrativas muito circunstanciadas perdem os valores míticos. O escritor que faz o herói humanamente muito hábil apaga suas potências cósmicas. As mitologias contadas às crianças muitas vezes têm esse defeito. Vejamos, por exemplo, como Nathaniel Hawthorne conta a luta de Cadmo contra o dragão[21]: a goela do dragão ''dava a impressão de uma larga caverna ensangüentada, no fundo da qual apareciam ainda as pernas de sua última vítima engolida de uma só vez...'' Essa comparação entre uma goela de monstro e uma caverna levanta problemas que compreenderemos melhor quando tivermos estudado as imagens da gruta e reconhecido a isomorfia de todas as imagens da profundidade. Mas sigamos a narrativa do contista americano. Lá está o herói. Diante daquela goela-caverna ensangüentada, ''sacar de seu gládio... e precipitar-se no abismo hediondo foi para Cadmo questão de um momento. Esse estratagema audacioso derrotou o dragão. Com efeito, Cadmo havia se lançado tão profundamente na garganta dele que as fileiras dos terríveis dentes não puderam fechar-se sobre ele e não lhe causaram o menor mal''. Eis portanto o monstro atacado pelo interior, atrás das três fileiras de dentes. Cadmo ''retalha e revolve as entranhas''. Sai vencedor do ventre do monstro, ao qual só resta expirar. A gravura de Bertall que ilustra a edição francesa é bastante divertida nesse aspecto. Agrada a qualquer criança por sua valentia pueril. Explora ingenuamente o final feliz do complexo de Jonas, põe em ação mui simplesmente a dualidade dos valores, deixando em suspenso onde se encontra o máximo da potência partilhada entre o engolidor e o engolido. O livro de Nathaniel Hawthorne forneceria muitos outros exemplos de mitos por demais explicados. Muitos germes de onirismo exato são assim sufocados por explanações que em geral pretendem dar, com imagens, lições às crianças.

---

21. Nathaniel Hawthorne, *Le livre des merveilles*, 2.ª parte, trad. fr., 1867, p. 123.

Mas à imagem do Jonas da digestão liga-se muitas vezes um componente sexual que precisamos indicar brevemente. A imagem pode então ser relacionada claramente com os mitos do nascimento. A mãe de Fo, o deus chinês, "estando grávida dele, sonhou", diz Collin de Plancy, "que estava engolindo um elefante branco"! Os anais médicos interessam-se por anedotas que são verdadeiros mitos individuais. É ainda Raspail que relata que uma jovem "introduzira na vagina um ovo de galinha, o qual completou nesse meio todas as fases da incubação, de sorte que ela pareceu dar à luz um pintainho vivo". Entre esses dois fatos, da mulher legendária que engole um elefante para dar à luz um deus e da jovem que incuba tão intimamente o ovo de uma galinha, poderíamos acumular muitas fantasias. A teoria do encaixamento dos germes é talvez uma espécie de complexo de Jonas científico. Essa teoria não tem a menor base descritiva mas, em compensação, não é difícil encontrar lendas a esse respeito. Assim, um autor que, sob o título de *Chymie naturelle* (Duncan, *op. cit.*, 2ª parte, 1687, p. 164), trata das doenças de mulheres, escreve: "O Jornal da Alemanha fala de uma menina que nasceu grávida, como as ratinhas que saem prenhes do ventre da mãe, a acreditar nos naturalistas." Refletindo sobre esses textos, poderemos nos convencer de que um complexo de Jonas bem instalado tem sempre um componente sexual.

Charles Baudouin, precisamente, relaciona o complexo de Jonas com o mito do novo nascimento. "O herói", diz ele, "não se contenta em voltar ao ventre materno, mas se liberta dele novamente, como Jonas sai da baleia ou Noé da Arca." E Baudouin aplica essa observação a Victor Hugo[22]. Cita a estranha passagem de *Os miseráveis* em que o narrador faz seu jovem herói Gavroche deitar no ventre do elefante de pedra situado então na praça da Bastilha. Nesse abrigo, diz Victor Hugo, Gavroche conhece "o que deve ter experimentado Jonas no ventre bíblico da baleia". Relendo-se a página de *Os miseráveis*, nada prepara *conscientemente* essa aproximação. É preciso encontrar-lhe razões que a razão desconhece. Veremos mais adiante que a instância inconsciente por considerar é importante em Victor Hugo.

---

22. Charles Baudouin, *La psychanalyse de Victor Hugo*, pp. 168 e 169.

XI

Referindo-nos a uma imagem em que ninguém acredita na vida consciente e que no entanto expressa uma espécie de convicção da vida inconsciente, quisemos provar que as imagens mais fantasiosas têm origens quase naturais. Assim, como a imagem sumariamente ilustrada por nossas observações, não nos será difícil agora presumir "Jonas ocultos", mesmo quando a imagem não recebe aqui seu nome tradicional, nem sequer seus traços característicos.

Convém mesmo excluir de um diagnóstico imagens que são um tanto explícitas demais, imagens que perdem assim seus misteriosos atrativos, de modo que a psicanálise literária se vê diante do mesmo paradoxo que a psicanálise psicológica: a imagem manifesta nem sempre é o signo do vigor da imagem dissimulada. E é aqui que a imaginação material, que por função deve imaginar sob as imagens da forma, é chamada a descobrir instâncias inconscientes profundas. Vejamos um único exemplo de imagem explícita que nos parece ter o cunho de um procedimento literário. No início de *Germinal* (Ed. Parisienne, t. I, p. 35) Zola escreve: "O poço engolia de vinte a trinta homens por vez, e com tanta facilidade que parecia não os sentir passar." A imagem prolonga-se nas páginas 36, 42, 49, 82 e 83, com tal insistência que a mina adquire a sua feição de monstro socialmente devorador. E então parece que todas essas imagens são polarizadas pela metáfora final. Perdem sua virtude direta.

Tomemos portanto imagens aparentemente menos uniformes, mas que podem ser mais reveladoras.

Pode-se compreender, por exemplo, por que um Paul Claudel, por uma lei de intimidade da imagem e sob o impulso de um "Jonas secreto", passa do *teto* para o *ventre*[23]. "O telhado é invenção exclusiva do homem que tem necessidade de que seja completo o fechamento dessa cavidade semelhante à do túmulo e do ventre materno, onde ele se reintegra para a restauração do sono e da alimentação. Agora essa cavidade está inteiramente ocupada, prenhe como de algo vivo." Que se observe de passagem o caráter de enorme síntese dessa imagem. Como não reconhecer aí as características polivalentes dos complexos? Pode-se abordá-la por vários la-

---

23. Paul Claudel, *Art poétique*, p. 204.

dos: dormir bem ou digerir bem? E no entanto tratava-se apenas de um *telhado*! Sigamos apenas uma linha de imagens. Para dormir bem, para dormir bem abrigado, bem protegido, para dormir aquecido, não há melhor refúgio do que o seio materno. O menor abrigo reclama o sonho do abrigo ideal. O regresso ao lar, a volta ao berço, leva aos maiores devaneios.

A casa pequena é melhor do que a grande para dormir bem[23a], e melhor ainda essa *cavidade perfeita* que era o ventre materno. As poucas linhas de Claudel mostram suficientemente o caráter polivalente desse retorno a uma cavidade que o sonhador ocupa *inteiramente*.

E que exemplo mais claro se poderia dar para tornar compreensível a maternidade onírica da morte? O ventre materno e o sarcófago não são aqui dois tempos da mesma imagem? A morte, o sono, é a mesma entrada em crisálida de um ser que deve despertar e ressurgir renovado. Morrer, dormir, é fechar-se em si mesmo. É por isso que o poema de duas linhas de Noël Bureau abre um acesso tão grande aos sonhos:

> *Era para se aconchegar*
> *Que ele queria morrer.*

Rigueurs, p. 24

Não é de admirar que um gênio marcado pelo duplo signo do apego à mãe e da obsessão da morte, como Edgar Poe, tenha de certo modo multiplicado os encaixamentos da morte. No conto sobre a múmia, são precisos três ataúdes para proteger o ser já coberto de faixas.

XII

Mas vejamos imagens de expressões mais simples, porém não menos significativas.

Um verso de Guillevic, por exemplo, apresenta o essencial da imagem:

> *... sobre a colina*
> *Os repolhos eram mais barrigudos que todos os ventres.*

Terraque, p. 43

23a. *Parva domus, magna quies.*

Por sinal, o poema que contém este verso intitula-se *Naissance* [Nascimento]. Basta deixarmos a imagem simples sugerida por Guillevic sonhar que encontraremos naturalmente a lenda das crianças nascidas nos repolhos. Trata-se realmente de uma *lenda-imagem*, uma imagem que por si só conta uma lenda, e aqui, como em outras vezes, Guillevic, esse profundo *sonhador de objetos*, descobre o fundo onírico das imagens claras. Em nossa linguagem invadida por adjetivos formais, às vezes é preciso meditar para encontrar o objeto, para reviver o *ventre* ao ver objetos *barrigudos*.

Assim que a imagem do ventre se impõe, parece que os seres que a recebem se animalizam. Quem reler as páginas 24 e 25 da novela *Monsieur d'Amercoeur* (H. de Régnier, *La canne de jaspe*) verá que "os cascos barrigudos" dos barcos reclamam "focinhos" para as figuras de proas. Embarcações "com panças rechonchudas... babam filetes de água suja do focinho de suas proas".

A obra de Guy de Maupassant contém muitos ventres — e raramente esses ventres são felizes. Assinalemos alguns deles no romance *Pierre et Jean* (p. 106): " ... e todos os maus odores pareciam sair do ventre das casas"; "um saudável fedor de peixe fresco sobe do ventre repleto do cesto" (o cesto de peixes)[24]. E o relógio de pêndulo anima-se de um "Jonas" discreto, apenas perceptível por sua ventriloquia (p. 132): "o relógio de pêndulo... cujo timbre era profundo e grave, como se esse pequeno instrumento de relojoaria tivesse engolido um sino de catedral"[25]. Se alguns críticos nos objetassem que sistematizamos excessivamente as tendências inconscientes, pediríamos que eles nos explicassem esta última imagem com imagens claras, com imagens definidas, com imagens *conscientes*. De onde pode provir este sonho de um relógio de lareira que *engole* sinos de catedral? Para nós, seguindo as perspectivas do inconsciente, tudo está claríssimo: o complexo de Jonas, forma povoada de imagens de complexos mais profundos, desem-

---

24. Com esta imagem, sem dúvida bastante pobre, do ventre de um cesto, seria interessante relacionar tudo o que Maurice Leenhardt nos diz sobre a *noção de corpo* no mundo melanésio. Ventre e cesto estão ligados por imagens fortes (cf. Leenhardt, *Do Kamo*, pp. 25 ss.).

25. Restringindo-se ao plano formal, Ernest Reynaud escreve em seu *Baudelaire*, a propósito do estilo Luís-Felipe: "O ventre invadia tudo, até os relógios de pêndulo."

penha uma função nesse espantoso romance que parece antecipar descobertas que a psicanálise faria ao explorar o inconsciente[26].

Às vezes a imagem do ventre multiplica suas funções. Já o Minotauro era um ventre que digere, queima e engendra. O ventre do *Mont-Oriol* de Maupassant é também ativo. Lembremos a longa história do morro do "rô", no início de *Mont-Oriol*. Essa história nos pareceu pessoalmente bem fastidiosa em nossas leituras de juventude, quando líamos sem interesses psicanalíticos. Tudo se modifica com os pontos de vista da psicanálise. O pai Oriol trabalha uma semana inteira para cavar um buraco na pedra. Após tão longo esforço, esse buraco torna-se "o ventre vazio da enorme rocha". Esse ventre é enchido de pólvora, e a doce Christiane, interessada na história, se entreterá muito tempo com "a idéia da explosão". Seguem-se dez páginas para dramatizar a explosão. Qual é o resultado? Uma fonte.

Um ventre que explode com o fragor do trovão, que arde em conseqüência de suas matérias comprimidas, que lança uma água vigorosa, eis o *rochedo vivido*, o ventre das rochas tomando consciência de todas as suas potências. É de admirar que a água do pai Oriol, surgindo assim diante de suas filhas, seja mineral, benfazeja, salutar? que propicie saúde, riqueza? São necessárias cinqüenta páginas para liquidar este acesso complexivo. Só então o romance arma seu drama humano.

Do ponto de vista de uma doutrina geral da imaginação, é interessante ver um autor moderno, muito apegado aos valores conscientes, muito preocupado com os detalhes realistas, como foi Maupassant, trabalhar sem perceber sobre um velho tema. Aqui reencontramos, com efeito, o tema da água que surge do rochedo. Basta reler as páginas que Saintyves dedicou a esse tema nos *Essais de folklore biblique*, e se perceberá toda a sua importância.

Poderão nos objetar que postulamos uma pulsão inconsciente a propósito de uma narrativa que não considera senão fatos reais,

---
26. No início do romance, por exemplo, a personagem que será reconhecida como o amante sai correndo em busca da parteira. Maupassant indica que esta personagem, em sua pressa, engana-se de chapéu: pega o do marido. Portanto, já na página 40, o romance fica claro para um psicanalista. Este é o exemplo de um texto que não tem o mesmo coeficiente de desconhecido para um leitor do século XIX e para um leitor que, no século XX, está um pouco informado dos métodos psicanalíticos.

fatos bem concatenados. Mas desviamos prontamente a discussão perguntando onde está o *interesse* da narrativa de Maupassant. Aliás, a partir do momento em que o autor *iniciou* essa longa tarefa de descrição, *sabia* que do rochedo explodido brotaria a fonte benfazeja. Apoiava-se no interesse que tinha por esse arquétipo vivo em seu inconsciente. E se a narrativa, em uma primeira leitura, nos parece tão fria, tão inerte, é porque o autor não orientou a nossa espera. Não lemos o romance em completo sincronismo com o inconsciente do escritor. O escritor sonha *de antemão* com o sonho do leitor, que se vê assim privado da preparação onírica indispensável para uma *leitura completa*, para uma leitura que reimagina todos os valores, tanto os valores realísticos quanto os valores inconscientes.

Não é preciso muito para suscitar "um Jonas". Navegando num junco de mandarim, num dia de forte calor e sob um céu muito escuro, Pierre Loti escreve (*Propos d'exil*, p. 232): "Um teto curvo, muito baixo, estendendo-se acima de nós em forma de dorso de peixe, com uma estrutura como vértebras, dando-nos o sentimento de estarmos aprisionados no ventre de um animal." Basta examinar um por um os traços objetivos que dão "o sentimento de estarmos aprisionados no ventre de um animal", e não se verá nenhum que seja suscetível de *começar* a imagem da estada em um ventre. Essa total incapacidade do real para a formação das imagens não deixa claro que a fonte da imagem encontra-se alhures? Essa fonte está oculta no inconsciente do narrador. Um leve complexo de Jonas sugere, ao menor pretexto, a imagem legendária. É uma imagem que não se aplica ao real, e no entanto parece que o escritor tem confiança inconsciente de que ela encontrará no leitor uma imagem adormecida que ajudará a fazer a síntese de impressões díspares. Nunca navegamos em um junco de mandarim, assim como não estivemos no ventre de um animal, mas damos nossa adesão — mediante participações inconscientes — às imagens do viajante que sonha.

Outras vezes não é por um traço da imagem que o Jonas começa. Ele aparece como uma tradução metafórica de um pavor maior que o pavor pânico, como um pavor que está ligado a arquétipos inconscientes profundos. Assim, lemos num relato de José Eustasio Rivera (*Perdus dans l'enfer des forêts de caoutchouc* [Perdidos no inferno das florestas de borracha], *Bifur*, 8): "Estamos perdidos. Estas duas palavras, tão simples e comuns, fazem irromper, quando pronunciadas na floresta, um pavor que nem sequer é comparável ao 'salve-se quem puder' das derrotas. No espírito de quem as escuta passa a visão de um abismo antropófago, da própria floresta, aberta diante da alma como uma boca que engole os homens, cuja fome e desalento colocam entre suas mandíbulas.'' Surpreendemo-nos de que nenhum traço formal seja justificado: a floresta não tem boca nem mandíbulas. No entanto a imagem impressiona; não se esquece mais o abismo antropófago. O arquétipo do Jonas é tão essencial que se liga às imagens mais diversas.

XIII

Uma imagem tão valorizada como a do ventre é naturalmente muito sensível ao jogo dialético dos valores contrários. Eis, num mesmo autor, o ventre que zombamos e o ventre que vilipendiamos.

"Que magnífica quimera nossos pais fariam com o que chamamos de caldeira... Dessa caldeira, fariam um ventre escamado e monstruoso, uma carapaça enorme..." (V. Hugo, *France et Belgique*, p. 121). Em *Quatre vents de l'esprit*, Hugo diz ainda:

Bebei, comei, tornai-vos grandes ventres.

Mas em outros textos aparece o reverso do valor: "O ventre é para a humanidade um peso terrível; rompe a todo instante o equilíbrio entre a alma e o corpo. Ele domina a história. É responsável por quase todos os crimes. É o odre dos vícios." (V. Hugo, *William Shakespeare*, p. 79)

Basta-nos dar essa antítese de duas metáforas. Poderíamos sem dificuldade multiplicar os exemplos. Porém é mais demonstrativo acompanhar o jogo dos valores em imagens mais entranhadas no inconsciente. A imaginação concebida na primitividade de sua força designa o *ventre* como uma região feliz, cálida, tranqüila. É então interessantíssimo ver como essa imagem, originalmente feliz, vai destruir-se em um livro tão marcado pelo sofrimento como *La nausée* [A náusea] de Jean-Paul Sartre. Este livro traz o signo de uma notável fidelidade aos poderes inconscientes, mesmo quando apresenta seu herói Roquentin na desordem das impressões conscientes. Assim, mesmo para um nauseado, para um indivíduo que nada quer engolir, para um indivíduo que padece "de um anti-Jonas", há ventres por toda a parte. Eis a cadeira de café (*La nausée*, p. 130): "Esse enorme ventre transformado em ar sangrento (*pois é de pelúcia vermelha*), inchado — intumescido com todas as suas patas mortas, ventre que flutua nesta boate, neste céu cinzento, não é uma cadeira. Poderia muito bem ser um burro morto, por exemplo, inchado pela água e flutuando à deriva, de barriga para cima, num grande rio cinzento, um rio de inundação; e eu estaria sentado na barriga do burro, e meus pés mergulhados na água clara. As coisas libertaram-se de seus nomes. Estão aí, grotescas, teimosas, gigantescas, e parece imbecil chamá-las de cadeiras e dizer qualquer coisa sobre elas: estou no meio das Coisas, as inomináveis."

Parece que as *inomináveis*, quando guardadas pelo inconsciente, procuram incessantemente um nome. Ter nomeado um instante *ventre* o que era cadeira, basta para fazer sair do inconsciente rasgos de afetividade. Paul Guillaume assinalou que vestimos os objetos mais comuns com nomes tomados da anatomia do corpo humano ou do corpo animal. Falamos dos pés da mesa e do braço da cadeira, do olho da batata e dos dentes de alho. Mas todas essas imagens não *elaboram* muito. Já não é assim com as imagens tocadas por interesses inconscientes. Mesmo nesse aspecto de *ventre morto* — do ventre de um burro morto arrastado pelas águas, espetáculo muito raro, carregado do símbolo de uma morte ignominiosa — o ventre cumpre a sua função de imagem *viva*, conserva a sua virtude de imagem *central*. É o centro do grande rio cinzento, o centro do céu lavado de chuva, a bóia do inundado. Digere pesadamente o universo. O ventre é uma *imagem completa* que torna coerente uma atividade onírica desordenada.

Talvez compreenda-se agora a ação psicossintética de certos devaneios de imagens. Se não víssemos a continuidade onírica da página de Sartre, bastaria aproximá-la das imagens instantâneas e brincalhonas que fluem com prodigalidade na poética de um Jules Renard. Perceberíamos então o quanto um jogo que se consome nas formas exteriores é pouco indicador. E aqui o exemplo é bom, pois é dos mais simples. Considerando-se apenas o exterior, o ventre é uma bola, toda bola é um ventre. É uma frase divertida. Tudo muda com uma adesão à intimidade. As coisas habitualmente mais ridículas — a grossura, o inchaço, a lentidão — desaparecem.

Um mistério amadurece sob a superfície inexpressiva. Falando de um deus hindu, Lanza del Vasto escreve (*Pèlerinage aux Sources* [Peregrinação às origens], p. 32): "Como os elefantes, ele possui a gravidade da substância terrestre e a escuridão dos poderes subterrâneos. Seu ventre é grande: é um globo real, é um fruto onde amadurecem todos os tesouros ocultos dos mundos."

XIV

Vamos mostrar que o complexo de Jonas pode servir para determinar uma certa *profundidade* de imagem, no sentido em que ele é ativo sob imagens superpostas. Uma página de *Les travailleurs de la mer* [Os trabalhadores do mar], Victor Hugo é particularmente reveladora a esse respeito, porque as primeiras imagens mascaram completamente "o Jonas" profundo.

No capítulo *Le dedans d'un édifice de la mer* [O interior de um edifício do mar] — uma caverna escavada pelas ondas —, esta caverna torna-se imediatamente um "grande porão". Esse porão "tem por teto a pedra, por piso a água; as ondas da maré, comprimidas entre as quatro paredes da gruta, pareciam grandes lajes trêmulas".

Para quem vive nesse porão, todo um mundo feérico é evocado pela "luz molhada" que o enche. As esmeraldas vivem ali em uma fria "fusão"; a água-marinha adquire "uma delicadeza inaudita". A imagem real, aos olhos alucinados de Gilliat, já é uma realidade fantástica.

Começa então o sonho de imagens. Gilliat está dentro de um crânio, dentro de um crânio humano: "Gilliat tinha acima dele alguma coisa, como a parte inferior de um crânio imenso. Esse crânio parecia recém-dissecado. As nervuras molhadas das estrias do rochedo imitavam na abóbada as ramificações das fibras e as suturas denteadas de uma caixa óssea." A imagem, que se recobre por instantes de aspectos reais, reaparece várias vezes. Na página seguinte, lemos: "Esse porão representava o interior de uma caveira enorme e esplêndida; a abóbada era o crânio, e a arcada era a boca; faltavam os buracos dos olhos. Essa boca engolindo e expelindo o fluxo e o refluxo, escancarada em pleno meio-dia exterior, bebia luz e vomitava amargor." E ainda, no final do capítulo: "A abóbada, com seus lobos quase cerebrais e suas ramificações rastejantes iguais a irradiações de nervos, tinha um suave reflexo de crisópraso.''

Assim parece completar-se a síntese das imagens da caverna, do porão (cave) e do crânio — trifonia dos *c* duros. Mas se o mito da fronte e do crânio é poderoso em Hugo, como mostrou Charles Baudouin, ele não consegue ultrapassar o valor de uma imagem individual, muito especial, adaptada a circunstâncias excepcionais bem indicadas por Baudouin. Tal imagem corre o risco de tolher as simpatias de imaginação do leitor. Mas lendo mais adiante, descendo mais profundamente no inconsciente, vamos reconhecer que essa caverna, esse porão, este crânio são um ventre. Aqui está o seu diafragma: "A palpitação do mar se fazia sentir nesse porão. A oscilação exterior inflava e depois deprimia o lençol de água interior com a regularidade de uma respiração. Julgava-se adivinhar uma alma misteriosa nesse grande diafragma verde elevando-se e abaixando-se em silêncio.''

A anatomia precisa pode encontrar defeitos nesse ventre-cabeça, mas a verdade das imagens inconscientes se revela nele, as potências sintéticas — ou confusionais — do devaneio ficam manifestas. Gilliat, esse sonhador, esse sonhador de cavidades que acreditava explorar uma gruta marinha, que acreditava ter descido aos subterrâneos do mar, que estava obcecado por uma caveira, estava no ventre do mar! O leitor de lenta leitura, o leitor que sabe animar sua leitura com as recorrências literárias de uma grande imagem, compreende aqui que não foi mal orientado pelo escritor. O onirismo do *Jonas* final reflui e faz aceitar o Jonas craniano muito excepcional.

Se agora, no fundo do ventre da rocha, está enrodilhado o horrível polvo, ele é o intestino natural desse ventre de pedra: o polvo é o ser que deve assimilar os cadáveres errantes, os cadáveres flutuantes da vida submarina. Victor Hugo faz sua a teleologia da digestão macabra de Charles Bonnet: "Os vorazes são coveiros." Mesmo no fundo dos oceanos, "a morte exige o sepultamento". Nós somos "sepulcros", os ventres são sarcófagos. E o capítulo termina com estas palavras que polarizam todas as impressões recebidas na gruta submarina: "Era uma espécie de palácio da Morte, contente."

Contente porque saciado. De sorte que a primeira síntese caverna-ventre adquire uma nova medida no além. Gilliat está no antro da Morte, no ventre da Morte. A caveira, a caixa óssea, rochosa, não foi senão uma forma intermediária. Essa forma tinha todos os déficits da imaginação das formas, sempre mal adaptadas às comparações remotas. Ela tolhia um sonho de mergulho. Mas quando aceitamos os primeiros sonhos de intimidade, quando vivenciamos a morte em sua função de acolhimento, ela se revela como um regaço. Reconhecemos nesse "Jonas" levado a seu limite o tema da maternidade da morte.

XV

As grandes imagens que expressam as profundezas humanas, as profundezas que o homem sente em si mesmo, nas coisas ou no universo, são imagens isomorfas. Por isso servem tão naturalmente de metáforas umas das outras. Tal correspondência pode parecer muito mal designada pela palavra *isomorfia*, já que ela ocorre no mesmo instante em que as imagens *isomorfas* perdem sua forma. Mas essa perda de forma se deve ainda à forma, explica a forma. Com efeito, entre o sonho do refúgio na casa onírica e o sonho de uma volta ao corpo materno, subsiste a mesma necessidade de proteção. Encontramos, como traço de união, a fórmula de Claudel: um teto é um ventre[27]. Ribemont-Dessaignes diz mais explicitamente ainda em *Ecce Homo*:

> *E o quarto ao redor deles é como um ventre*
> *Como o ventre de um monstro,*
> *E a besta já os digere,*
> *No fundo da eterna profundeza.*

Mas essa isomorfia das formas perdidas adquire seu pleno sentido[28] se estiverem dispostos a nos acompanhar no campo de estudo que escolhemos e a considerar sistematicamente, sob as formas, as *matérias imaginadas*. Encontraremos então uma espécie de *repouso materializado*, a paradoxal dinâmica de um calor brando e

---

27. Claudel (*Tête d'or*, p. 74) diz ainda: "E eu saí do ventre da casa." E depois: "E ela comanda, como o ventre ao qual não se desobedece." (p. 20)
28. No hino védico à cabana, citamos um versículo que compara a cabana a um ventre.

imóvel. Parece então que há uma *substância da profundeza*. A profundeza então nos assimila. Ela é bem diferente dessa profundeza de abismo em que nos afundamos sem cessar, como caracterizamos ao final do nosso livro dinâmico (*A terra e os devaneios da vontade*) no capítulo dedicado à psicologia da gravidade.

Vejamos um exemplo dessa isomorfia substancial. A substância de profundeza será precisamente a *noite fechada* nos antros, nos ventres, nos porões. Joë Bousquet, num admirável artigo do jornal *Labyrinthe* (nº 22, p. 19), fala de uma noite materialmente ativa, penetrante como um sal corrosivo. Ela é também, essa "noite de sal", uma noite subterrânea *secretada* pela terra e pela noite cavernosa que trabalha no interior de um corpo vivo. Por isso Joë Bousquet evoca a "noite viva e voraz à qual tudo que respira está interiormente ligado". Já nessa primeira observação, temos o sentimento de haver ultrapassado o reino habitual das imagens formadas na percepção. É à imaginação material que devemos solicitar essa transcendência da noite, esse além da noite-fenômeno. Então soerguemos o véu negro da noite, para ver, como diz Joë Bousquet, a noite de além-negro: "Os outros homens não a concebem senão com temor, não têm palavras para falar dela. Ela não se deixa decompor e se fecha como um punho sobre tudo que emerge do espaço. É a noite anterior à carne e põe nos homens esses olhos em flor cuja cor mineral e fascinante tem suas raízes na mesma obscuridade das plantas, das radículas, do mar."

Anterior à carne e no entanto numa carne, precisamente em limbos carnais onde a morte é ressurreição, onde os olhos florescem de novo, admirados...

Notamos várias vezes que no fundo das imagens, as imagens que uma poesia subalterna se recusaria a associar vêm fundir-se uma na outra por uma espécie de comunhão onírica. Aqui, as radículas conhecem a noite das grutas submarinas, o mar conhece o sonho subterrâneo da planta. Uma noite das profundezas chama todas essas imagens — não mais para a tenebrosa e vasta unidade do firmamento —, mas para essa matéria das trevas que é uma terra digerida, de raízes fartas. Digerindo ou enterrando, estamos no caminho da mesma transcendência, para dizer com Jean Wahl, mais materialmente do que ele por certo o desejaria:

> *Nos baixios onde nos sentimos tão à vontade,*
> *Diretamente na argila original da carne.*
> ....
> *Eu me enterro...*
> *No país ignorado, cuja ignorância é uma aurora.*
>
> JEAN WAHL, *Poèmes*, p. 33

As páginas de Joë Bousquet exprimem, com muitas variações, essa prisão carnal da noite, para a qual Jonas não passa de uma história mui ingenuamente contada. Falando do poeta, Joë Bousquet escreve: "Seu corpo, assim como o nosso, envolve uma noite ativa que engole tudo o que ainda está por nascer, mas, por essa noite sulfúrica, ele próprio se deixa devorar."

Quem quisesse demorar-se longamente em todas essas imagens, depois deixá-las se amalgamarem lentamente, conheceria as extraordinárias delícias das imagens compostas, das imagens que atendem ao mesmo tempo a várias instâncias da vida imaginante. A particularidade do *novo espírito literário*, tão característico da literatura contemporânea, é precisamente mudar de *nível de imagens*, subir ou descer ao longo de um eixo que vai, nos dois sentidos, do orgânico ao espiritual, sem jamais se satisfazer com um único plano de realidade. Assim a *imagem literária* tem o privilégio de agir ao mesmo tempo como imagem e como idéia. Implica o íntimo e o objetivo. Não é de admirar que ela esteja no próprio centro do problema da expressão.

Compreende-se nessas condições que Joë Bousquet possa dizer que "a sombra interior de sua carne enfeitiça (o poeta) naquilo que ele vê" ou, mais rapidamente ainda, que o poeta "se enfeitiça das coisas". Joë Bousquet dá assim, pelo verbo reflexivo, um sentido novo ao enfeitiçamento, mas esse verbo reflexivo *enfeitiçar-se* conserva sua seta voltada para o exterior; contém a dupla marca da introversão e da extroversão. "Enfeitiçar-se de" é portanto uma dessas raras fórmulas que regem os dois movimentos fundamentais da imaginação. As mais exteriores das imagens, o dia e a noite, tornam-se assim imagens íntimas. E é na intimidade que essas grandes imagens encontram a sua força de convicção. Exteriormente, elas permaneceriam os meios de uma correspondência explícita entre os espíritos. Mas a correspondência pela intimidade é muito mais valorizada. Jonas, como a casa onírica, como a caverna imaginada, são arquétipos que não têm necessidade de experiências reais para agir sobre todas as almas. A noite nos enfeitiça, a obscuridade da gruta, do porão, nos envolve como um seio. Na verdade, assim que tocamos, ainda que por um único lado, nessas imagens compostas, super compostas, que têm remotas raízes no inconsciente dos homens, a menor vibração emite suas ressonâncias por toda a parte. Como já assinalamos várias vezes e tornaremos a repetir, a imagem da mãe é despertada nas formas mais diversas, mais inesperadas. No mesmo artigo em que mostra o paralelismo entre a noite do céu e a noite da carne, Joë Bousquet confere à imagem do Jonas a *profundeza sem imagens*, deixando ao leitor a tarefa de completar ou moderar suas próprias imagens, mas ainda assim com a certeza de lhe transmitir o paralelismo da noite exterior e da noite íntima. "A noite viva que habita (o poeta) apenas interioriza a noite materna em que ele fora concebido. Durante o período intra-uterino o corpo em formação não sorvia a vida, sorvia as trevas." Aqui está, de passagem, uma prova suplementar da onírica sinceridade da imagem do *negrume secreto do leite*.

XVI

Repetidas vezes, quando o devaneio se aprofunda, vimos a imagem de Jonas adquirir elementos inconscientes como se o ventre fosse um sarcófago. É muito impressionante verificar que essa filiação pode ser descoberta sob imagens particularmente claras, sob imagens em aparência inteiramente racionalizadas. O estratagema do cavalo de Tróia, por exemplo, não é um dos explicados com mais clareza? Mas surgiram dúvidas. Elas estão expostas no livro de Pierre-Maxime Schuhl (*La fabulation platonicienne*, pp. 75 ss.). O cavalo de Tróia (como a baleia da Bíblia) não é um nome para designar os barcos dos gregos, esses barcos não eram os "cavalos" de Poseidon? E os historiadores, impressionados com todas as fábulas do Minotauro, perguntam-se se todos esses animais-receptáculos não serão Cenotáfios[29]. Charles Picard relata como, segundo Heródoto, a filha de Miquerino foi sepultada "no inte-

---

29. Cf. Charles Picard, *Le cénotaphe de Midea et les colosses de Ménélas* (*Revue de philologie*, 1933, pp. 341-354).

rior de uma vaca de madeira dourada (símbolo de Athor*), que ainda era adorada em seu tempo no palácio de Saís, cercada de lâmpadas acesas e da exalação dos perfumes. Os minóicos conservaram e transmitiram aos micênicos, em todas as suas formas, o culto do bovídeo sagrado, macho ou fêmea, dotado de um poder protetor até no além. Já os gregos não o compreendiam mais''. E Schuhl, que cita esta página, se pergunta se a lenda do cavalo de Tróia não pode receber uma interpretação análoga. Schuhl cita uma opinião de W. J. V. Knight, que diz: "Isso pertence mais a um contexto de magia e de religião do que à tática militar." Seria "um meio de quebrar o encanto que protegia os muros de Ílion". Para o nosso estudo, basta que a imagem claríssima do cavalo de Tróia, provida de todas as finalidades da consciência, possa, nas explicações psicológicas novas, ser duplicada por imagens que mergulham no inconsciente. Assim se manifesta a existência de um duplo psíquico que reúne, de um lado, a imagem visual longamente comentada e, de outro, uma imagem de intimidade misteriosa, rica de potência afetiva.

Se pudéssemos abordar todos os mitos de sepultamento, veríamos multiplicarem-se tais duplos que ligam imagens exteriores e imagens de intimidade. Chegaríamos a esta equivalência da vida e da morte: o sarcófago é um ventre e o ventre é um sarcófago. Sair do ventre é nascer, sair de um sarcófago é renascer. Jonas, que permanece no ventre da baleia três dias como Cristo permanece no túmulo, é pois uma imagem de ressurreição.

XVII

Muitas outras imagens poderiam ser estudadas sob o signo de um Jonas da Morte, associado ao tema da Morte maternal. Desse ponto de vista, o tema da crisálida mereceria uma monografia.

A crisálida tem naturalmente as seduções de toda forma envolta. Ela é como que um fruto animal[30]. Mas um reino de valo-

---

* Athor, uma das grandes deusas egípcias, cujo nome significa "morada de Horus" (O Sol). (N. T.)

30. Num artigo sobre Blake, publicado em *Fontaine* (n? 60, p. 236), encontramos esta tradução de um belo texto de Swinburne: "Acima dele, emblema da maternidade, recurva-se e agarra-se a crisálida, como as folhas envolventes da carne que encerram e liberam o fruto humano da geração corporal."

res totalmente novos se estabelece quando sabemos que a crisálida é o ser intermediário entre a lagarta e a borboleta. Então as idéias suscitam sonhos.

Em *Apocalypse de notre temps* (trad. fr., p. 217), Rozanov traz uma contribuição ao mito da crisálida. Para ele, "a lagarta, a crisálida e a borboleta têm uma explicação não fisiológica, mas cosmogônica. Fisiologicamente, elas são inexplicáveis, e até mesmo *inexprimíveis*. No entanto, do ponto de vista cosmogônico, são perfeitamente inteligíveis; tudo o que vive, absolutamente tudo, participa assim da vida, do túmulo e da ressurreição".

Não se poderia afirmar com mais clareza a diferença entre a explicação científica e a explicação mítica. Um cientista acreditará ter expresso tudo quando houver descrito tudo, quando houver acompanhado dia após dia as fases da metamorfose. Mas os símbolos querem uma outra concentração das luzes. O mito quer que os objetos sejam explicados pelo mundo. O dever de um ser deve ser explicado por "a vida, o túmulo e a ressurreição". Como diz Rozanov, "os estágios da existência do inseto representam as fases da *vida* universal". A lagarta: "Nós rastejamos, comemos, somos apagados e imóveis." "A crisálida é o túmulo e a morte, o túmulo e a vida vegetativa, o túmulo e a *promessa*. A borboleta é a alma imersa no éter, que voa, que só conhece o sol e o néctar e só se alimenta mergulhando nas imensas corolas das flores." E Rozanov opõe a "geofagia" da lagarta que se alimenta de "lama e lixo" à felicidade de uma borboleta heliófaga que suga nas flores os pólens do sol.

Rozanov estuda então longamente as relações entre a imagem da crisálida e a da múmia (pp. 279-280). A múmia é realmente a crisálida do homem. "Todo egípcio, antes de passar para o estado de crisálida, preparava para si um casulo tão oblongo e liso como o segregado por qualquer lagarta." "Avistamos uma carapaça rugosa levemente colorida de marrom: é o sarcófago, que é sempre de uma cor castanha uniforme. Ele é, ao que parece, de gesso; e, se assim for, lembra igualmente por sua matéria o invólucro do casulo, pois o corpo da lagarta segrega uma espécie de cal. Em geral, os ritos fúnebres egípcios seguem os estágios da lagarta que se torna crisálida; eis por que — ponto essencial — o escaravelho, um inseto, tornou-se o símbolo da passagem à vida futura." "A descoberta mais importante que os egípcios fizeram, foi a da vida futura insetóide." Dessa vida insetóide não vivemos atualmente senão a vida terrestre. A vida aérea nos é conhecida apenas pela imagem da borboleta sobre as flores. Mas onde estão as flores humanas, aquelas em que o homem encontrará seu alimento de ouro celeste? Se essas flores existem em algum lugar, diz Rozanov, "é muito além do túmulo"[30a].

Nessas imagens, portanto, o túmulo é uma crisálida, é um sarcófago que come a terra carnal. A múmia, como uma lagarta comprimida nas faixas da crisálida, estourará também "pela verdadeira explosão em que as asas simétricas flamejaram", como diz Francis Ponge[31]. É extremamente interessante ver que fragmentos de imagens sobre a crisálida e sobre o sarcófago podem associar-se deste modo. É que todas essas imagens têm o mesmo centro de interesse: um *ser encerrado*, um *ser protegido*, um *ser escondido*, um ser restituído à profundidade de seu mistério. Este ser sairá, este ser renascerá. Há aí um *destino da imagem* que exige essa ressurreição.

30a. Cf. Strindberg, *Inferno*, p. 47: "A transformação da lagarta dentro do casulo é um verdadeiro milagre equivalente à ressurreição dos mortos."
31. Citado por Jean-Paul Sartre. Ver o comentário dessa imagem por Sartre, *L'homme et les choses*, p. 51.

CAPÍTULO VI

A GRUTA

> Dom Quixote ao sair da gruta de Montesinos: "Não é um inferno, é a morada das maravilhas. Sentai-vos, meus filhos, escutai bem e acreditai."
> CERVANTES, *Don Quichotte de la Manche*, trad. fr. Florian, parte II, cap. XX

I

Neste capítulo transparecerá, talvez ainda mais do que nos outros, o caráter superficial de nossas observações. Esse caráter é uma conseqüência da limitação que impusemos às nossas investigações. Isso porque não quisemos penetrar no domínio próprio da mitologia. Se tivéssemos tal ambição, cada um de nossos capítulos deveria começar de modo diferente e ser muito mais extenso. Por exemplo, para ter uma medida exata de todas as potências da vida das grutas e dos antros seria necessário acompanhar todos os cultos ctônicos, toda a liturgia das criptas. Não é esta a nossa tarefa. Um esboço desses assuntos pode aliás ser encontrado no *Essai sur les grottes dans les cultes magico-religieux et dans la symbolique primitive*, que P. Saintyves publicou ao final da tradução de *O antro das ninfas*, de Porfírio. As liturgias ocultas, os cultos secretos e as práticas iniciáticas encontram na gruta uma espécie de templo natural. As cavernas de Demeter, de Dioniso, de Mitra, de Cibele e de Atys proporcionam a todos os cultos uma espécie de unidade de lugar, bem discernida por Saintyves. Uma religião subterrânea traz uma marca indelével. Porém, uma vez mais, não é esse estudo em profundidade que nos cabe fazer. Cabe-nos apenas seguir sonhos, em particular sonhos *expressos*, e mais precisamente ainda sonhos que desejam a *expressão literária*; em suma, nosso pobre tema é apenas a *gruta na literatura*.

Essa limitação do tema apresenta porém um resultado que queremos salientar. Com efeito, parece que nos atendo às imagens literárias, podemos isolar uma espécie de *mitologia debilitada* que nada deve aos conhecimentos adquiridos. Mesmo quando o escritor está seguramente consciente de seus conhecimentos escolares, uma nuança súbita vem às vezes revelar a adesão pessoal à *atividade de lenda*, à imaginação propriamente legendária. Basta para isso uma novidade de expressão, uma renovação de expressão, uma iluminação súbita da linguagem. Assim que a linguagem ultrapassa a realidade, há possibilidade de lenda. Pode-se então surpreender a mitologia no ato. Certamente, é raro que essa mitologia, ora ingênua ora astuciosa, sempre muito curta, atinja o centro das lendas. Ela fornece no entanto fragmentos de lenda experimentada que permitem estudar as tentativas da imaginação. Formulam-se então novas relações entre *convicção* e *expressão*. Mediante a literatura, parece que a expressão tende a uma autonomia, e mesmo que uma convicção — muito superficial e efêmera, é verdade — se forme em torno de uma imagem literária bem feita. Então, da pena mais hábil brotam assim *imagens sinceras*.

II

Vamos portanto estudar grutas "literárias" com a preocupação de determinar-lhes todos os aspectos imaginados.

Aliás, a fim de classificar as imagens, devemos multiplicar constantemente as distinções. Uma vez bem isoladas as imagens, somos capazes de encontrar as imagens intermediárias. Por exemplo, pode ser feita uma distinção entre as imagens da gruta e as do labirinto subterrâneo, embora esses dois tipos de imagens sejam tantas vezes confundidos. Acentuando as diferenças, podemos dizer que as imagens da gruta pertencem à imaginação do repouso, enquanto as do labirinto pertencem à imaginação do movimento difícil, do movimento angustiante.

De fato, a gruta é um refúgio no qual se sonha sem cessar. Ela confere um sentido imediato ao *sonho de um repouso protegido*, de um repouso tranqüilo. Passado um certo limiar de mistério e pavor, o sonhador que entrou na caverna sente que poderia morar ali. Bastam uns poucos minutos de permanência para que a imaginação comece a ajeitar a casa. Vê o lugar da lareira entre duas grandes pedras, o recanto para o leito de samambaias, a guirlanda das lianas e das flores que decora e esconde a janela contra o céu azul. Essa função de *cortina natural* aparece com regularidade em muitas grutas literárias. A gruta da pastoral de Florian (*Estelle*, p. 295) é guarnecida de "videira selvagem". Às vezes uma janela rústica, deixada assim misteriosa pelas folhagens, dá a impressão, por uma curiosa inversão, de ser a janela de uma gruta! Temos um exemplo dessa inversão nas *Lettres d'un voyageur* [Cartas de um viajante] de George Sand.

Essa *função de cortina* assemelha-se ao princípio da pequena janela que enunciamos a propósito da lucarna do sótão: ver sem ser visto, *beuiller, faire le beuillot*, como se diz em nossa velha Champagne. Charles Baudouin (*Victor Hugo*, p. 158) assinala em Victor Hugo a freqüência da rima *fenêtre-naître* [janela-nascer]. E Baudouin aponta essa associação no capítulo em que ele prova que o desejo de curiosidade é o desejo de conhecer o segredo da procriação.

Às vezes parece que é a cortina de folhagem que faz a gruta. Em *Monsieur d'Amercoeur*, Henri de Régnier dá apenas esta descrição de uma pequena gruta onde uma mulher requintada vem repousar: "Heras pendentes velavam a luz. Havia ali uma claridade esverdeada e transparente." (*La canne de jaspe*, p. 71)

Sobre *a entrada* da gruta, seriam necessários longos estudos para lhe determinar todos os símbolos. Cumpre não lhe atribuir precipitadamente as funções claras da porta. Como assinala com acerto Masson Oursel ("Le symbolisme eurasiatique de la porte", *N. R. F.*, 1º de agosto de 1933), a gruta é *a morada sem porta*. Não nos apressemos em imaginar que à noite fecha-se a entrada da gruta com uma pedra para dormir em paz. A dialética do refúgio e do medo tem necessidade da *abertura*. Queremos estar protegidos, mas não queremos estar fechados. O ser humano conhece tanto os valores do *fora* como os do *dentro*. A porta é ao mesmo tempo um arquétipo e um conceito: totaliza seguranças inconscientes e seguranças conscientes. *Materializa* o guardião do umbral, mas todos esses profundos símbolos estão atualmente sepultados em um inconsciente inacessível aos sonhos dos escritores. Os valores claros do refúgio são demasiado vigorosos para que se descubram os valores obscuros. Na verdade, o ato de habitar desenvolve-se quase infalivelmente tão-logo se tem a impressão de estar abrigado.

George Sand conheceu, como todas as almas nobres, a sedução da pobreza. Em seus romances, ela sempre toma posse de uma gruta como de uma casa rústica. A prisão de Consuelo também é tornada rapidamente "habitável". Com uma alma doce, um sonhador solitário na gruta sonha com amores ocultos, recita os poemas de Jocelyn*.

Aliás, os valores de sonho dos amores ocultos nos remetem aos lugares de mistério da natureza, a câmara secreta remete à gruta. Um amor ardente não pode ser oniricamente citadino, precisa sonhar com um lugar de universo. Em *Solus ad Solam* (trad. fr., p. 45), d'Annunzio escreve, em uma curiosa inversão: "Entrei em nosso quarto, no quarto verde que dizias submarino, onde nos amamos, onde conhecemos a alegria, verdadeiramente como numa gruta salgada..."

A menor reentrância rochosa já proporciona essas impressões e esses devaneios. De Sénancour diz de um homem sensível[1]: "Uma rocha que se inclina sobre as águas, um galho que projeta sua sombra na areia deserta, dão-lhe um sentimento de abrigo, de paz, de solidão." Da mesma forma, Thoreau (*Walden*, trad. fr., p. 34) mostra que "a criança brinca de casa" tal como "brinca de cavalo". "Quem não se lembra do interesse com que olhava, em criança, as reentrâncias das rochas ou as menores sugestões de caverna?" Percebe-se bem que o menor abrigo natural é assim a causa ocasional de um imediato devaneio com as imagens de repouso. E a sombra imediatamente solicita as imagens do abrigo subterrâneo. Por exemplo, em um romance de Virginia Woolf (*As ondas*, ed. Nova Fronteira, p. 18), duas crianças estão agachadas debaixo de uma groselheira; logo um mundo subterrâneo se abre à imaginação delas. Todo abrigo quer ser uma gruta. "Vamos habitar, dizem eles, o mundo subterrâneo. Vamos tomar posse de

---

* Referência a um poema de Lamartine (*Jocelyn*, 1836) que tem por núcleo o amor secreto de um padre em uma gruta solitária nos Alpes. (N. T.)

1. De Sénancour, *Primitive*, p. 59.

nosso território secreto, iluminado por groselhas pendentes como candelabros, vermelhas refulgentes de um lado, negras do outro... Este é o nosso universo."[2] Assim também, em *Le pot d'or*, de James Stephens, crianças brincam: "O terreno debaixo do espinheiro-alvar era a lareira de sua casinha." Percebemos aliás, nesses exemplos, que uma imagem insignificante pode desencadear imagens fundamentais. O abrigo nos sugere a tomada de posse de um mundo. Por mais precário que seja, proporciona todos os sonhos da segurança.

Ruskin, sempre breve nos sonhos e aguçado nas observações, escreve: "Uma subordinação da natureza às necessidades do homem permite ao grego experimentar um certo prazer à visão dos *rochedos* quando estes formam uma *gruta*, mas apenas neste caso. Em qualquer outro aspecto, sobretudo se são vazios e eriçados de pontas, eles o assustam, mas se são polidos, 'esculpidos' como o flanco de um navio, se formam uma gruta onde seja possível abrigar-se, sua presença torna-se suportável." (*Les peintres modernes*, trad. fr., p. 47)

As *grutas factícias* são uma homenagem à imaginação dos *retiros naturais*. De Sénancour constrói uma no flanco de sua montanha. Em seu castelo de Locati, a princesa de Belgiojoso tem um gabinete de trabalho secreto cuja chave é guardada em sua corrente de relógio. Em uma carta a Augustin Thierry (p. 86), ela escreve: "Eu fico numa gruta de feiticeira, tão invisível como se Alcine me tivesse dado aulas." Da gruta vê-se sem ser visto; assim, de uma maneira paradoxal, o buraco negro é uma visão sobre o universo. Maurice de Guérin escreve a um amigo bretão (citado por Decahors, tese, p. 303): "... eu ficaria extremamente encantado de escavar para mim uma gruta fresca e escura no coração de um rochedo, em uma enseada de vossas praias, e ali passar a vida a contemplar ao longe o vasto mar, como um deus marinho".

Poderíamos aliás indicar muitos devaneios de construtores que buscam uma verdadeira continuidade entre a gruta e a casa, deixando a sua morada tão cósmica quanto possível. André Breton bem viu nas construções do fator Cavalo todos os elementos "me-

---

2. Essa vontade de habitar imediatamente é expressa de forma curiosíssima por Guy de Maupassant ao entrar num quarto desconhecido (*Clair de lune. Nos lettres*, p. 287): "Quando fiquei sozinho, examinei as paredes, os móveis, toda a fisionomia do apartamento, para instalar ali meu espírito."

dianímicos" que vinculam a casa não apenas à gruta, mas ainda às petrificações naturais[3].

Páginas inteiras do *Roman d'un enfant* [Romance de uma criança] nos falam também da potência inesquecível das imagens da gruta. Durante uma doença de Loti menino, seu irmão mais velho lhe havia construído no quintal da casa, "nos fundos, num recanto encantador, debaixo de uma velha ameixeira, um lago em miniatura; ele o mandara escavar e cimentar como uma cisterna... depois mandara trazer, do campo, pedras arredondadas e placas de musgo para compor margens românticas ao redor, rochedos e grutas..." Que maravilha para a criança curada, que recebia assim *um universo*! "Aquilo ultrapassava tudo o que minha imaginação podia conceber de mais delicioso; e quando meu irmão disse que era para mim... experimentei uma alegria íntima que me pareceu jamais ter fim. Oh! a posse de tudo aquilo, que felicidade inesperada! Desfrutá-lo todos os dias, todos os dias, durante os belos meses de verão que estavam por chegar!..." (p. 78)

Todos os dias? Sim, toda a sua vida, graças ao *valor natural* da imagem. Essa posse não era uma posse de proprietário, era a de um dono da natureza. A criança estava recebendo um brinquedo cósmico, uma morada natural, um protótipo dos antros de repouso. A gruta jamais perderá sua qualidade de imagem fundamental. "É o canto do mundo", diz Loti (p. 80), "ao qual permaneço mais fielmente ligado, após ter amado tantos outros; como em nenhum outro lugar, lá me sinto em paz, lá me sinto restaurado, revigorado de juventude e vida nova. É meu esse cantinho, é a minha santa Meca; a tal ponto que, se o desarrumassem, parece que algo se desequilibraria em minha vida, que eu perderia pé, que seria quase o começo de meu fim." Várias vezes, em suas longínquas viagens, Loti teve de meditar na sombra das grutas frescas e profundas. Teve de associar muitos espetáculos reais à lembrança indelével. A gruta "em miniatura", pequena imagem longínqua no fundo das lembranças, "freqüentemente me preocupou", diz ele, "em horas de abatimento e melancolia ao longo de minhas campanhas"... mediante uma condensação estranha das lembranças, Loti une a gruta e a casa natal, como se a gruta onde sonhou fosse o verdadeiro arquétipo da casa onde viveu. "Durante os anos tris-

---

3. André Breton, *Point du jour*, p. 234.

tes em que vivi perambulando pelo mundo, em que minha mãe viúva e minha tia Claire ficaram sozinhas, com seus vestidos negros iguais, naquela casa querida quase vazia e tornada silenciosa como um túmulo, durante todos aqueles anos senti por mais de uma vez o coração apertado ao pensar que o lar desertado, as coisas familiares à minha infância se deterioravam decerto ao abandono; e me inquietei acima de tudo por saber se a mão do tempo, se a chuva dos invernos não acabariam destruindo a frágil abóbada daquela gruta; é estranho dizer, mas se aquelas velhas pedrinhas cobertas de musgo houvessem desmoronado, eu teria tido quase a impressão de uma fenda irreparável em minha própria vida.'' Lá onde vamos nos abrigar em sonho encontramos uma morada que contém todos os símbolos do repouso. Se quisermos conservar nossas potências oníricas, é preciso que nossos sonhos sejam fiéis a nossas imagens primárias. A página de Loti nos dá um exemplo dessa fidelidade a imagens fundamentais. Ao invés dos sonhos evasivos, não-formulados, que designamos como castelos no ar, a gruta é um sonho concentrado. Castelos no ar e grutas formam a mais clara antinomia da vontade de habitar. Estar alhures, estar lá, eis o que não se exprime apenas por visões geométricas. É preciso haver uma vontade. A vontade de habitar parece condensar-se em uma morada subterrânea. Os mitólogos disseram muitas vezes que a gruta era, para o pensamento primitivo, um lugar onde se condensava a *mana** (cf. Saintyves, *Essai sur les grottes*, ao final de *L'antre des nymphes*, de Porfírio, Paris, 1918).

Fiéis ao espírito de nossas investigações que devem apoiar-se apenas em documentos de imaginação ainda ativa, não devemos considerar senão aspectos que uma imaginação moderna pode reconhecer. Basta ter estado na gruta, ter voltado a ela várias vezes, ou simplesmente voltado em pensamento, para experimentar uma espécie de condensação das forças íntimas. Essas forças logo ficam ativas. Basta lembrar das grutas ''literárias'' em que o interesse é mantido pela simples descrição da arrumação da gruta. Basta recordar a solidão industriosa de Robinson Crusoé ou dos náufragos em *A ilha misteriosa* de Júlio Verne. O leitor simpático participa dos progressos de um conforto rústico. Aliás, parece que a *rusticidade* dos móveis anima-se de uma verdadeira *mana* na *morada natural*.

---

* Entre os melanésios, o conjunto de forças sobrenaturais provenientes dos espíritos e que operam num objeto ou numa pessoa. (N. T.)

Perceberemos melhor essa imaginação ativa de uma arrumação subterrânea se colocarmos em dialética a maneira ativa e a maneira passiva de habitar. Maurice de Guérin (*Le cahier vert*, ed. Divan, I, p. 223), formula estranhamente: "A resignação é a toca escavada sob as raízes de um velho carvalho ou no vão de alguma rocha, que põe ao abrigo a presa em fuga e perseguida há muito tempo. Ela se enfia rapidamente pela abertura estreita e tenebrosa, esconde-se bem no fundo, e ali, toda encolhida e enovelada em si mesma, com o coração batendo disparado, escuta os latidos longínquos da matilha e os gritos dos caçadores. Eis-me em minha toca." Toca do melancólico, do aflito, do resignado. Reencontraremos esse tema no próximo capítulo sobre o labirinto. As imagens não se isolam e a imaginação não tem o menor escrúpulo de se repetir. Parece assim que a gruta, a toca, é o lugar onde nos *resignamos* a viver. Mas isto é esquecer o segundo termo da dialética: o antro trabalhador!

Já se perguntou o que significavam, no antro de Ítaca, cuja descrição é comentada por Porfírio, os dois versos de Homero:

> *Há também longos teares de pedra, nos quais as Ninfas*
> *Tecem tecidos púrpuras maravilhosos de ver.*

Certamente são muitos os valores simbólicos desses versos. Mas lhes acrescentaremos outros se sonharmos um pouco como tecelão, se reanimarmos em nós, por exemplo, a *oficina-antro* de Silas Marner, se vivenciarmos verdadeiramente o tecido púrpura feito na sombra, se trabalharmos os fios de luz no tear subterrâneo, no tear de pedra.

Naturalmente, tempos virão em que a rusticidade e a técnica se oporão. Deseja-se com razão a oficina clara. Mas a oficina com janela pequena é uma imagem da gruta ativa. É preciso dar às imagens todos os seus traços, se quisermos compreender que a imaginação é um mundo. A gruta protege o repouso e o amor, mas é também o berço das primeiras indústrias. Normalmente a encontramos como um cenário do trabalho solitário. Percebemos que estando sozinhos trabalhamos mais ativamente na oficina com *janela pequena*. Para ficarmos bem sozinhos, é preciso que não tenhamos demasiada luz. Uma *atividade subterrânea* beneficia-se de uma *mana* imaginária. É preciso conservar um pouco de sombra ao nosso redor. É mister saber entrar na sombra para ter força de executar a nossa obra.

II

À entrada da gruta trabalha a imaginação das vozes profundas, a imaginação das vozes subterrâneas. Todas as grutas falam.

> *Comparei os ruídos de todas as cavernas,*

diz o poeta[4].

> *Para o Olho profundo que vê, os antros são gritos.*
> VICTOR HUGO, *Ce que dit la bouche d'ombre*

Para um sonhador das vozes subterrâneas, nas vozes abafadas e longínquas, o ouvido descobre transcendências, todo um além daquilo que se pode tocar e ver. D. H. Lawrence escreveu com justeza (*Psychoanalysis and the Inconscious*): "*The ears can hear deeper than eyes can see.*" [O ouvido pode ouvir mais profundamente do que os olhos podem ver.] O ouvido é então o sentido da noite, e sobretudo o sentido da mais sensível das noite: a noite subterrânea, noite murada, noite da profundeza, noite da morte. A partir do momento em que se está só na gruta obscura, ouve-se o verdadeiro silêncio:

> *O silêncio eleito, a noite final*
> *Comunicada às pedras pelas sombras.*
> JEAN TARDIEU,
> *Le témoin invisible*, p. 14

Mas, já no limiar, sem padecerem imediatamente dessa "profundeza", as grutas respondem por murmúrios ou ameaças, por oráculos ou facécias. Tudo depende do estado de espírito de quem as interroga. Elas produzem o mais sensível dos ecos, a sensibilidade dos ecos medrosos. É verdade que os geógrafos catalogaram as grutas de ecos assombrosos. Eles explicam tudo pelas formas. A gruta das Latomias, perto de Siracusa, que recebeu o nome de Ouvido de Dionísio, o Tirano, é sinuosa, dizem, como o conduto auricular: "Palavras ditas em voz baixa no fundo da gruta são repetidas distintamente na abertura, um papel amarrotado nas mãos

---

4. Victor Hugo, *La légende des siècles*, Hetzel, t. III, p. 27.

produz o ruído do vento mais violento, e o disparo de uma arma de fogo iguala sob essa cúpula, o efeito do trovão." Afirma-se que Dionísio, por um orifício situado no alto da gruta, escutava as queixas e as imprecações de suas vítimas encerradas nas Latomias. Desse modo, historiadores e geógrafos coincidem em um mesmo espírito positivo. Estes descrevem um conduto auricular, aqueles pensam no uso de uma corneta acústica. Acreditando estudar a vida em sua realidade, estudam o fóssil de um ser de imaginação.

Mas a boca de sombra ainda fala, e não há necessidade do monstro sonoro das Latomias para distinguir as suas repercussões numa imaginação viva. A menor caverna nos oferece todos os *devaneios da ressonância*. Em tais devaneios, pode-se dizer que *o oráculo é um fenômeno natural*. É um fenômeno da imaginação das grutas. Todos os detalhes desse fenômeno ainda estão vivos. Por exemplo, compreenderemos o princípio de autoridade das vozes subterrâneas, a vontade de causar medo, se acompanharmos como psicólogos a transmissão das tradições na vida de nosso meio rural. O pai, em seu passeio com o filho, troveja sua voz na entrada das cavernas. No primeiro instante apavorada, a criança logo aceita o jogo. Conhece a partir daí uma força de pavor. Por mais efêmero que seja o medo, está quase sempre na origem de um conhecimento. E a criança é agora dona de um poder de apavorar. Saberá usá-lo quando brincar com um colega inexperiente. Certamente, estes são *oráculos* bem pequenos, e os mitólogos não prestarão muita atenção a esse "psicologismo" minúsculo e fugidio. No entanto, como avaliar a ação do mito sobre as almas simples se esquecemos todos esses pequenos fenômenos da vida cotidiana, todas essas imagens ingênuas da vida dos campos?

Os escritores, aliás, não deixam de anotar um pavor, decerto não muito sincero, mas que tem razões inconscientes. Em suas *Impressions de voyage, en Suisse*, I, p. 78, Dumas escreve: "A caverna grunhe surdamente como um urso surpreendido que se enfia nas últimas profundezas de sua toca. Há algo de apavorante nessa repercussão ruidosa do ruído da voz humana, num lugar a que ela não era destinada a chegar." Na caverna, como na tempestade, a voz do urso grunhindo — tão pouco familiar — é ouvida como a cólera mais natural.

Quem gosta de imaginar falará aos ecos subterrâneos. Aprenderá a interrogar e a responder, e pouco a pouco compreenderá a psicologia do *eu* e do *tu* do oráculo. Como as respostas podem se ajustar às perguntas? É que ouvimos mais pela imaginação do que pela percepção quando é uma voz *natural* que fala. Quando a Natureza imita o humano, ela imita o *humano imaginado*.

Norbert Casteret[5] diz que a Sibila de Cumas "interpretava em seus êxtases os ruídos provenientes de algum riacho ou vento subterrâneo" e que "essas predições, perfazendo nove volumes, foram conservadas e consultadas durante sete séculos a fio em Roma, desde Tarquínio, o Soberbo, até o cerco da cidade por Alarico". Fala-se amiúde da continuidade da política de Roma. Afinal de contas, a ligação política através do oráculo tem, pelo menos como prova de continuidade, a continuidade do inconsciente. Em política, essa continuidade equivale à outra, a despeito daqueles que exaltam a sabedoria de alguns grandes ministros, de alguns pacientes funcionários. Essa *continuidade política* é constituída em geral por escolhas inconscientes para as quais nunca faltam razões claras. Mas isso é uma outra história, e não queremos abandonar o plano de nossos estudos que se devem limitar ao devaneio pessoal. Todo sonhador isolado que, no fundo de um pequeno vale, falou às potências da gruta, reconhecerá o caráter direto de certas funções do *oráculo*. Se nossas observações parecem paradoxais, é porque se tornou paradoxal viver *naturalmente*, sonhar na solidão da natureza. Afastamos a criança instruída de todo onirismo cósmico. Dos oráculos, ela conhece sobretudo as interpretações, isto é, o afloramento no racional e no social. A arqueologia histórica desconhece a arqueologia psicológica. Isso aliás nada tem de espantoso, pois os próprios psicólogos geralmente não se interessam pela nebulosa primitiva dos sonhos a partir da qual se formam as grandes imagens, depois os núcleos de pensamento.

As vozes da terra são consoantes. Os outros elementos são as vogais, sobretudo o ar, o sopro de uma boca feliz, docemente entreaberta. A fala de energia e de cólera necessita do tremor do solo, do eco do rochedo, dos fragores cavernosos. A voz *cavernosa* é aprendida, é aprofundada pelo conselho da caverna. Quando pudermos sistematizar os valores da voz voluntária, veremos que desejamos imitar toda a natureza. A voz áspera, a voz cavernosa, a voz trovejante são vozes da terra. É a fala difícil, diz Michelet, que

---

5. Norbert Casteret, *Au fond des gouffres*, p. 197.

faz os profetas (*La Bible de l'humanité*, p. 383). É por serem confusas que as vozes que saem do abismo são proféticas.

Aliás, parece que aí também recorremos ao artifício. Madame de Staël (*De l'Allemagne*, 1ª parte, cap. I) escreve: "Freqüentemente, no meio dos soberbos jardins dos príncipes alemães, colocam-se harpas eólicas perto das grutas cercadas de flores, para que o vento transporte pelo ar sons e perfumes ao mesmo tempo." Aqui a gruta não passa de um ressoador, de uma caixa de ressonância. Mas pede-se à gruta artificial para amplificar as vozes do vento porque se sonhou no umbral das cavernas sonoras.

Cumpriria aliás evocar todos os devaneios científicos que quiseram dar um papel positivo às cavernas da montanha. Nessas cavernas, como por um pulmão, a montanha respira. Os sopros subterrâneos falam da respiração do grande ser terrestre.

III

Diante do antro profundo, no umbral da caverna, o sonhador hesita. Primeiro olha o buraco negro. A caverna, por sua vez, olhar contra olhar, fixa o sonhador com seu olho negro. O antro é o olho do cíclope. A obra de Victor Hugo oferece inúmeros exemplos dessa visão negra dos antros e das cavernas. De um poema para outro os olhares se cruzam:

> *Velho antro, diante do cenho que franzes...*
> V. HUGO, *Toute la lyre*, I, p. 121

> *Medito. Sou o olho fixo das cavernas.*
> V. HUGO, *Le satyre*, p. 22[6]

Por certo estamos habituados a esse jogo de inversão que fixa o realismo da imagem ora no homem, ora no universo. Mas não costumamos notar que é esse mesmo jogo de inversão que constitui a dinâmica da imaginação. Com esse jogo, nosso psiquismo se

---
6. Julien Green, *Minuit*, p. 49: "O viajante de dez anos... sabe que um olhar brilha no limiar das cavernas." E Pierre Loti (*Vers Ispahan*, p. 128): "À medida que nos vamos afastando, os buracos negros dos hipogeus parecem nos perseguir como olhares de morto."

anima. Ele constitui uma espécie de *metáfora total* que transpõe os dois termos filosóficos do sujeito e do universo.

Essa transposição deve ser vivida nas mais frágeis, nas mais fugidias imagens, nas imagens menos descritivas possível. Tal é a imagem do *olhar da gruta*. Como esse simples buraco negro pode dar uma imagem válida para um olhar profundo? Para isso é preciso uma grande quantidade de devaneios terrestres; uma meditação do negro *em profundidade*, do negro sem substância, ou pelo menos sem outra substância além de sua profundidade. Em um esforço para captar as imagens da natureza, lemos melhor Guillaume Apollinaire dizendo de Picasso (*Les peintres cubistes*): "... suas luzes pesadas e baixas como as das grutas". Tem-se a impressão de que, olhar contra olhar, no mesmo reino da profundidade, as luzes cavernosas olham o pintor de olhar profundo. E é ainda Guillaume Apollinaire que escreve: "Picasso habituou-se à imensa luz das profundezas."

Toda a vontade de ver afirma-se no olhar fixo das cavernas. Então a órbita profunda já é um abismo ameaçador. Em *Notre-Dame de Paris*, o poeta *do olhar absoluto* que é Hugo (I, p. 259) escreve: "Sua pupila faiscante sob uma arcada superciliar muito profunda, como uma luz no fundo de um antro."

Na gruta, parece que o negro *brilha*. Imagens que, do ponto de vista realista, não resistiriam à análise, são aceitas pela imaginação do negro olhar. Assim Virginia Woolf escreve (*Les vagues*, trad. fr., p. 17): "Os olhos dos pássaros brilham no fundo das grutas de folhagem." Um olho vivo em um buraco de terra negra desperta em nós uma emoção extraordinária. Joséphine Johnson escreve (*Novembre*, trad. fr., p. 75): "Olha... e vi o olhar frio, fixo, das corujas estriadas. Eram pequenas, seus olhos pareciam de pedra. Eu estava prestes a explodir de emoção..." No olho da coruja, o buraco negro do velho muro vem olhar.

IV

Uma classificação das grutas acentuadas pela imaginação em grutas de pavor e em grutas de maravilhamento proporcionaria uma dialética suficiente para evidenciar a ambivalência de qualquer imagem do mundo subterrâneo. Já ao limiar podemos sentir uma síntese de pavor e maravilhamento, um desejo de entrar e um medo de entrar. É aqui que o limiar adquire seus valores de decisão grave. Essa ambivalência fundamental é transposta a jogos de valores mais numerosos e mais sutis, que são propriamente valores literários. São tais valores que, para certas almas, animam páginas que, para outras, permanecem frias alegorias. Assim são as *grutas românticas*. Uma leitura desdenhosa as retira verdadeiramente da narrativa. E no entanto em geral é a gruta que confere sentido e funções à paisagem romântica. Daremos apenas um exemplo extraído da bela tese de Robert Minder sobre Ludwig Tieck. Veremos que a gruta de Tieck *efetua* à sua maneira toda a magia romântica da paisagem (p. 250): "Na maioria das vezes, a gruta em Tieck é o fecho de uma paisagem, o retiro mais misterioso ao qual conduzem as florestas e as montanhas. Num plano claramente mágico ela contém então os elementos até aí semi-mágicos, semi-rcais da paisagem tieckiana; a busca dessa gruta maravilhosa exprime poeticamente uma saudade sempre latente: a do paraíso inicial cujo desaparecimento a criança já lamentava. Os heróis, ao penetrarem na gruta, têm o sentimento de assistir à realização de seus votos mais antigos; enfim, o mundo poético inteiro identifica-se às vezes, para Tieck, com uma caverna maravilhosa." Assim o poeta reencontra por instinto todos os mitos da gruta cosmológica e da gruta mágica onde se cumpre o destino humano. E Robert Minder cita este poema de Tieck traduzido por Albert Béguin, *La coupe d'or* [A taça de ouro]:

> *Ao longe, oculta nas moitas,*
> *Acha-se uma gruta, há muito esquecida.*
> *Mal se pode ainda adivinhar-lhe a porta*
> *Tanto a hera a cobriu profundamente.*
>
> *Cravos vermelhos selvagens a mascaram.*
> *No interior, sons leves, estranhos,*
> *Tornam-se às vezes violentos, depois desvanecem*
> *Em uma doce música...*
>
> *Ou como animais prisioneiros gemem docemente,*
> *É a gruta mágica da infância.*
> *Que seja permitido ao poeta abrir-lhe a porta.*

Basta avaliar bem essa dupla perspectiva de profundidade da gruta oculta atrás da *moita* de lianas e heras, mascarada por cravos selvagens e lembranças longínquas de uma infância mágica, e se compreenderá que a gruta é verdadeiramente a paisagem em profundidade, a profundidade indispensável a uma paisagem romântica. Robert Minder lembra com acerto que Charles Baudouin não teve dificuldade em mostrar que a volta à gruta mágica é uma *volta à mãe*, volta do filho pródigo que se cobriu de faltas e infelicidades em suas longínquas viagens.

V

Assim, para o sonhador da gruta, a gruta é mais do que uma casa, é um ser que responde ao nosso ser pela voz, pelo olhar, por um alento. É também um universo. Saintyves se pergunta (p. 47) se as grutas não foram consideradas na época quaternária "como uma redução do Cosmos, a abóbada representando o céu, o solo sendo tomado pelo conjunto da terra". Ele acha muito verossímil que certas cavernas tenham "sido escavadas e dispostas segundo as regras de uma arquitetura que deve refletir a imagem do Cosmos" (p. 48). Em todo caso, as razões utilitárias, tantas vezes alegadas como indiscutíveis, não são suficientes para que se compreenda o papel das grutas e das cavernas na pré-história. A gruta permanece um lugar mágico, e não é de admirar que continue sendo um arquétipo atuante no inconsciente de todos os homens.

Saintyves dá também exemplos de mitos primitivos em que a caverna é uma espécie de matriz universal. De uma caverna, em certos mitos, saem a lua e o sol, todos os seres vivos. Em particular, a caverna é antropogônica. Em um mito do Peru, uma gruta é chamada de "casa de produção" (p. 52). Saintyves cita o Deuteronômio (XXXII):

> *Ele o fez sugar o mel que sai da pedra,*
> *O azeite que sai da rocha mais dura.*
> ....
> *Abandonaste o rochedo que te engendrou.*

Em um versículo de Isaías, pode-se perceber a endosmose da imagem e da realidade: nascer de uma rocha, nascer de um antepassado: "Considerai de onde vindes, a pedreira (ou a caverna) de onde fostes tirados. Considerai a Abraão, vosso pai." Como todos os documentos de grande sonho, pode-se vivenciar um texto assim, seja em seu simbolismo claro, seja em sua realidade onírica profunda. Em muitos aspectos, a gruta permite reencontrar o onirismo do ovo, todo o onirismo do sono tranquilo das crisálidas. Ela é a tumba do ser cotidiano, a tumba de onde se sai todas as manhãs, revigorado pelo sono da terra.

Saintyves tentou reintroduzir componentes reais no simbolismo dos filósofos. Para ele, o mito da caverna de Platão não é uma simples alegoria. A Caverna é um Cosmos[7]. O filósofo aconselha uma ascese da inteligência, mas esta ascese se realiza normalmente "no antro cósmico das iniciações". A iniciação trabalha precisamente nessa zona de passagem dos sonhos e das idéias; a gruta é o palco onde a luz do dia trabalha as trevas subterrâneas.

Na gruta reina uma luz repleta de sonho e as sombras projetadas sobre as paredes são facilmente comparadas às visões do sonho. Pierre-Maxime Schuhl, a propósito do *mito da caverna* de Platão, evoca com acerto valores inconscientes mais ocultos, mais remotos. A explicação clássica tende a traduzir o mito como uma simples alegoria, e neste caso seria de estranhar que os prisioneiros da caverna se deixem iludir por simples sombras chinesas. O mito tem uma outra profundidade. O sonhador está ligado aos *valores de cavernas*, os quais têm uma realidade num inconsciente. Portanto não estudaremos os textos *completamente* se os lermos apenas como alegorias — se formos diretamente às suas partes claras. Para Przyluski[8], Platão teria descrito um espetáculo que "provavelmente faz parte de cerimônias religiosas como aquelas que se celebravam por ocasião da iniciação nos mistérios" em cavernas. Essas ressonâncias inconscientes têm pouco valor para a reflexão filosófica. Teriam mais valor se a filosofia voltasse a acreditar em suas intuições.

Mas o jogo geométrico das luzes oscila entre as idéias claras e as imagens profundas. Eis um devaneio literário que une as duas instâncias.

---

7. No *Segundo Fausto* de Goethe, o coro diz a Fórquias: "Fazes como se houvesse nessas grutas os espaços de um mundo, bosques, pradarias, regatos, lagos..."
8. Cf. Schuhl, *La fabulation platonicienne*, pp. 59-60. Schuhl remete a um artigo sobre a espeleolatria, de R. R. Marrett.

Às vezes, por causa de sua exposição, a gruta tem seu dia de sol; é então uma espécie de gnômon natural. É estranho que seja justamente um verdadeiro cerimonial da entrada do sol no fundo de uma gruta que marca a hora do sacrifício num conto de D. H. Lawrence (*The Woman who Rode away*); conto de uma notável crueldade religiosa, conto marcado de significação imaginária, sem que se lhe possa supor uma influência livresca. A Caverna *espera* o sol.

A poesia das criptas, a meditação no templo subterrâneo, dariam ensejo a clássicas observações. Queremos assinalar apenas uma direção do sonho, aquela que reconhece a gruta na cripta, aquela que mergulha profundamente no inconsciente, no sentido mesmo do poema de Baudelaire: *La vie antérieure*. Nos templos de "vastos pórticos",

E que seus grandes pilares, verticais e majestosos
Tornavam semelhantes, à tarde, às grutas de basalto,

o poeta reencontra uma *vida anterior*, *sonhos primitivos*, a cripta do inconsciente e o inconsciente da cripta.

Dissemos no início deste capítulo que todo visitante da gruta sonha em arrumá-la. Existe um devaneio inverso que nos remete à simplicidade primitiva. O edifício construído pelo homem é então devolvido pelo sonho à natureza. Torna-se a cavidade natural ou, como diz D. H. Lawrence, "a cavidade perfeita". Estudemos esta página em que o grande sonhador remete ao passado humano mais remoto as impressões do dia que passa.

No adro da catedral de Lincoln, uma personagem do romance *The Rainbow* [Arco-íris] é colocada no limiar da sombra do inconsciente (trad. fr., p. 160): "Ele viu-se arrebatado, sob o pórtico, a um passo mesmo das descobertas. Levantou a cabeça para a perspectiva de pedra que se abria à sua frente. Ia passar à cavidade perfeita."

Parece que a própria nave cheia de sombra é um ovo colossal onde o sonhador vai reviver as influências profundas. Na "vasta sombra" sua alma palpitante "ergueu-se do próprio ninho", "sua alma lançou-se na obscuridade, na fruição, ela se expôs, desfaleceu em uma grande evasão, estremeceu na profunda cavidade, no silêncio e na sombra da abundância, como a semente da procriação: em êxtase".

Estranho êxtase que nos leva à vida subterrânea, a uma vida que quer a *descida* aos subterrâneos.

Nessa *cavidade perfeita*, a sombra já não é agitada, já não é perturbada pelas vivacidades da luz. A cavidade perfeita é um mundo fechado, a caverna cósmica onde trabalha a verdadeira matéria dos crepúsculos. "Aqui, a luz crepuscular era a própria essência da vida, a sombra colorida, o embrião da luz e do dia. Aqui raiava a primeira aurora, aqui declinava a derradeira claridade do poente, e a sombra imemorial, de onde desabrochava e depois diminuía a vida, refletia o aprazível e profundo silêncio imemorial."

O leitor que acompanha tal sonho percebe bem que já não está num mundo construído, num templo habilmente edificado; está numa matéria de sombra vivida na mais fundamental das ambivalências, a ambivalência da vida e da morte. É nesta sombra da cavidade perfeita que Lawrence (p. 161) integra "as trevas da germinação" e as "trevas da morte". Recupera assim a grande síntese do sono, o sono que é repouso e crescimento, que é "morte viva". A mística da germinação, tão poderosa na obra de Lawrence, é aqui uma mística do sono subterrâneo, uma mística da semivida, da vida de interregno, que não se pode captar senão pelo lirismo do inconsciente. Amiúde a inteligência e o bom gosto entram em acordo para fazer objeções a essa vida lírica do sonhador. É curiosíssimo que os indivíduos muito inteligentes sejam em geral incapazes de traduzir as verdades do sono, as forças do inconsciente vegetante que, na *cavidade perfeita*, como uma semente, absorve "o segredo de um mundo inteiro em seus elementos".

Desde que nos orientemos na sombra, longe das formas, esquecendo a preocupação com as dimensões, não podemos deixar de constatar que as imagens da casa, do ventre, da gruta, do ovo e da semente convergem para a mesma imagem profunda. Quando aprofundamos no inconsciente, essas imagens vão perdendo aos poucos sua individualidade para assumir os valores inconscientes da cavidade perfeita.

Como já assinalamos várias vezes, as imagens da profundeza polarizam sempre os mesmos interesses. Nesta estranha morada que é, em suas diversas tonalidades, casa, gruta, labirinto a qual Henri de Régnier conduz seu herói, Monsieur d'Amercoeur, reina *a mulher*: "Ela me parecia a flor desabrochada à entrada das vias subterrâneas e perigosas. Ela me parecia a fissura para o além por onde se precipitam as almas..." Assim todas as imagens de universo — a gruta é uma delas — expõem uma psicologia, e Henri Régnier escreve esta frase que encerra toda a síntese das imagens da profundeza: "Eu respirava a cavidade da espiral mágica."[9]

Diga-se de passagem que experimentamos uma certa dificuldade para reunir imagens tão diversas. É possível que haja nessa dificuldade aquela *proibição do profundo* que não escapou à perspicácia dos lingüistas. J. Vendryès observou que as palavras que expressam a profundeza por muito tempo foram marcadas com o signo mais pejorativo. Uma espécie de medo verbal nos detém quando pensamos no que dizemos, quando, no limiar da gruta, imaginamo-nos entrando nas "entranhas" da terra.

Em todo este capítulo quisemos manter nossa explanação na linha dos devaneios naturais, apoiando-nos sobretudo em imagens literárias que parecem brotar espontaneamente da pena dos escritores. Ter-nos-ia sido fácil, no entanto, multiplicar as referências à história das religiões. São muitos os documentos sobre os deuses das cavernas[10]. Mas se desejamos provar que os antros, os buracos, as cavidades e as grutas convidam o homem a devaneios específicos, não podemos sobrecarregar as nossas demonstrações com o exame de tradições totalmente ignoradas pela maioria dos sonhadores.

Se, aliás, pudesse ser fundada uma doutrina do *inconsciente constituído*, poderíamos pedir aos arqueólogos para manter um certo sincretismo das imagens. A gruta é uma morada. É a imagem mais clara. Mas exatamente por causa do apelo dos sonhos terrestres, essa morada é ao mesmo tempo a primeira e a última morada. Torna-se uma imagem da maternidade, da morte. O sepultamento na caverna é uma volta à mãe. A gruta é o túmulo natural, o túmulo preparado pela Mãe-Terra, a *Mutter-Erde*. Todos esses sonhos estão em nós e parece que a arqueologia poderia referir-se a eles. Pareceria então menos "paradoxal" que se possa ter falado do "túmulo de Zeus". Essa palavra *paradoxal* prova suficientemente que se consideram as lendas sob a luz da lógica, por mais aberto que se seja às realidades da vida religiosa. "Salta aos olhos", diz Rohde, "que, na lenda do túmulo do Zeus cretense, o 'túmulo' — que subs-

---
9. Henri de Régnier, *La canne de jaspe*, p. 60.
10. Cf., por exemplo, Rohde, *Psyché*, trad. fr. A. Reymond, pp. 93 ss.

titui simplesmente a caverna como lugar de morada eterna de um deus eternamente vivo — é uma expressão paradoxal, significando que esse deus está indissoluvelmente ligado a esse lugar. Isto naturalmente faz pensar nas tradições não menos paradoxais relacionadas ao túmulo de um deus em Delfos. Sob a pedra umbilical (*omphalos*) da deusa da Terra, no templo de Apolo, construção em forma de cúpula que lembra os túmulos mais antigos, estava sepultado um ser divino, que as fontes mais sérias dizem ser Píton, a adversária de Apolo..." Que um culto esteja assim *enraizado* num lugar particular, é certamente um tema que à história interessa estudar. Mas esse *enraizamento* nem sempre é uma simples metáfora. Por que então não dar atenção à síntese das imagens? Píton sob o *omphalos* da deusa da Terra não é uma síntese polivalente da vida e da morte?

Vemos pois a necessidade de estudar as lendas e os cultos no sentido dos devaneios naturais. Aliás, será que as lendas poderiam realmente ser transmitidas se não recebessem uma adesão imediata do inconsciente? Pelo inconsciente se estabelece uma ordem de verossimilhança que debilita qualquer aparência de paradoxo. A dialética da vida e da morte é então abafada em proveito de um estado sintético. O herói sepultado vive nas entranhas da Terra, uma vida lenta, adormecida, mas eterna.

Quando explorarmos uma nova linha de imagens terrestres em nosso capítulo sobre a serpente, veremos sem surpresa uma outra síntese que transforma freqüentemente os heróis sepultados em serpentes. É o que diz Rohde (p. 113): "Ereteu habita, eternamente vivo, uma cripta profunda desse templo, em forma de serpente, como os outros espíritos da terra." Assim, uma espécie de destino das imagens leva a atribuir uma eternidade aos seres terrestres. Veremos posteriormente que a serpente tem, nas lendas, privilégios de longa vida, não só pelo símbolo claro do Uróboro (a serpente que morde a própria cauda), mas também de forma ainda mais material, mais substancial.

Assim a gruta acolhe sonhos cada vez mais terrestres. Morar na gruta é começar uma meditação terrestre, é participar da vida da terra, no próprio seio da Terra maternal.

CAPÍTULO VII

O LABIRINTO

> O peso das paredes fecha todas as portas.
> PAUL ELUARD,
> *Poésie ininterrompue*

I

Um estudo completo da noção de labirinto deveria levar em conta problemas bem diferentes, pois essa noção estende-se tanto à vida noturna quanto à vida diurna. E, naturalmente, tudo o que a vida clara nos ensina mascara as realidades oníricas profundas. O desnorteamento de um viajante que não encontra seu caminho nas veredas de um campo, o embaraço de um visitante perdido numa grande cidade parecem fornecer a matéria emotiva de todas as angústias do labirinto dos sonhos. Nessa perspectiva, bastaria intensificar os aborrecimentos para haver angústia. Mais um pouco e faríamos uma planta do labirinto de nossas noites, tal como o psicólogo, com divisórias em ziguezague, constrói um "labirinto" para estudar o comportamento dos ratos. E, continuando a seguir o ideal de intelectualização, muitos arqueólogos pensam ainda que tornariam mais fácil a compreensão da lenda se reencontrassem as plantas da construção de Dédalo. Mas, por mais úteis que sejam as pesquisas dos fatos, não há boa arqueologia histórica sem uma arqueologia psicológica. Todas as obras claras têm uma margem de sombra.

As fontes da experiência labiríntica são portanto ocultas, as emoções que essa experiência implica são profundas, primárias: "Transpomos a emoção que barra o caminho." (Reverdy, *Plupart du temps*, p. 323) Aqui também, cumpre colocar antes da imaginação das formas, antes da geometria dos labirintos, uma imaginação dinâmica especial e mesmo uma imaginação material. Em nossos sonhos, somos às vezes uma matéria labiríntica, uma matéria que vive estirando-se, perdendo-se em seus próprios desfiladeiros. Convém portanto colocar as perturbações inconscientes antes dos embaraços da consciência clara. Se fôssemos imunes à angústia labiríntica, não ficaríamos nervosos na esquina de uma rua por não encontrar nosso caminho. Todo labirinto tem uma *dimensão inconsciente* que devemos caracterizar. Todo embaraço tem uma *dimensão angustiada*, uma profundidade. É essa dimensão angustiada que nos devem revelar as imagens tão numerosas e monótonas dos subterrâneos e dos labirintos.

Devemos sobretudo compreender que o sonho de labirinto, vivido em um sono tão especial que poderíamos chamar, para resumir, de sono labiríntico, é uma *ligação* regular de impressões profundas. Ele pode fornecer um bom exemplo dos arquétipos evocados por C. G. Jung. Robert Desoille precisou essa noção de arquétipo. Disse que se compreenderia mal um arquétipo fazendo uma simples e única imagem dele. Um arquétipo é antes uma *série* de imagens "resumindo a experiência ancestral do homem diante de uma *situação típica*, isto é, em circunstâncias que não são particulares a um só indivíduo mas que podem impor-se a qualquer homem..."; caminhar no bosque escuro ou na gruta tenebrosa, perder-se, estar perdido são situações típicas que proporcionam inumeráveis imagens e metáforas na atividade mais clara do espírito, conquanto na vida moderna as experiências reais desse tipo sejam no fim das contas muito raras. Amando tanto as florestas, não me lembro de ter me perdido nelas. Temos medo de nos perder, sem jamais nos termos perdido.

E que estranha concreção da linguagem nos faz empregar a mesma palavra para dar duas experiências tão diversas: perder um objeto, perdermo-nos a nós mesmos! Como deixar de perceber que certas palavras estão carregadas de complexos? O que expressará as perspectivas do *estar perdido*? Será o anel, ou a felicidade, ou a moralidade? E quanta consistência psíquica quando é o anel *e* a felicidade *e* a moralidade! Assim também, no labirinto, o ser é ao mesmo tempo sujeito e objeto conglomerados em *estar perdido*[1]. É esta situação típica do *estar perdido* que revivemos no sonho labiríntico. *Perder-se*, com todas as emoções que isso implica, é portanto uma situação manifestamente arcaica. À menor complicação — concreta ou abstrata — o ser humano pode achar-se de novo em tal situação. "Quando caminho num lugar escuro e monótono", diz George Sand, "eu me interrogo e me questiono..." (*La Daniella*, t. I, p. 234) Em compensação, certos seres pretendem ter o sentido da orientação. Convertem isso em motivo de uma gloríola que mascara talvez uma ambivalência.

Em suma, nos nossos sonhos noturnos, retomamos inconscientemente a vida de nossos antepassados viajantes. Já disseram que no homem "tudo é caminho"; se nos referimos ao mais remoto dos arquétipos, cumpre acrescentar: no homem tudo é caminho perdido. Vincular sistematicamente o sentimento de estar perdido a todo caminhar inconsciente é encontrar o arquétipo do labirinto. Andar com dificuldade no sonho é estar perdido, é viver o infortúnio do estar perdido. Partindo do simplíssimo elemento de um caminho difícil, faz-se uma síntese dos infortúnios. Se fizermos uma análise mais perspicaz sentiremos que estamos perdidos ao dobrar qualquer esquina, que nos angustiamos ao menor estreitamento. Nos porões do sono, sempre nos estiramos: suavemente ou dolorosamente.

Compreenderemos melhor certas sínteses dinâmicas se considerarmos as imagens claras. Assim, na vida acordada, seguir uma longa passagem estreita ou encontrar-se numa encruzilhada determinam duas angústias de certo modo complementares. Podemos mesmo libertar-nos de uma pela outra. Entremos nesse estreito caminho, pelo menos não hesitaremos mais. Voltemos à encruzilhada, pelo menos não seremos mais arrastados. Mas o pesadelo do labirinto engloba essas duas angústias e o sonhador vive uma estranha hesitação: *ele hesita no meio de um caminho único*. Ele se torna

---

[1]. No início de seu romance *América*, Kafka apresenta essa implicação do objeto perdido e do visitante perdido. Para encontrar um guarda-chuva esquecido, ele esquece sua mala e se perde nos corredores "cuja direção mudava a todo instante" no ventre de um transatlântico. Assim, já no desembarque na América, o viajante começa uma vida labiríntica que o levará a uma situação cada vez mais complicada socialmente. Todo sofrimento real é avalanche de infortúnios. Cf. "Signification de Kafka", em *Connaître*, n.º 7, por Paul Jaffard.

matéria hesitante, uma matéria que subsiste hesitando. A síntese que é o sonho labiríntico acumula, ao que parece, a angústia de um passado de sofrimento e a ansiedade de um porvir de infortúnios. O indivíduo fica preso entre um passado bloqueado e um futuro obstruído. Fica aprisionado num caminho. Enfim, estranho fatalismo do sonho de labirinto: volta-se às vezes ao mesmo ponto, mas jamais se volta para trás.

Trata-se pois de uma vida arrastada e sofrida. É mister revelar suas imagens por seu caráter dinâmico, ou melhor, é mister mostrar como um movimento difícil provoca imagens contrastantes. Vamos tentar isolar algumas. Apresentaremos a seguir algumas observações sobre os mitos relacionados com antros como o antro de Trofônio. E procuraremos no final trazer alguma luz a essa zona intermediária em que se unem as experiências do sonho e as experiências da vida desperta. É sobretudo aí que se formam as imagens literárias que nos interessam mais de perto.

II

O pesadelo tem sido caracterizado freqüentemente como um peso sobre o peito de quem dorme. O sonhador sente-se esmagado e debate-se sob o peso que o esmaga. Naturalmente, a psicologia clássica, inteiramente voltada para seu positivismo da experiência clara, procura saber qual é o objeto que esmaga: o acolchoado ou o cobertor? Ou quem sabe algum alimento "pesado"? O higienista que proíbe carne à noite esquece que o *alimento pesado* não é senão a metáfora do *peso de uma digestão*. Um organismo que sabe digerir e gosta disso jamais sofreu de semelhante "peso": felizmente, há estômagos cheios que conhecem bons sonos.

Portanto, as causas ocasionais do sonho têm muito pouco interesse. É preciso considerar o sonho em sua *produção* de imagens e não num recebimento de impressões, pois precisamente no sonho não há um verdadeiro recebimento de impressões. O sonho labiríntico é muito favorável a esse estudo porque a dinâmica do sonho adere à sua produção de imagens. E o labirinto é apenas a história dessa produção. É oniricamente típico: é feito de acontecimentos que se alongam, que se fundem, que se curvam. Por isso o labirinto onírico não tem ângulos; tem apenas inflexões, e inflexões profundas que envolvem o sonhador como se ele fosse uma *matéria sonhante*[1a].

Cumpre pois, uma vez mais, que o psicólogo disposto a compreender o sonho perceba a inversão do sujeito e do objeto: não é porque a *passagem é estreita* que o sonhador sente-se *comprimido* — é por estar angustiado que o sonhador vê o caminho *se estreitar*. O sonhador ajusta imagens mais ou menos claras em devaneios obscuros, mas profundos. Assim, no sonho, o labirinto não é visto nem previsto, não se apresenta como uma perspectiva de caminhos. É preciso vivê-lo para vê-lo. As contorções do sonhador, seus movimentos contorcidos na matéria do sonho, têm *por esteira um labirinto*. Só depois, no sonho narrado, quando o adormecido retornou à terra dos clarividentes, quando se exprime no reino dos objetos sólidos e definidos, é que falará de caminhos complicados e de encruzilhadas. De uma maneira geral, a psicologia do sonho lucraria em bem distinguir os dois períodos do sonho: o sonho vivido e o sonho narrado. Compreender-se-iam melhor certas funções dos mitos. Assim, se nos permitem jogar com as palavras, podemos dizer que o fio de Ariadne é o fio do discurso. Ele é da ordem do sonho narrado. É um fio de volta.

Na prática da exploração de cavernas complicadas, é costume desenrolar um fio que guiará o visitante em sua viagem de volta. Bosio, querendo visitar as catacumbas debaixo da via Ápia, mune-se de um novelo de fio bastante grande para guiar uma viagem de vários dias debaixo da terra. Graças à simples marca do fio desenrolado, o visitante tem confiança, está seguro de voltar. Ter confiança é a metade da descoberta. É essa confiança que o fio de Ariadne simboliza.

> *Um fio numa das mãos e na outra uma tocha,*
> *Ele entra, confia-se aos arcos numerosos*
> *Que cruzam em todos os sentidos os caminhos tenebrosos;*
> *Ele gosta de ver esse lugar, sua triste majestade,*
> *Esse palácio da noite, essa sombria cidade*

escreve o abade Delille a propósito do labirinto das catacumbas.

[1a]. Em muitos aspectos, a intuição de uma duração profunda, de uma duração contínua vivida em profundidade, é a explicitação de uma duração labiríntica. Essa intuição valorizada pela intimidade acompanha-se normalmente de um desinteresse por uma descrição geométrica. Viver intimamente uma duração é vivê-la no recolhimento, com olhos semicerrados, olhos fechados, já no mergulho dos grandes sonhos.

Há uma diferença muito grande entre o sonho da parede que barra o caminho e o sonho do labirinto em que há sempre uma fissura: a fissura é o começo do sonho labiríntico. A fissura é estreita, mas o sonhador insinua-se nela. Pode-se mesmo dizer que no sonho toda fissura é uma sedução de insinuação, toda fissura é uma solicitação para um sonho de labirinto. Na prática do sonho acordado, Robert Desoille costuma pedir ao sonhador que se insinue por uma fenda estreita, num estreito vão entre duas paredes de basalto. Esta é, com efeito, uma imagem ativa, uma imagem onírica natural. O sonho não formula uma clara dialética em que é preciso que uma porta seja aberta ou fechada, pois o sonho de labirinto consiste afinal em uma série de portas entreabertas. Essa possibilidade de se insinuar por inteiro na menor fenda é uma nova aplicação das leis do sonho, que aceitam a mudança de dimensões dos objetos. Norbert Casteret descreve a técnica de paciência e calma empregada pelo explorador de cavernas para se insinuar em frestas muito estreitas. A lentidão é uma necessidade nesse exercício real; o conselho de lentidão de Casteret equivale portanto a uma espécie de psicanálise das angústias arcaicas do labirinto. O sonho conhece instintivamente essa lentidão. Não há sonho labiríntico rápido. O labirinto é um fenômeno psíquico da viscosidade. É a consciência de uma massa dolorosa que se estica suspirando.

Às vezes, porém, a matéria que sonha em nós é mais fluida, menos apertada, menos oprimida, mais feliz. Há labirintos onde o sonhador já não se esforça, onde já não é animado pela vontade de se estirar. Por exemplo, o sonhador é simplesmente levado por rios subterrâneos. Esses rios têm as mesmas contradições dinâmicas que o sonho do labirinto. Eles não correm com regularidade, têm corredeiras e meandros. São impetuosos e sinuosos, pois todo movimento subterrâneo é curvo e difícil. Mas como o sonhador é *levado*, como abandona-se sem vontade, esses sonhos de rios subterrâneos deixam menos vestígios; só encontramos pobres relatos deles. Eles não oferecem essa experiência de angústia primitiva que marca um sonhador circulando à noite por estreitos desfiladeiros. É preciso um grande poeta como Blake para *ver* essas correntes subterrâneas, submarinas[1b]:

1b. Citado por Swinburne, *Fontaine*, nº 60, p. 233.

> *Veremos, enquanto as ondas*
> *Rugirem e rodopiarem sobre nós,*
> *Um teto de âmbar,*
> *Um piso de pérola.*

Em resumo: o labirinto é um *sofrimento primário*, um sofrimento da infância. Será um traumatismo de nascimento? Será, ao contrário, como acreditamos, um dos traços mais nítidos de um arcaísmo psíquico? O sofrimento imagina sempre os instrumentos de sua tortura. Por exemplo, poderemos fazer a casa mais iluminada, mais livre, mais acolhedora possível, certas angústias infantis acharão sempre uma porta estreita, um corredor um pouco escuro, um teto um pouco baixo, para transformá-los em imagens do estreitamento, imagens de uma física da opressão, de um subterrâneo.

Assim vem a opressão. Sentiremos como ela se acumula lendo estes versos de Pierre Reverdy (*Plupart du temps*, p. 135):

> *Uma sombra no ângulo do corredor estreito se mexeu,*
> *O silêncio corre ao longo da parede,*
> *A casa se comprime no canto mais sombrio.*

Em *Le conte de l'or et du silence* (p. 214), Gustave Kahn condensa nos corredores as luzes incertas: "Os longos corredores estremecem e tiritam entre suas paredes espessas, luzes avermelhadas e raras vacilam, vacilam sempre, lançam-se para trás como para se afastar de algo invisível." Os labirintos sempre têm um leve movimento que prepara uma náusea, uma vertigem, um mal-estar para o sonhador labirintado.

Essas imagens das infelicidades da infância, nós as evocamos depois com tanta saudade que elas se tornam ambivalentes. Por mais simples que sejam, são dramáticas, são dolorosamente terrestres. Parece que muitas páginas de um Luc Estang, por exemplo, vivem dessa saudosa lembrança dos sofrimentos imaginados na infância. Léon-Gabriel Gros inicialmente se espanta — as causas reais são tão frágeis! — mas logo compreende que é preciso julgar as imagens das primeiras angústias *em profundidade*[2]: "Assaz paradoxalmente num sentido, mas também muito logicamente para

---

2. Léon-Gabriel Gros, *Présentation de poètes contemporains*, p. 195.

quem quer que se reporte a certas lembranças, Luc Estang associa quase sempre à idéia da infância a de uma angústia mais ou menos confessa. Ele se compraz em evocar essas velhas casas familiares das quais já não queremos reter senão a doçura, mas que outrora nos assustaram: 'Medo: os corredores eram povoados de mãos obscuras.' "[3] Síntese de pavores em que o inumano está ligado ao humano, onde o corredor *obscuro* nos esmaga com suas mãos *frias*!

Aliás, não faltam ocasiões em que os conceitos unem-se às imagens primárias. Circulando em Paris, uma personagem de Paul Gadenne (*Le vent noir*, p. 136) vai nos indicar essa recorrência à imagem afetiva a partir do conceito gasto. No bairro onde se encontra o transeunte, as ruas tinham "nomes pesados e tristes. Elas próprias tinham sonoridades de túneis, de cavernas". Assim, tudo se junta, mesmo o nome das ruas, para *dar corpo* à menor impressão labiríntica, para transformar a rua em túnel, a encruzilhada em caverna. Depois, o transeunte se entedia. Entediar-se e andar pelas ruas, isso basta para *se perder* nos sonhos e para *perder* o caminho. "Essas ruas sempre haviam sido para Luc menos ruas do que passagens, corredores onde não se habita... Ele trazia a imagem da encruzilhada em si como um coração vermelho." No cruzamento das ruas vive-se uma emoção, nele o sangue reflui como num coração inquieto; a metáfora torna-se assim uma realidade íntima. Seguindo o sonhador errante de Gadenne, reencontramos as "ruelas da Cidade-Sofrimento" de Rilke (10ª Elegia de Duíno).

Que delícia de leitura é encontrar assim uma página que estabelece um vínculo exato entre as sensações externas e as impressões morais, dando a prova de que os sonhos se enquadram no real com uma espécie de fatalidade da imagem!

Outras ruas de *Vent noir* [Vento negro] se mostram como labirintos de fiel onirismo, "A rua Laffitte, sinistra entre paredes de banco como uma trincheira de granito." Uma outra rua (p. 155) é "uma estreita entrada de porto", e os pequenos cafés que a ladeiam são outras tantas "cavernas". Palavra que ressoa em dois registros, como um nome de tabuleta e, ainda assim, dado o contexto, como uma realidade marinha.

---

3. Mesmo em demolição, os corredores evocam as mãos tateantes: "Pobreza dos corredores demolidos. Que criatura servil pensaria que uma picareta pudesse tão facilmente vencer as pedras, entretanto dispostas em cúpula ao redor das mãos que buscam?" (René Guilly, *L'oeil inverse*, *Messages*, 1944).

Num sonho relatado por André Bay (*Amor*, p. 11) a imagem dinâmica da rua estreita sonhada como um labirinto passa por uma inversão interessante. O sonhador fica "fixo no meio das casas que deslizavam". Esse relativismo da imagem dinâmica é uma verdade onírica muito observada. Invertendo os elementos da mobilidade, tal sonho nos oferece uma síntese da vertigem e do labirinto. Há uma troca de perturbação entre o sujeito e o objeto.

III

Vamos tentar colocar um contexto onírico em torno da tradição do antro de Trofônio. Antes, examinaremos sua descrição num livro escrito por um espeleólogo eminentemente positivista. Não nos será difícil, de permeio, mostrar que a descrição geográfica e histórica não segue as articulações oníricas do mito.

Adolphe Badin, em seu livro *Grottes et cavernes* (pp. 58-59), escreve: "No interior do recinto, uma abertura em forma de forno, construída com muita arte e regularidade, permitia ao corajoso explorador insinuar-se no antro." Essa entrada, por si só, já requer alguns comentários. A fenda horizontal dá origem a inúmeros sonhos. Não é sem razão que se fala da "boca do forno". Não tardaremos a reconhecer que o consultante do oráculo é "engolido" pelo abismo. O medo alongado, alongante, que se estica e foge! A descrição continua: "Não havia escada para descer, era preciso contentar-se com uma estreita e frágil escada de mão disposta para essa finalidade." Essa *estreiteza* da escada de mão é certamente *acréscimo* de um narrador. Como acontece freqüentemente, o relato objetivo quer transmitir *impressões*. Tão logo se entra na sombra misteriosa, é preciso que comece a *impressão de insegurança*. O narrador dirá portanto que "a escada de mão é estreita e frágil". Mais um pouco e diria que ela treme. Sentimos, com esses simples acréscimos, que estamos diante de uma geografia *narrada* na qual o universo do discurso acrescenta-se ao universo das coisas.

"Na base da escada havia, entre o solo e o edifício, um buraco muito estreito, no qual se punham os pés deitando-se no chão e segurando em cada mão um bolo cheio de mel." Cumpre lembrar que a caverna de Trofônio fora descoberta ao se seguirem abelhas, cujo refúgio tem freqüentemente um caráter terrestre. Nos sonhos, a colméia é muitas vezes subterrânea. Tendo-se entrado até os joelhos na abertura, o corpo era arrastado "com a mesma violência e rapidez que um homem é arrastado por esses redemoinhos formados pelos rios mais rápidos e caudalosos". Aqui, desejamos mostrar como seria mais poderosa uma referência a *experiências oníricas*. Arrastado pelos rios "mais rápidos e caudalosos", eis uma experiência realmente pouco comum, pouco vivida! Como seria mais sugestiva uma referência à vida noturna, a um arrastamento por um rio subterrâneo, por esse rio da noite que quase todos nós já experimentamos no sono! Todos os grandes sonhadores, todos os poetas, todos os místicos conhecem essas águas subterrâneas e silenciosas que nos arrebatam por inteiro. "A noite", diz Henri Michaux[4], "contrariamente ao que eu acreditava, é mais múltipla que o dia e se encontra sob o signo dos *rios subterrâneos*." São esses rios subterrâneos que Coleridge o Sonhador encontra nesta experiência de poesia noturna, formulada no próprio sonho:

> *Onde Alph, o rio sagrado, corria*
> *Por cavernas insondáveis ao homem*
> *Em direção a um mar sem sol.*

Desde que se aceitasse reportar certos elementos do real a sonhos profundos, certas experiências psicológicas adquiririam perspectiva profunda. No antro de Trofônio vive-se um sonho. O real deve ajudar a viver um sonho. A realidade é aqui inteiramente noturna, tenebrosa. Descer ao centro é ser arrastado por um rio negro no labirinto obscuro. Quem conta essa aventura deve guardar um vínculo estreito com o psiquismo noturno e subterrâneo. É no sonho que se apresenta normalmente a categoria dinâmica de *arrastamento total*. Nesse aspecto, as experiências reais são pobres, raras, fragmentárias. Portanto, é do lado onírico que a prova do antro de Trofônio encontraria comparações esclarecedoras. O consultante do oráculo, cheio de sonhos, tornou-se o bolo alimentar do abismo.

As vozes que se ouviam no antro apresentavam por sua vez uma grande variedade. Aqui também, parece que a preparação

---
4. Henri Michaux, *Au pays de la magie. Morceaux choisis*, p. 273.

onírica do consultante deve ser considerada antes de tudo, se quisermos compreender essa variedade. "Uma vez atingido o fundo do antro secreto", diz A. Badin, "nem sempre se conhecia o futuro da mesma maneira; com efeito, ora via-se o que haveria de acontecer, ora ouvia-se uma voz grave e terrível que pronunciava palavras proféticas; a seguir tornava-se a subir pela abertura utilizada para descer, os pés saindo em primeiro lugar."

Tudo indica que a consulta subterrânea fosse uma consulta solitária. Como um sonhador que retornou à luz, como um sonhador saindo do sono, o consultante pedia aos sacerdotes para interpretarem as mensagens confusas das potências subterrâneas. "Os sacerdotes assenhoreavam-se novamente do visitante e, após tê-lo colocado no chamado trono de Mnemósine*, que ficava a pouca distância do antro secreto, interrogavam-no sobre o que havia visto." Seria diferente se os sacerdotes tivessem de interpretar um sonho, um grande sonho negro da imaginação terrestre, uma aventura do labirinto onírico?

Desse pesadelo, costumava-se sair "completamente assombrado e irreconhecível". "Pausânias acrescenta estas palavras", diz Badin, "que são apenas em parte tranqüilizadoras: Mais tarde recuperá-se no entanto a razão assim como a capacidade de rir." Tais provas eram tão temíveis que se dizia de alguém com aspecto sério e preocupado: "Saiu da caverna de Trofônio." Para marcar o indivíduo tão profundamente, é preciso que uma aventura se prenda a marcas *inconscientes*, vincule-se a pesadelos reais, aos pesadelos que encontram a realidade psíquica arcaica.

Compreenderemos melhor a inaptidão de um explorador positivista para conhecer o lugar dos mitos se acompanharmos Adolphe Badin em sua visita. Diz ele que existe perto da caverna antiga uma capela, que continua "a ser visitada por alguns cristãos que se insinuam ali dentro num cesto preso à corda de uma polia. Essa gruta está repleta de nichos próprios para receber estátuas e oferendas; mas já não se vê a abertura por onde desciam os peregrinos, nem a porta secreta por onde os sacerdotes introduziam os instrumentos de sua fantasmagoria". Adolphe Badin não coloca em discussão essa tese simplista de sacerdotes prestidigitadores. Viajante também pouco aberto ao verdadeiro sentido dos mitos, de

---

* A deusa da memória e mãe das Musas. (N. T.)

Pouqueville pronuncia o mesmo juízo rápido. Para esse viajante, a topografia parece substituir o sentido da paisagem e sobretudo extinguir todas as tonalidades históricas.

Mesmo escritores que cultivam o maravilhoso podem ser vítimas da racionalização. Por exemplo, Eliphas Lévi (*Histoire de la magie*) vê nas práticas do antro de Trofônio os vestígios de uma psiquiatria homeopática. Segundo ele, eram levados ao antro homens que sofriam de alucinações. As alucinações muito mais violentas que viam no abismo os curavam: "As vítimas arrepiavam-se ao lembrar e jamais ousavam falar de evocações e fantasmas." Assim, da maneira que se fala hoje de um eletrochoque, Eliphas Lévi considera a ação salutar de um fantasma-choque como se um pequeno medo, um medo insidioso, fixado no inconsciente, pudesse ser curado por um medo mais claro!

Talvez seja este medo salutar que se quer propiciar a tantos iniciados nos cultos secretos. Já nos referimos alhures à teoria de Stilling, exposta em *Heimweh* [Saudade], em que o iniciado submete-se a quatro iniciações relativas aos quatro elementos[5]. Mas o *caminho* dessas iniciações tão diferentes é sempre um labirinto. George Sand, em seu romance *La comtesse de Rudolstadt* (t. II, p. 194), retorna ao labirinto onde Consuelo descobre os mistérios do castelo. Desta vez, trata-se claramente de uma iniciação maçônica, e George Sand exprime-se assim: "Aquela que desceu sozinha na cisterna das *lágrimas*... saberá facilmente atravessar as entranhas de nossa pirâmide." Toda iniciação é uma prova de solidão. Não há maior solidão do que a solidão do sonho labiríntico.

Com um positivismo que se limita às experiências reais como o de Pouqueville, ou com um utilitarismo psicologicamente ingênuo como o de Eliphas Lévi, esquece-se o positivismo dos fenômenos inconscientes. Como então justificar esse estado de terror em que nos mergulha a permanência numa paisagem rochosa, cheia de fendas, com longos e estreitos corredores subterrâneos? *Ter medo* é uma situação primária que cumpre sempre saber traduzir objetivamente e subjetivamente. O calabouço é um pesadelo e o pesadelo é um calabouço. O labirinto é um calabouço alongado e o corredor dos sonhos é um sonhador que se insinua e se alonga.

---

5. O herói de *Heimweh* entra inicialmente no corpo de um crocodilo. Esse corpo revela-se a seguir como uma simples máquina. Mas o caráter do Jonas de iniciação é bastante aparente

Na vida desperta, o indivíduo que se insinua na fenda tenebrosa encontra impressões do sonho. Nessa façanha, consciência onírica e consciência clara se aproximam, se misturam. Muitos mitos realizam essa unidade. Abafar-lhes as ressonâncias oníricas, como o fazem tantos espíritos claros, é mutilar a interpretação deles.

IV

Compreenderíamos melhor a experiência imaginada do labirinto se nos lembrássemos de um dos princípios da imaginação (princípio, aliás, válido para a intuição geométrica): *a imagem não tem dimensões definidas; a imagem pode passar sem dificuldade do grande para o pequeno.* Quando um paciente de Desoille (*Le rêve éveillé en psychothérapie*, p. 64) diz que sobe num tubo filiforme da espessura de um cabelo, "ele sente necessidade de discutir essa imagem"; "devo confessar que não me sinto muito à vontade, pois ter uma caixa torácica com a espessura de um cabelo não permite que o ar circule facilmente. Esta subida portanto me sufoca; mas todo trabalho não comporta sua dificuldade? Meu caminho já está florescendo. Diante de mim está a flor, recompensa de meus esforços. Oh! ela espeta um pouco e está seca, é a flor das sarças, espinhosa e sem aroma, mas ainda assim uma flor, não é?" A mistura de vida intuitiva e vida comentada prejudica aqui a força imaginante. A simples expressão *caixa torácica* basta para designar um relato *repensado*. O devaneio não encontraria uma *caixa* (ainda que fosse a caixa torácica) sem entrar nela. Do mesmo modo, o *não é* final é uma necessidade de aprovação, alheia ao próprio sonho. O paciente quer se ver em cumplicidade de fabulação. Mas no momento em que a fabulação pretende se justificar, ela perde seu impulso. E acreditamos que o método do sonho acordado deve afastar as *explicações* que quebram amiúde as linhas de imagens. Aqui, a seiva labiríntica é vivenciada como uma gota que se torna flor, o sonhador sente-lhe o estiramento nos estreitos canais. Trata-se de um sonho bastante comum apesar de seu absurdo dimensional. Um labirinto do qual se sai, no mais das vezes, ao se dilatar, floresce. Em seu livro *La fin de la peur* [O fim do medo] (p. 99), Denis Saurat apresenta alguns sonhos de labirinto. Ele observa com razão que temos muita dificuldade para sair da passagem estreita mas sempre nos saímos bem, e muitas vezes temos vontade de recomeçar.

V

Nestas poucas páginas, quisemos apenas chamar a atenção para a necessidade de reconstituir a atmosfera onírica para julgar impressões excepcionais, vividas em uma rara exploração do real. Devemos agora voltar ao nosso propósito principal e mostrar como a imaginação literária procede para suscitar o devaneio labiríntico.

Mostraremos dois labirintos literários, um labirinto *duro* extraído da obra de Huysmans e um labirinto *mole*, tirado da obra de Gérard de Nerval. Cada psiquismo transmite suas próprias características a uma imagem fundamental. É essa contribuição pessoal que torna os arquétipos vivos; cada sonhador repõe os sonhos antigos em uma situação pessoal. Assim se explica por que um símbolo onírico não pode receber, em psicanálise, um sentido único (cf. Ania Teillard, *Traumsymbolik*, p. 39). Há portanto certo interesse em dialetizar os símbolos. A grande dialética da imaginação material, *duro e mole*, é muito favorável para a dialetização dos símbolos. Acreditamos que as duas imagens extremas que vamos mostrar enquadram todos os valores simbólicos do labirinto.

Vejamos inicialmente o *labirinto duro*, de paredes petrificadas, que condiz com a poética material geral de Huysmans. Esse labirinto duro é um labirinto que fere. Ele se diferencia do labirinto mole em que sufocamos[6]. "Ele resolveu se esgueirar pelos atalhos do Haemus (lembremos que Haemus é uma montanha da Lua, explorada por um sonhador), mas tropeçava com Louise a cada passo, entre duas muralhas de esponjas lapidificadas e de coque branco, sobre um solo verrugoso, intumescido de bolhas endurecidas de cloro. Depois eles se acharam diante de uma espécie de túnel e tiveram de soltar os braços e caminhar, um atrás do outro, naquela estreita galeria semelhante a um tubo de cristal..." Nesse texto, a síntese de imagens contraditórias prolifera, desde o coque branco até a *estreita galeria de cristal*. Basta abreviar as imagens e dizer estreita galeria de cristal em vez de estreita galeria semelhante a um tubo de cristal, retirando-se as funções gramaticais da comparação, para mostrar que as imagens reúnem o mundo da vida do sonho (estreita galeria) e o mundo da vida acordada (cristal).

---

6. Huysmans, *En rade* (*passim*).

Notemos por outro lado que no labirinto o sonhador solta a mão de sua companheira, ele é entregue à solidão do estar perdido. Mas, após a dificuldade, vem a alegria, e talvez seja interessante assinalar que o estreito desfiladeiro, de paredes tão desumanas, desemboca "no Mar da Tranqüilidade, cujos contornos simulam a branca imagem de um ventre marcado com um umbigo pelo Jansen (outra montanha da Lua), sexuado como uma menina pelo grande *V* de um golfo, bifurcado em duas pernas afastadas de pés tortos pelos mares da Fecundidade e do Néctar" (p. 107). Podemos nos perguntar se um autor que escreve *depois de Freud* se ofereceria tão ingenuamente à investigação psicanalítica. *Depois de Freud*, para um autor que conhece pouco ou muito a psicanálise, tais imagens corresponderiam a uma ostentação de desrecalque. Atualmente, se um autor quer ocultar alguns de seus fantasmas, é-lhe necessário de algum modo um outro grau de recalque. Em suma, a dialética de ostentação e dissimulação que resume a arte de escrever, muda de centro e torna-se mais aguda, mais difícil, mais retorcida, em função das luzes da psicanálise.

Em todo caso, ao ler páginas como a de Huysmans, nos damos conta da necessidade de enriquecer a crítica literária proporcionando-lhe referenciais oníricos. Não ver numa visão como a de Huysmans senão a busca de expressões raras e pitorescas, é desconhecer funções psicológicas profundas da literatura. Não basta tampouco evocar a tendência bem conhecida de ver num traçado geográfico perfis humanos. Certamente, para alguns escolares sonhadores, o mapa por fazer se assemelha aos grafites. Mas o devaneio escrito requer mais insistência, reclama uma participação maior em profundidade. As palavras não só desenham como também esculpem, e percebe-se bem que as páginas de Huysmans falam acima de tudo da dureza do desfiladeiro, sua forma não é retida senão em benefício de uma geografia da sexualidade.

Quando tivermos reconhecido que o labirinto, o desfiladeiro, o estreito corredor correspondem a experiências oníricas das mais comuns e das mais carregadas de sentido, compreenderemos que psiquismos particulares adquirem no relato de Huysmans um *interesse direto*. Com a página de Huysmans vem à tona um *texto primitivo* simples, dotado de uma variante um tanto rara: a *esponja lapidificada*. A esponja lapidificada, a esponja petrificada, encontra-se freqüentemente na prosa e nos poemas de Victor Hugo[7]. Sentida como parede do labirinto anguloso e que fere, a esponja de pedra corresponde a uma maldade especial, a uma *traição da matéria*. A esponja deveria ter maciez e plasticidade, deveria conservar seu caráter de matéria inofensiva. Mas de repente ela recebe todas as hostilidades da vitrificação. Traz uma contribuição ao *pessimismo material* de Huysmans. Como a carne que não alimenta, como o vinho que envenena[8], a esponja é traiçoeira. A dureza inesperada é a vontade do mal inserida na matéria. A imagem material *inesperada* é sempre ofensiva; não é esta a prova de que a imagem material é, de hábito, de extrema sinceridade?

Encontraremos, num sonho de *Aurélia*, as observações de um labirinto amenizado, que escapa às trevas absolutas para se desenhar em penumbras suavemente coloridas[9]: "Acreditei cair num abismo que atravessava o globo. Sentia-me arrastado sem sofrimento por uma corrente de metal fundido, e milhares de rios semelhantes, cujas cores indicavam as diferenças químicas, sulcavam o seio da terra como os vasos e as veias que serpenteiam entre os lobos do cérebro. Todos corriam, circulavam e vibravam assim, e tive o sentimento de que aquelas correntes eram compostas de almas vivas, em estado molecular, que só a rapidez dessa viagem me impedia de distinguir. Uma claridade esbranquiçada infiltrava-se pouco a pouco naqueles condutos, e vi finalmente alargar-se, com uma vasta cúpula, um horizonte novo onde havia ilhas cercadas de ondas luminosas. Encontrei-me num lado iluminado daquele dia sem sol." Observemos de imediato a diferença entre a química cristalina de Huysmans e a química fluente de Gérard de Nerval. A *veia colorida* corresponde a uma dinâmica rastejante, consciente de sua facilidade. Seu movimento cria de certo modo as paredes do *conduto*. O conduto tem sempre a dimensão exata da matéria que nele circula. Esse labirinto constantemente repleto é indolor, ao passo que o labirinto vazio não cessa de ferir o sonhador de Huysmans.

De um outro ponto de vista, poderíamos opor o labirinto de Huysmans ao de Gérard de Nerval. Huysmans *entra* no pesadelo,

---

7. Num desfiladeiro selvagem, Pierre Loti (*Vers Ispahan*, p. 47) observa "esses estranhos rochedos crivados", semelhantes "a colossais esponjas negras".
8. Fizemos o levantamento dos *maus vinhos* na obra de Huysmans e constatamos que apenas um delicado vinho de Aube (*Les Riceys*) escapava aos vícios literários.
9. Gérard de Nerval, *Aurélia*, ed. Corti, IV, p. 19.

Nerval *sai* do pesadelo. Nerval nos faz viver uma aurora cerebral que vai pôr fim à vida onírica, o labirinto se dilata. A claridade nascente vem preparar a volta à vida.

É muito surpreendente, aliás, que as últimas linhas de *Aurélia* façam a aproximação explícita do sonho do labirinto à descrição de uma descida aos infernos. Essa aproximação, que os novos conhecimentos da psicologia onírica tornaram familiar aos psicanalistas, prova bem que "a descida aos infernos" é um acontecimento *psicológico*, uma realidade psíquica normalmente ligada ao inconsciente. Debaixo da elevada casa psíquica, há em nós um labirinto que conduz ao nosso inferno: "Todavia", diz Gérard de Nerval ao concluir seu belo livro, "sinto-me feliz com as convicções que adquiri, e comparo esta série de provações que atravessei com aquilo que, para os antigos, representava a idéia de uma descida aos infernos."

VI

Entre o labirinto duro de um Huysmans e o labirinto cheio de facilidades de um Nerval, encontraremos facilmente muitos intermediários. Michel Leiris, por exemplo, em seus inúmeros labirintos de carne e de pedra, nos dará a curiosa impressão de um desfiladeiro que endurece. Em *Le point cardinal*, por exemplo, o sonhador nada em uma água que se esfria (p. 61). Ele se "choca" então "com correntes singulares". Ele "bate" contra peixes "com nadadeiras cortantes", "os crustáceos o ferem com suas carapaças". A água primitivamente acolhedora em sua tepidez vai adquirindo aos poucos a hostilidade, e eis o sonhador entrando no labirinto endurecido: "Mais tarde, as águas se esfriaram ainda mais. Parecia-me ter de vencer uma resistência muito maior, devendo me deslocar em um elemento cada vez mais viscoso: não era num rio que eu nadava, mas na terra, entre as camadas estratificadas. O que eu tomara por espuma era apenas musgo de cristais, e as algas que me oprimiam, marcas fósseis de samambaias numa jazida carbonífera. Minhas mãos, para abrir uma passagem, tinham que afastar espessuras incalculáveis de minerais; eu deslizava entre areias auríferas e minhas pernas cobriam-se de argila. Em meu corpo deviam estar impressas, até as últimas ramificações de suas nervuras, todas as formas de pedras e vegetais. Eu havia esquecido tudo..."

O pesadelo estratifica-se ainda mais até dar ao sonhador o tempo das pedras. "Lentidão e rapidez não tinham mais sentido para mim"; "deviam passar-se anos após cada uma de minhas braçadas". O labirinto de pedras petrifica o labirintado. Os desenhos exteriores do labirinto não só se imprimem no labirintado, mas trazem consigo a exigência de sua matéria. Vemos aqui, mais uma vez, a ação materialista das imagens, a ação sintética da imaginação. Todos os capítulos que fomos obrigados a isolar em nossa investigação sobre a imaginação material deveriam reunir-se ao final de seu desenvolvimento. Com Leiris, entramos no labirinto *petrificante*. Vivemos o mais próximo possível a dialética petrificante-petrificado.

"As pranchas da matéria fecharam-se ainda mais sobre mim, ameaçando transformar-me a boca em respiradouro..."[9a]

VII

Em suma, todo grande escritor individualiza as grandes imagens. Na loucura de *Aurélia* subsiste uma certa luz, nos infortúnios de Nerval subsiste uma gratidão por felicidades de adolescência, por felicidades de essencial inocência. Um sonhador como Pierre Loti acrescentará outras tonalidades ao labirinto. Na cripta de um templo egípcio (*La mort de Philae*, p. 203), ele percorre "longos corredores lembrando aqueles que, nos maus sonhos, poderiam se fechar para nos sepultar". Notemos de passagem essa referência da realidade ao sonho, o que prova bem que, para Loti, é através de sonhos típicos que se podem tornar sensíveis impressões excepcionais. Na verdade, as paredes da estreita passagem despertam no narrador uma camada de devaneios que não correspondem mais

---

[9a]. Rilke também, partindo de uma imagem semelhante à de Nerval, transforma-a num labirinto petrificante:
> *Talvez por ásperas montanhas eu circule*
> *em veias duras, sozinho como um minério,*
> *e tão profundamente que não vejo fim*
> *nem distância, tudo está ali, próximo,*
> *e tudo o que está próximo se torna pedra.*
> Cf. trad. fr. Chuzeville, *Livre d'heures*.

ao temor de ser sepultado. Estão esculpidas, diz Loti, "inumeráveis personagens... as mil representações da bela deusa empinando os seios que somos obrigados a roçar quando passamos, e que conservaram quase intactas as cores de carne aplicadas no tempo dos Ptolomeus". Não é sintomático que se possa reunir na mesma página o temor de roçar um seio e o temor de ser sepultado?![10]

Outros temperamentos reagirão pela violência, pela cólera, fazendo de certo modo explodir o labirinto. É com essa impressão de labirinto ao mesmo tempo duro e explodido que lemos os versos de Luc Decaunes (*A l'oeil nu*, p. 7):

> *Cercado pela noite subterrânea,*
> *Guiado pelos animais da rocha,*
> *Arranco meu peito do fogo infernal dos astros,*
> *Abro meu caminho à força de orgulho,*
> *E nos golpes precipitados de meus órgãos*
> *Tudo em volta soa como um sino,*
> *A paisagem voa com o ar de meu sangue.*

Parece que, "guiado pelos animais da rocha", o poeta leva seu explosivo ao fundo da sapa, e já não sente as feridas do mundo da dureza subterrânea. E eis o labirinto explodido.

Um outro poeta, com palavras acumuladas, com uma sintaxe como que recolhida em si mesma, conseguirá inserir de certo modo o labirinto no próprio verso, a tal ponto que um leitor sensibilizado sentirá o amor ferido, sofrendo nos arcanos de um coração, ao ler estes versos de Pierre-Jean Jouve (*Sueur de sang*, p. 45):

> *Ocupa os arcanos, canais e labirinto,*
> *Pilares, ramificações e ramos desse coração.*

Num outro poema, Jouve parece realizar a síntese do que dilacera e do que sufoca (p. 141):

> *O caminho de rochas é semeado de gritos sombrios,*
> *Arcanjos guardando o peso dos desfiladeiros.*

Às vezes a obra literária é como que esmagada por lembranças de leitura. George Sand certamente leu as narrativas de sub-

---

10. Tristan Tzara conhece também — mas sem sofrer como Loti — "os caminhos margeados de seios" (*L'antitête*, p. 120).

terrâneos de Anne Radcliffe. Ela se recusa a imitá-las, mas capítulos inteiros de *Consuelo* infligem ao leitor um longo percurso nas entranhas das montanhas, nas masmorras dos castelos (cf. t. I, p. 345; t. II, pp. 14-15). George Sand indica, aliás, com agudeza, a endosmose das leituras e dos sonhos: "Releiam", diz ela numa nota (t. III, p. 265), "um poema chamado *Les puits de l'Inde* [Os poços da Índia]; será uma obra-prima ou uma orgia de imaginação, conforme o leitor tiver ou não faculdades simpáticas às do poeta. Quanto a mim, confesso que fiquei horrivelmente chocada à leitura. Não podia aprovar aquela desordem e aquele excesso de descrição. Depois, quando fechei o livro, já não conseguia ver outra coisa em meu cérebro a não ser aqueles poços, aqueles subterrâneos, aquelas escadas e aqueles abismos por onde o poeta me fizera passar. Eu os via em sonho, os via acordada. Não conseguia mais sair deles, estava enterrada viva. Estava subjugada, e não quis mais reler aquele trecho por temor de descobrir que esse grande pintor, que esse grande poeta, não era um escritor sem defeitos." Tal sensibilidade por uma ordem determinada de imagens prova bem que essas imagens não são simplesmente de origem objetiva. Essas imagens têm vestígios profundos, são *vestígios*.

VIII

Por vezes a habilidade do narrador é tal que ele consegue fazer passar por realidade o que, de fato, na própria criação literária, pertence ao onirismo. Uma novela de Mérimée, *Djoumane*[11], é um bom exemplo dessa habilidade literária. Eis um rápido resumo.

Nas primeiras páginas, tudo é reunido para dar a impressão de uma aventura vivida, de um relato histórico, tipo *conquista da Argélia*. O valente coronel da história é um diminutivo do general Bugeaud. Após o jantar na sala dos oficiais, animado por uma exibição de encantadora de serpentes, o herói parte para um ataque ao inimigo. Já nas primeiras montanhas, ele persegue um chefe árabe, com longo albornoz esvoaçante. Ele o traspassa com o sabre, mas os dois caem numa ravina profunda.

---

11. Mérimée, *Dernières nouvelles*, pp. 225 ss.

Um leito de água amortece a queda do oficial francês. Para resistir à corrente, ele segura-se em uma "grossa raiz". Mas eis que esta raiz "se retorce". É "uma enorme serpente" que se lança no rio deixando um sulco fosforescente.

Mas uma mulher, com uma tocha na mão, está na entrada de uma caverna onde se engolfa a água da ravina. Começa então um longo relato em que se descrevem "um imenso labirinto", depois um poço "cuja água estava a menos de um metro da borda. Eu disse água? Na verdade era um líquido medonho recoberto de uma película irisada, rompida em alguns pontos, deixando entrever uma lama negra e repugnante". "De repente uma grande bolha de lama azulada elevou-se do poço, e dessa lama saiu a cabeça enorme de uma serpente, de um cinza lívido, com olhos fosforescentes..."

Esses espetáculos do mundo subterrâneo servem de cenário a um sacrifício humano: a jovem encantadora de serpentes vista no jantar do coronel é precipitada no poço lamacento, como repasto à serpente.

Esse crime merece vingança. O oficial promete vir exterminar tal seita de necromantes tão logo saia da caverna. Durante longas páginas, ele caminha nas trevas, tateando os rochedos, escalando negros degraus. Chega finalmente a um quarto habitado por uma mulher de grande beleza.

Nesse "*boudoir* subterrâneo", o oficial desperta, pois, sem que se soubesse há quanto tempo a narrativa era um sonho, um sonho labiríntico com suas dialéticas de angústia e prazer. O próprio leitor é subitamente despertado. Apenas na última página fica sabendo que seguia um sonhador. A narrativa é conduzida com bastante destreza para que seja insensível a passagem da realidade ao sonho; os aspectos oníricos são disfarçados por notas que só ultrapassam levemente a realidade.

Tais aspectos oníricos aparecerão por uma espécie de recorrência psicológica quando lermos as últimas linhas. Mas esse refluxo será suficiente? Não será o caso de aconselhar *a segunda leitura*, a leitura que dá mais valor às imagens do que à narrativa e confere todos os sentidos ao ato literário? Mais precisamente, uma vez restituídos os valores oníricos, percebemos que a narrativa tem muito mais *continuidade psíquica* do que as notas habilmente reunidas. Convencemo-nos então de que a novela de Mérimée só pode ser bem elucidada pelos métodos do duplo comentário que propomos para a crítica literária: comentário ideológico e comentário onírico. Se nos exercitarmos em conhecer oniricamente os caracteres tão especiais do *sonho labiríntico*, logo teremos em mão um *tipo de explicação literária* para obras muito diferentes; reconheceremos mesmo que certas descrições supostamente realistas desenvolvem-se graças aos interesses oníricos de um sonho de labirinto. Os sonhos fundamentais são simples quando os despojamos de algumas contingências ideológicas. O sonho de labirinto tem sempre uma unidade dinâmica. A raiz que se torna serpente, o movimento da grande serpente, a água fosforescente nos deveriam ter ensinado que entrávamos no domínio do sonho[12]. Mas antes mesmo deste signo *muito* claro, poderíamos ter sido alertados pelo albornoz branco na noite negra. A recorrência psicológica leva-nos assim de volta ao começo da narrativa. A novela de Mérimée é portanto um modelo de psicologia recorrente. Ela nos oferece um claríssimo exemplo do refluxo de interesse psicológico, refluxo de interesse que a crítica literária clássica demasiado discursiva, inteiramente voltada para a duração compacta e real, não consegue apreciar devidamente. Para captar-lhe o valor é preciso conhecer o desenvolvimento imprevisto das imagens finais para descobrir a finalidade das primeiras imagens no início da narrativa. Em nosso livro sobre os devaneios da vontade, ao estudar o conto de Hoffmann *As minas de Falun*, mostramos que a recorrência das imagens era mal feita, que as imagens materiais finais não refletiam com suficiente clareza seu interesse na trama da narrativa. A arte literária equivale com freqüência a fusões de imagens afastadas. Ela deve saber dominar tanto o tempo recorrente quanto a duração fluente.

Às vezes a síntese não é muito mais que uma justaposição. Uma mesma narrativa pode justapor, por exemplo, as imagens de um labirinto e as imagens de um Jonas. Assim, Francis Bar[13] nos conta uma lenda germânica que descreve uma descida aos infernos. Essa descida segue um verdadeiro labirinto; a um dado momento, o herói chega a um "rio cuja única ponte é guardada por um dra-

---

12. Como assinalamos várias vezes, todas as grandes imagens dos seres subterrâneos tendem à reciprocidade. Recordemos que, em vários relatos da Antigüidade, Trofônio é uma serpente. Entendemos por que consultá-lo com um bolo de mel na mão na esperança de apaziguá-lo (cf. Rohde, *Psyché*, trad. fr., p. 100).

13. Francis Bar, *Les routes de l'autre monde*, p. 70.

gão". Estamos, pois, diante de um guardião do umbral, personagem cuja função indicamos no último capítulo de nosso livro anterior. Mas há um acontecimento novo: o herói, o valente Jonas, entra na boca do monstro, seguido de seus companheiros "que se vêem todos a salvo, numa planície onde correm rios de mel". Assim, ao labirinto de pedras sucede um labirinto de carne. O guardião do umbral, ao abrir suas mandíbulas, abriu o caminho que deveria proibir. Tal narrativa mistura os gêneros. Contém a marca dos grandes valores oníricos.

Como devemos a toda ocasião lembrar a isomorfia das imagens da profundidade, cumpre salientar as imagens de Jonas que se complicam até se confundirem com as imagens do labirinto. Encontraremos uma espantosa conjunção de imagens numa gravura de William Blake (reproduzida à p. 17 do belo álbum da galeria Drouin). Ela representa *O turbilhão dos amantes* (*Inferno*, canto V). O turbilhão é representado por uma grande serpente em cujo interior os amantes malditos são arrastados por uma digestão infernal. Juntaríamos facilmente imagens desse inferno que digere, desse inferno orgânico, se buscássemos informações nos mitos[14].

IX

A maior parte das passagens estreitas que acabamos de explorar dá ainda uma certa primazia às descrições, o sonhador conserva ainda a visão de paredes e portas. Mas é possível conhecer impressões mais profundas em que o indivíduo torna-se realmente a matéria laminada, a matéria afilada. Em certos devaneios, podemos falar realmente de um labirinto dinâmico. O indivíduo experimenta então um doloroso estiramento. Ao que parece, é o movimento difícil que cria a prisão estreita, que prolonga a tortura. Nesse devaneio de labirinto ativo, encontra-se a sinonímia da torção e da tortura. Perceberemos essa sinonímia em uma página admirável de *Kotik Letaieff*, de Biely (ver *Anthologie de la littérature soviétique, 1918-1934*, Marc Slonim e George Rearey, p. 50). "O primeiro *tu és* apodera-se de mim num monstruoso delírio... estados inex-

---

[14]. Uma reprodução de *O turbilhão dos amantes* pode ser encontrada no n.º 60 de *Fontaine*.

primíveis e inauditos da consciência que jaz no corpo — antes uma espécie de excrescência no exterior de nada e de parte alguma..."
Essa excrescência, o sonhador a sente por dentro, como a vontade de se esticar de um ser tentacular: "Um estado de tensão, como se tudo — tudo, tudo — se estendesse, se inchasse e exercesse uma compressão; e se agitassem interiormente nuvens aladas providas de cornos." O indivíduo grita por socorro para se esticar:
"Que tensão, a minha!
— Socorro!
O centro se inflamava.
— Estou só na imensidão.
— Nada por dentro: tudo fora...
E de novo ele se apagava. A consciência, aumentando, repetia:
— É impossível, é impossível, socorro!
— Eu me estendo."
Extensão que é um sofrimento desejado, um sofrimento que quer *continuar*. O impulso, ao se deter, cria um obstáculo, uma crosta, uma parede (p. 52): "Incrustações formavam-se em mim... e minha vida pôs-se a borbulhar em imagens; e incrustações sucediam-se em mim: objetos e pensamentos...

"O mundo e o pensamento são apenas as inscrustações das imagens cósmicas que ameaçam." Como expressar melhor que as imagens nascem à flor da pele, que o mundo e o pensamento oprimem-se um ao outro?

Assim, para Biely, o espaço do indivíduo apreendido em sua primitividade é um corredor, um corredor onde desliza a vida, vida que está sempre crescendo, aprofundando-se. E por uma notável fidelidade onírica, Biely, de volta a impressões claras, escreve (p. 54): "Mais tarde, o corredor de nossa casa me fazia lembrar do tempo em que minha pele tomava meu lugar e movimentava-se comigo; quando eu virava a cabeça, ele formava atrás de mim um pequeno orifício, ao passo que na frente abria-se à luz; desde então, passagens, corredores e ruelas me são muito familiares, pois falo comigo: cá estou, cá estou..."

Em suma, a *estreiteza* é uma espécie de impressão primária. Procurando em nossas lembranças, encontraremos uma região muito remota em que o espaço era apenas um caminho. Somente o espaço-caminho, o espaço-caminho-difícil, proporciona esses grandes sonhos dinâmicos que revivemos de olhos fechados, nesses sonos mais profundos em que reencontramos a grande intimidade de nossa vida cega.

Se aceitássemos dar atenção a esses sonhos primitivos, sonhos que muitas vezes estão perdidos para nós precisamente por causa de sua primitividade, por causa de sua profundidade, compreenderíamos melhor o estranho sabor de certas experiências reais. A vontade de *abrir um caminho* num mundo cheio de obstáculos pertence naturalmente à vida acordada. Mas teríamos tanta energia se sonhos de potência não engrandecessem a tarefa efetiva? Basta reler o capítulo *En rampant* [Rastejando] do livro de Norbert Casteret *Mes cavernes*! Após assinalar a *baixeza* que se costuma atribuir a um inimigo rastejante que se aproxima "do animal por crueldade, astúcia ou covardia", o explorador das cavernas escreve (p. 85): "Mas há uma outra maneira de incorporar-se à terra e outras razões para rastejar. Com o risco de parecer cultivar o paradoxo ou de alimentar uma paixão exagerada pelos mundos subterrâneos, gostaríamos de fazer o elogio, a apologia, e até mesmo exaltar a utilidade, as sutilezas e as alegrias da reptação." E ele descreve a vida intensa ao longo de condutos, gargalos, gateiras, aberturas de aquecimento, diáclases, estratos, estreituras laminadoras..." (p. 86). Percebemos que todos esses termos técnicos são tanto lembranças de reptações difíceis quanto labirintos experimentados dinamicamente. A vontade de abrir um caminho encontra assim diretamente suas imagens, compreendendo-se que Norbert Casteret tenha colocado como epígrafe de suas viagens esta bela máxima de Hudson: "Where is a will, there is a way." Onde há uma vontade, há um caminho.

A vontade brinca e sofre, ela nos dá tarefas e dificuldades, devaneios de heroísmo e de medos. Mas, por mais diversa que seja em seus impulsos e em suas façanhas, vemos que ela se anima a partir de imagens espantosamente simples e vivas.

Contudo, sistemas de imagens que se inspiram em formas, que relatam experiências efetivas, não nos dão toda a potência dos sonhos profundos. Só um grande sonhador pode nos dar os valores dos sonhos subterrâneos. Um leitor que meditar com bastante vagar sobre a novela *Le terrier* [A toca], de Franz Kafka, terá muitas ocasiões para encontrar as impressões labirínticas. Ele as captará nessa curiosa ambivalência de segurança e de temor que o genial escritor soube multiplicar. Quem faz uma sapa teme a contra-sapa.

A criatura da toca — algum texugo feito homem — ouve os longínquos ecos de uma terra sendo trabalhada. Debaixo da terra, todos os ruídos são hostis. E a todo momento voltam as contradições da criatura encerrada: está protegida, mas é prisioneira. Em certas páginas, Kafka soube colocar esta perfeita dosagem de astúcia e de angústia: "Sempre que saio, devo também superar com o esforço de meu corpo as dificuldades deste labirinto; e isto me irrita e me enternece ao mesmo tempo, quando às vezes me perco por um instante em minhas próprias figuras." Alegrias dinâmicas são sensíveis para a criatura que se insinua na toca (p. 158): "E é exatamente este o sentido profundo das belas horas que costumo passar nas galerias, em parte no apaziguamento do sono, em parte na alegria da vigilância, nessas galerias que foram precisamente calculadas para meu tamanho, para voluptuosos espreguiçamentos, para cambalhotas infantis, para repousos sonhadores e gostosas sonolências." Não parece que o labirinto é aqui uma consciência de flexibilidade, um guia, uma concha para ensinar a volver sobre si mesmo, para viver as alegrias do enrolamento?[15]

Em outras páginas, mais obscuramente, como se o autor fosse levado inconscientemente por seus fantasmas, é possível perceber toda uma espessura animal, toda uma espessura biológica por trás das expressões claras (cf. p. 161). Parece, com efeito, que o labirinto está atulhado de carnes, de um bolo alimentar que é preciso "empurrar" comendo mais e bebendo: "A acumulação de carnes me estorva de tal modo nessas estreitas galerias que corro o risco de me sufocar em meio às minhas próprias provisões, e às vezes o único meio que me resta para resolver o problema é comer e beber. Mas o transporte é bem sucedido, termino-o em pouco tempo, o labirinto é superado e, ao chegar numa galeria retilínea, recupero o fôlego." Nítido exemplo dessa imaginação sintética que é preciso viver em dois registros. Certamente, pode-se traduzir em linguagem clara e ver sempre, no labirinto, um caminho compli-

---

15. Parece também que há, no labirinto animalizado, algumas bolas ocas onde o indivíduo pode de certo modo congregar-se, usufruir seu próprio calor, usufruir seu odor. Esse odor torna-se então como que uma matéria finamente envolvente, como que uma emanação do sonho de si mesmo. Paul Claudel notou essa *potência* da toca: "... da mesma forma que um texugo ou uma toupeira aspiram a plenos pulmões, no fundo de sua toca, a tudo o que pode haver de mais texugo e de mais toupeira" (*Labyrinthe*, nº 22, p. 5).

cado. Isto é sacrificar a vida dinâmica da imagem, é não perceber a dificuldade. O sonho de Kafka é mais íntimo. Uma espécie de bolha histérica sobe e desce nas galerias do animal, fazendo Kafka dizer, repetidas vezes, que as paredes do labirinto são *delgadas*. Isso equivale a dizer que elas são extensíveis, e escorregadias como uma mucosa. Assim, algo engolido, deglutido vem completar as imagens do movimento labiríntico. Uma expressão muito impressionante de Hermann Keyserling corrobora a mesma imagem: para ele, o verme come a terra para se fazer um caminho. "A Fome original manifesta-se quase em estado puro, devorando o próprio caminho como o verme na terra." (*Méditations sud-américaines*, trad. fr., p. 164) Noutra passagem o escritor fala de "um encaminhamento semelhante ao do verme que devora seu caminho através da terra"[16] (p. 36). Se meditarmos um pouco essa imagem, veremos que corresponde a uma espécie de labirinto duplicado. A terra "devorada" caminha no interior do verme ao mesmo tempo em que o verme caminha na terra. Uma vez mais, vemos que os desenhos de um caminho complicado não oferecem senão um esquema dos sonhos aos quais se vem unir uma infinidade de impressões íntimas. As formas reais, as realidades nítidas demais, não sugerem automaticamente os sonhos. Em seu romance *De goupil à Margot*, Louis Pergaud fala também do trabalho do animal na toca, encontrando observações muito simples e evocadoras (p. 15). Mas a criatura no subterrâneo é na verdade a raposa conhecida pelos caçadores. É o animal da astúcia. Sua personalidade muito forte faz-lhe perder o sentido dos sonhos. Além disso o narrador tem uma história a contar, quer pendurar o guizo no pescoço do animal selvagem. A narrativa torna-se demasiado humana. Não nos faz viver as ondulantes metamorfoses dos sonhos de Kafka.

Um outro conto de Pergaud tem mais valor onírico. *Le viol souterrain* [A violação subterrânea] (p. 77) poderia servir de exemplo para a fácil condensação dos sonhos de labirinto e dos sonhos sexuais. Nessas galerias, a toupeira foge do macho, todo labirinto torna-se uma *perseguição sexual*, uma prova a mais de que, no estilo onírico, as coisas tornam-se ações, os nomes que descrevem tornam-se verbos ativos[17].

---

16. Dos caracóis, comedores de terra, Francis Ponge escreve: "Ela os atravessa. Eles a atravessam." (*Le parti pris des choses*, p. 29)

17. Em devaneios mitológicos, Henri de Régnier oferece uma curiosa inversão do labirinto da busca sexual. É no plano das *hesitações do desejo*, imagina ele, que

Aliás, em todas estas formas muito mascaradas por imagens animais muito precisas, é preciso que se encontrem impressões humanas. Não é sem razão que Louis Pergaud tem confiança de que *interessará* um grande número de leitores. Se cada leitor se dispuser a indagar-se, não tardará a reconhecer que é um *interesse onírico* que o prende à narrativa. As impressões humanas encontradas são devaneios humanos, devaneios subterrâneos que atuam em todo inconsciente humano.

X

Uma das características curiosíssimas das transformações *íntimas* das imagens é que essas transformações raramente são *frias*. O indivíduo labirintado, por maiores que sejam seus tormentos, experimenta o bem-estar do calor. Os sonhos que *estiram* o sonhador o devolvem a felicidades protoplásmicas. Encontraremos muitas provas disso na cosmogonia de Rozanov tão bem caracterizada por Boris de Schloezer. Para Schloezer, Rozanov é "o homem do subterrâneo interior", entenda-se, o homem que caminha em si mesmo, "mole, gelatinoso", "privado de espinha dorsal". Comparado a Nietzsche, cujo ardor é "calcinante, quão pesado e opaco parece Rozanov! Ele é quente, mas de um calor úmido, animal. É que ele pensa com a pele, com as vísceras e, mais precisamente, com o sexo". A pele é então um corredor onde a carne conhece lentas e tépidas matérias em fusão. A pele, diz Rozanov, é "uma das raízes da vida". Ela encerra todo o calor da vida. Não é de admirar que no fundo de seu sonho Rozanov possa dizer: "Sou semelhante a uma criança no ventre da mãe, mas que não tem nenhuma vontade de nascer: estou bastante aquecido aqui."[18]

O frio, diz também Rozanov (p. 209), "tem algo de hostil ao organismo humano". Não o encontramos na justa consciência da

---

se constitui o labirinto. Se fôssemos direto à felicidade, como a casa seria clara! Eis o que diz *O amante de Pasifaé*: "Eu inspirei a uma jovem um amor insensato. Ela deu voltas ao redor de mim, com o coração devorado de desejo, e foi a partir de seus passos que foram traçados mais tarde os meandros do labirinto." (*Scènes mythologiques*, p. 11)

18. V. Rozanov, *L'apocalypse de notre temps*. Introdução de Boris de Schloezer (*passim*).

vida orgânica, da vida protoplásmica. "O corpo tem medo do frio, tem medo dele na alma, e não na pele ou nos músculos." De fato, como já assinalamos, o frio tolhe não só os pensamentos, mas também os próprios sonhos. Não há onirismo profundo do frio e, na medida em que o labirinto é um sonho profundo, não há labirinto frio.

O labirinto frio, o labirinto duro, são produtos oníricos mais ou menos simplificados por atividades intelectuais.

XI

Um estudo sobre a valorização das imagens não deve deixar de considerar certas repugnâncias que desempenham um grande papel na valorização do trabalho. Por exemplo, a vida real nos labirintos das minas é freqüentemente descrita como uma vida *suja*. Ela se expõe como a *coragem de ser sujo*[19].

Vejamos duas cenas: uma cena proletária e uma cena burguesa.

"Um mineiro", diz Vicki Baum (*Arrête de mort* [Sentença de morte], trad. fr., p. 129), é um homem nu, sujo e extenuado, que se aninha nas entranhas da terra..., seus pés chapinham na água, suas costas estão cansadas, os ombros estão sempre doloridos e sempre molhados de suor..." Quando empurra o vagonete na estreita galeria, "geralmente nada mais tem de humano... inclina-se tanto para frente que o acreditaríamos andando de quatro. Seu rosto é uma máscara negra e cheia de sulcos, com globos brancos, pálpebras azuladas e brilhantes de suor, e dentes de animal. Suas mandíbulas mascam o ar pesado do fosso; de vez em quando tosse e cospe uma baba escura".

Após evocar esse realismo negro do trabalho, vejamos agora a imaginação se vangloriar, como de uma façanha, de uma simples descida a uma mina. Em vez dos perigos reais e persistentes, funciona a imaginação dos perigos imaginários. Ruskin, em *Souvenirs de jeunesse* [Lembranças de juventude] (trad. fr., p. 79), escreve: "Minha alegria não conhecia limites quando eu podia descer a uma mina." Esta mera confidência, que à primeira leitura

---

19. A maioria dos mineiros que intervêm nos romances de Lawrence, filho de mineiro, são homens que sua mulher ensaboa.

parece sem maior interesse, adquire certa ressonância psicológica, se a colocarmos no estranho contexto da educação do jovem Ruskin. De fato, Ruskin acrescenta (p. 79): "Ao permitirem assim que eu me entregasse à minha paixão subterrânea, meu pai e minha mãe davam provas de uma bondade que então eu era incapaz de perceber; pois minha mãe tinha horror de tudo o que era sujo, e meu pai, muito nervoso, imaginava sempre escadas quebradas, acidentes, o que não os impedia de me acompanhar para onde quer que eu tivesse vontade de ir. Meu pai chegou a ir comigo à terrível mina de Speedwell, em Castleton, onde confesso que, por uma vez, não desci sem emoção."

Essa obsessão por escadas quebradas deve ser relacionada com outro relato em que Ruskin (p. 10) recorda que "apanhava imediatamente... assim que caía na escada". Cair de uma escada de mão ou de outra escada, são portanto *proibições morais*. E Ruskin — com que ambivalência! — relata que a tal disciplina deve "métodos seguros e certos de vida e de movimento".

O ideal de "limpeza" da mãe e a necessidade de "segurança" do pai dão à audácia da criança que explora a mina uma tonalidade psicológica muito especial. É na hostilidade dos pais mais do que nos perigos da mina que se encontram os verdadeiros obstáculos. Se analisarmos nossos pavores subterrâneos, neles encontraremos por vezes o vestígio de *proibições sociais*. A *vontade subterrânea* que, um momento, animou o jovem Ruskin era, em muitos aspectos, a vontade dissimulada de escapar a uma tutela bastante minuciosa para punir por uma queda ou por uma roupa manchada. O direito de ficar sujo pode ser o símbolo de outros direitos. As reivindicações da vontade de potência têm mil formas. E nem sempre as formas mais indiretas são as mais fracas.

XII

Uma vez compreendidas todas as ambivalências que animam as imagens subterrâneas, todo o jogo dos valores negros e sujos, ficamos menos espantados diante do tratamento literário do tema do esgoto.

Muitas variações desse tema estão presentes na obra de Victor Hugo. Em suas formas primitivas, o esgoto é, diz Hugo (*Les misérables*, V, p. 164, ed. Hetzel), "refratário a qualquer itinerário". A Cidade monstruosa é "ininteligível", o esgoto sob a cidade é "inextricável"; "sob a confusão das línguas havia a confusão dos subterrâneos; Dédalo duplicava Babel".

A aproximação do esgoto ao labirinto impõe-se a Victor Hugo por inúmeros aspectos (*op. cit.*, V, p. 177): "O esgoto recebe as conseqüências do crescimento de Paris. É, na terra, uma espécie de pólipo tenebroso com mil antenas que cresce embaixo ao mesmo tempo que a cidade em cima. Toda vez que a cidade abre uma rua, o esgoto encomprida um tentáculo." Uma das razões que dá tanta vida a essa imagem, é que ela explora o caráter mole e ondulante do pólipo. O pólipo é um dos protótipos da imaginação de Hugo. Aqui, o pólipo é terrestre, subterrâneo. A imaginação do esgoto em Hugo é nitidamente marcada pelo signo terrestre. A imaginação trabalha diferentemente *dentro* da terra e *na superfície* da terra. Embaixo da terra, todo caminho é tortuoso. Esta é uma lei de todas as metáforas do proceder subterrâneo.

Outra imagem de um labirinto mais duro que mostra uma variante da imaginação de Hugo (*Les misérables*, V, p. 156): "O subsolo de Paris, se os olhos pudessem penetrar-lhe a superfície, apresentaria o aspecto de uma colossal madrépora. Uma esponja não tem muito mais perfurações e galerias do que o torrão de terra de seis léguas de contorno sobre o qual repousa a antiga grande cidade."

O inferno pestilencial — que lembra em muitos ângulos o inferno excrementício tão ativo nos sonhos de Strindberg — encontra na obra de Hugo muitas imagens: "A abertura de esgoto da rua de la Mortellerie era célebre pelas pestes que dali saíam; com sua grade de ferro com pontas, que simulavam uma fileira de dentes, ela parecia, nessa rua fatal, uma boca de dragão soprando o inferno sobre os homens." Parece que atrás dessa abertura vive um animal alongado; em outras palavras, o labirinto tende a se animar. Criaturas de sonhos *circulam* no esgoto. A imaginação de Hugo vê aí "escolopendras de quinze pés de comprimento"[20] (p. 166).

Impõe-se também a Victor Hugo a comparação entre o esgoto e o intestino. Baudouin, com todo o comedimento que caracte-

---

20. E as metáforas mais incompreensíveis recebem um sentido do movimento tenebroso: "O espírito acredita ver vagando pela sombra, na imundície que foi esplendor, essa enorme toupeira cega, o passado."

riza o seu belo livro *La psychanalyse de Victor Hugo*, assinala um complexo anal manifesto. Bastarão algumas observações para mostrar o papel psicologicamente importante dessa imagem. Ela rege realmente uma seqüência inteira de capítulos sob o nome de "O intestino de Leviatã". "Nada igualava o horror daquela velha cripta exutório, aparelho digestivo de Babilônia." (*Les misérables*, V, p. 174) Um tiro foi disparado num esgoto parisiense: "A detonação rolou de eco em eco na cripta como um borborigmo desse intestino titânico."[21] (*Les misérables*, V, p. 198)

Em *L'homme qui rit*, um labirinto tenebroso traz de volta a mesma imagem, o que prova claramente, em nossa opinião, a ação de um arquétipo (ed. Hetzel, t. II, p. 127): "Aquela galeria dava voltas; todas as entranhas são tortuosas; as de uma prisão como as de um homem... o lajeado que pavimentava o corredor tinha a viscosidade de um intestino." Observe-se bem a estranha confiança do narrador que julga tranqüilamente acrescentar uma repugnância natural para levar o leitor a desprezar ainda mais os corredores complicados de uma prisão! A paleta literária não possui os meios *diretos* da paleta do pintor, mas uma "cor" literária muito indireta pode transmitir com segurança sua ação.

Trabalhando todas as imagens da digestão, Hugo fala nos seguintes termos da época em que o esgoto Nilo, "tomado de cólera", transbordava: "Esse estômago da civilização digeria mal, a cloaca refluía à garganta da cidade, e Paris sentia o ressaibo de seu lodo. Essas semelhanças do esgoto com o remorso prevaleciam; eram advertências." Esse afloramento das metáforas na zona moral não pode surpreender senão um psicólogo que ignora a convergência de todos os caracteres e de todos os valores da imagem. Nos capítulos dedicados aos esgotos de Paris, Victor Hugo prepara as páginas em que a devoção heróica de Jean Valjean será desenvolvida sob o título: "A lama, porém a alma." Aliás, quantas vezes, em *Os miseráveis*, a cidade é mostrada como uma alma turva, uma alma repleta de faltas, mas que aspira ao bem!

---

21. Num sonho de adolescência relatado por André Bay, podemos acompanhar uma síntese de labirintos que mudam a todo momento de instâncias inconscientes como fazem os sonhos profundos. Um esgoto aumenta de tamanho até tornar-se uma hérnia de borracha. Vem a seguir uma viagem num intestino que se torna "um bulevar subterrâneo".

As visões cósmicas de Hugo aumentam naturalmente a escala das imagens. Para ele, os rios infernais são esgotos monstruosos:

> No esgoto Styx onde chove a eterna imundície...
> Dieu. Le Vautour

> Esgoto onde do dilúvio se vê o lodo enorme...
> La fin de Satan. Sous le Gibet

Às vezes o potencial de aprofundamento dos devaneios é tão grande que vemos as imagens mais diversas se assemelharem. O esgoto corresponde ao mesmo tempo à mina e ao intestino. Acreditamo-lo uma precaução de construtor, e na verdade é um sonho selvagem sobre a maternidade da terra. Sigamos, por exemplo, um sonho labiríntico em que Antonin Artaud descreve o templo de Émeso (*Héliogabale*, p. 60): "Há sob o templo de Émeso, um sistema de esgotos especiais, onde o sangue do homem une-se ao plasma de certos animais. Por esses esgotos, em forma de verruma ardente, cujo círculo diminui à medida que vão avançando nas profundezas do solo, o sangue de seres sacrificados com os ritos prescritos vai ao encontro dos lugares sagrados da terra, atinge os primitivos veios geológicos, os tremores imobilizados do caos." Nesta página, o que é que o poeta nos descreve? Um templo ou um ventre? Uma religião ou um crime? Um seio que estremece ou um sangue que vaza? Uma verruma ardente ou um veio imobilizado? Para que uma síntese reúna tantas contradições, para que acumule tantos valores, é preciso que ela se prenda à síntese extrema, àquele maniqueísmo da maternidade que permite à terra ser mãe e morte ao mesmo tempo. Assim, esse emunctório de um altar sangrento pode servir de exemplo para uma arqueologia onírica que sintetiza todas as profundezas.

Nesses exemplos, que poderíamos multiplicar, vemos a imaginação trabalhar embaixo da terra para uma valorização do horrível. Podemos afirmar que a realidade aqui não importa. Não é necessário ver o esgoto para falar dele. Basta sistematizar repugnâncias pelo fluxo negro, pelo lodo subterrâneo. O esgoto literário é uma criação do asco. O que devemos agora sublinhar é que as imagens imundas têm também sua coerência, a imaginação da matéria ignóbil tem sua unidade. Como escreve Victor Hugo (*Les misérables*, V, p. 161): "Esta sinceridade da imundície nos agrada."

XIII

Para mostrar que todo ofício subterrâneo pode ter atrativos para certas almas, vamos transcrever uma redação de um estudante parisiense que nos foi mostrada pelo professor Renauld do liceu Charlemagne em Paris. Daremos a cópia textual, pois uma composição francesa, mesmo em algumas notas aberrantes, revela sempre sua unidade. O aluno tem doze anos.

"O que você quer ser mais tarde? E quais as razões?

"Gostaria de ser limpador de esgotos. Desde minha tenra infância, meu sonho é ser limpador de esgotos; comigo mesmo, achava que essa profissão era maravilhosa; imaginava que se devia atravessar toda a terra por galerias subterrâneas. Estando na Bastilha, poderia ir até os quintos do inferno. Poderia reaparecer na China, no Japão, nos países árabes. Também iria ver os anõezinhos, os espíritos, os duendes da terra. Eu dizia comigo mesmo que faria viagens por toda a terra. Imaginava ainda que, nesses esgotos, havia tesouros enterrados, que eu faria excursões, escavaria a terra e um dia voltaria à casa de meus pais carregado de ouro e de pedras preciosas, poderia dizer: Estou rico, comprarei um magnífico castelo e vários parques.

"Lá, nos esgotos, haveria encontros, se desenrolaria um drama cujo ator principal seria eu: haveria uma masmorra onde estaria presa uma jovem, eu escutaria seus queixumes e voaria em seu socorro, e a libertaria das mãos de um malvado feiticeiro que pretendia casar com ela. Eu andaria nos esgotos com uma lanterna e uma picareta.

"Enfim, para dizer a verdade, eu não imaginava uma profissão maior e melhor do que essa.

"Mas quando soube o que era a profissão de limpador de esgotos, um trabalho duro, penoso e insalubre, compreendi que essa não era a profissão que eu sonhava, mas sim um conto de Júlio Verne ou um magnífico romance de juventude. Ao fazer essa descoberta, percebi que uma profissão não é férias, mas que é preciso trabalhar duro para conseguir ganhar o pão; resolvi então escolher uma outra profissão. A de livreiro me seduziu muito. Era extraordinário, eu venderia livros aos estudantes e às pessoas. Também alugaria livros e as pessoas viriam trocar seus livros na loja. No início do ano escolar, os alunos comprariam de mim livros, estojos, canetas, etc... De tempos em tempos eles viriam comprar balas."

XIV

Na maior parte dos capítulos deste livro oferecemos esboços de uma série de monografias que poderiam estudar imagens isoladas. No entanto, por mais diferentes que sejam certas imagens consideradas em seu primeiro aspecto — uma gruta, um estômago, um porão, um desfiladeiro —, pudemos mostrar que incontáveis metáforas passavam de uma para outra. Queríamos, como conclusão do capítulo, refletir sobre essa potência de *metáforas mútuas* e estabelecer, com maior abrangência do que o podíamos fazer no estudo das imagens particulares, a lei do *isomorfismo* das imagens da profundidade.

Recordemos inicialmente como pudemos, a partir das imagens particulares, designar um aprofundamento. Para tanto, não manteremos mais que quatro pontos de partida:

1. A caverna.
2. A casa.
3. "O interior" das coisas.
4. O ventre.

Para cada uma das quatro imagens, é preciso primeiramente considerar *aprofundamentos claros*. A terra oferece antros, tocas, grutas, vindo a seguir os poços e as minas onde se vai por coragem; aos devaneios do repouso sucedem vontades de escavar, de ir mais profundamente dentro da terra. Toda essa vida subterrânea — ou tranqüila ou ativa — causa em nós pesadelos de esmagamento, pesadelos de passagens estreitas. Estudamos alguns deles no presente capítulo sobre o labirinto. Assim, aos poucos, devaneios vão tornando-se pesadelos.

Também a *casa* escava por si própria, enraíza-se no solo, solicita-nos para uma descida; ela dá ao homem um sentido do secreto, do oculto. Depois vem o drama, a casa não é apenas um esconderijo mas também um cárcere. E não são raros os romances de emparedamento no porão. Os contos *O gato preto* e *O barril de Amontillado* mostram que, se Edgar Poe sofreu a vida inteira a obsessão de ser enterrado vivo, ele conheceu também a ofensividade de tal imagem. A vida "subterrânea" de um Edgar Poe encontra naturalmente a ambivalência da casa e do túmulo[22].

---

22. Não chegamos a considerar uma monografia sobre os túmulos. Tal monografia deveria naturalmente estar centrada nas imagens da morte. Desenvolver-se-ia portanto em uma perspectiva completamente diferente daquela dos presentes

A *profundeza dentro das coisas* procede da mesma dialética do aparente e do oculto. Mas essa dialética é logo trabalhada por uma vontade de segredo, por devaneios que reúnem segredos poderosos, substâncias condensadas, peçonhas e venenos no engaste dos anéis. O sonho da substância profunda é tentado por "valores infernais". Decerto a substância tem profundezas boas. Assim como há venenos, há também bálsamos e remédios. Mas parece que a ambivalência não é equilibrada e que, aí também, o *mal* é a primeira substância. Quando se leva a fundo o sonho da intimidade das substâncias, após ter percorrido os conhecimentos do mundo das aparências, descobre-se os sentidos do *perigo*. Toda intimidade fica então *perigosa*.

Servimo-nos do *ventre* como uma imagem para as intimidades fáceis. Reunindo imagens literárias em torno deste símbolo gasto, aparentemente privado de toda a potência onírica, fomos reconhecendo aos poucos que essa pobre imagem também podia "trabalhar". Durante nossa pesquisa, nós mesmos nos admiramos de sua potência de aprofundamento. Ao segui-la, reencontramos a mesma linha já caracterizada no aprofundamento dos labirintos e dos porões; percebemos que também nosso corpo era um "esconderijo".

Enfim, se prestássemos mais atenção em nossos pesadelos labirínticos, descobriríamos em nós numerosas realidades corporais que dão impressões de labirintos. Uma autoscopia mais atenta nos revela em seguida a condução de nossos condutos. Tudo o que é um pouco contínuo em nós é condutor. E toda uma hidrodinâmica íntima se oferece para nos proporcionar uma experiência de nossas imagens materiais. Sentimo-nos então a fundo.

A partir desse momento já não sabemos onde se formam as convicções. Formam-se na perspectiva de introversão ou na de ex-

---

estudos. No entanto, num certo nível de exame, encontraríamos numerosas relações entre as três imagens do repouso: casa, caverna e túmulo. Muitos povos escavaram seus túmulos em cavernas (cf. Lucien Augé, *Les tombeaux*, p. 55). Para muitos deles, "a última morada" é verdadeiramente uma morada. Diodoro de Sicília escreveu: "Os egípcios chamam as moradas dos vivos de pousadas, porque nelas se permanece por pouco tempo; os túmulos, ao contrário, são chamados de casas eternas, porque neles se fica para sempre. É por isso que não se preocuparam muito em ornar suas casas, ao passo que nada negligenciam para o esplendor de seus túmulos." A imensa literatura sobre as pirâmides poderia ser objeto de um interessante trabalho *psicológico*. Nela encontraríamos inumeráveis documentos para uma *psicologia arqueológica*.

troversão? Onde está o insondável? Será o poço *profundo* ou o ventre que não se sonda? Recordemos que para o inconsciente *oral*, para o inconsciente que engole, o ventre é *oco*. E mais ainda, os órgãos são cavernas. Como diz Ernest Fraenkel num ensaio de psicanálise digestiva que ele teve a gentileza de nos enviar em manuscrito: "Cada órgão é um espaço onde entra alguma coisa para sair em seguida." Mas essa entrada e essa saída não são simétricas. Têm valores dinâmicos bem distintos. É nesses valores dinâmicos que se funda o que Ernest Fraenkel chama de "a alma gástrica". Essa alma gástrica, diz muito bem Fraenkel, é "essencialmente ciclotímica". Dia e noite, estômago cheio e estômago vazio, tais são as bases da ciclotimia normal e salutar[23].

Sobre esses temas do dinamismo de repleção e de excreção funcionam verdadeiras construções de espaço, construções reais ou imaginárias. Terá a natureza trabalhado imaginando? Para Fraenkel, "foi entre os ruminantes que a *estomacidade* fez o maior esforço de manejamento arquitetural do espaço". A vaca de um conto de Grimm rumina "seu Jonas". Um sonhador que imaginar uma *ruminação construtiva* irá compreender, à sua maneira, por que há tantas bolsas no estômago dos ruminantes.

XV

Se imagens tão diversas convergem de uma maneira tão regular para significações oníricas vizinhas, não é por sermos arrastados por um verdadeiro sentido do aprofundamento? Nós somos seres *profundos*. Ocultamo-nos sob superfícies, sob aparências, sob máscaras, mas não somos ocultos apenas para os outros, somos ocultos para nós mesmos. E a profundidade é em nós, no dizer de Jean Wahl, uma transcendência.

Assim sonha Remizov*, buscando uma inspiração legendária. Essa inspiração "não nos vem de fora, está em nossos pensamentos: é o sonho da mais obscura profundidade, é a palavra flutuante

---

23. Maurice Saillet pôs em evidência, na obra de Alfred Jarry, um narcisismo do ventre que digere (*Fontaine*, n° 61, p. 363): "Narciso ignóbil, diz ele, tudo o que existe assume a figura de sua voracidade." A vida é transformada "em uma espécie de digestão generalizada".

* Alexei Remizov, romancista e contista russo (1877-1957). (N. T.)

de onde nasce a meditação, meditação que culmina na consciência do eu". Diríamos, na consciência do infra-eu, espécie de *cogito* do subterrâneo, de um subsolo em nós, o fundo do sem fundo. É nessa profundidade que vêm perder-se as imagens que reunimos.

Entrar em nós mesmos não representa senão uma primeira etapa dessa meditação mergulhante. Percebemos que *descer em nós mesmos* implica um outro exame, uma outra meditação. Para esse exame, as imagens nos auxiliam. E muitas vezes acreditamos estar descrevendo apenas um mundo de imagens no exato momento em que descemos a nosso próprio mistério. Somos verticalmente isomorfos em relação às grandes imagens da profundidade.

TERCEIRA PARTE

CAPÍTULO VIII

A SERPENTE

> As serpentes fazem ao rastejar quatro ondas diferentes... as serpentes não conseguem rastejar se lhes cortamos as partes do corpo que fazem as últimas ondas de seu movimento.
>
> LA CHAMBRE,
> *Discours sur les principes de la chiromancie*,
> Paris, 1653

I

O estudo da *serpente* como imagem literária define claramente nossa posição face ao estudo dos mitos. Se tivéssemos de resumir o papel da serpente nos mitos da Índia, deveríamos escrever um livro. Mas este trabalho já foi feito, e o leitor poderá consultar, por exemplo, o livro de J. Ph. Vogel, *Indian serpent lore*[1]. Mais recentemente, em seu livro *L'epopée hindoue*, Charles Autran estudou longamente as serpentes, ''as Najas'', na mitologia hindu, e pesquisou o mesmo tema nos folclores mais diversos, da Ásia, do Egito, da América. O artigo dedicado à *Serpente* da *Encyclopédie* de Pauly-Wissowa fornecerá numerosas informações sobre a mitologia clássica.

Assim, quando abordamos tal *valor mitológico*, os documentos multiplicam-se em todas as direções. Já não é de surpreender que a imagem da serpente tenha se tornado uma *imagem tradicional* e que os poetas de todos os tempos e lugares sejam propensos a transformá-la num tema de seus poemas. No entanto, para os nos-

---

1. Londres, 1926.

sos estudos extremamente limitados sobre a *imaginação espontânea*, sobre a imaginação viva, pareceu-nos mais útil tratar dessa imagem nas ocasiões em que ela não era produzida pela *tradição*. Se nossa tarefa fosse bem sucedida, daríamos a prova do *caráter natural* da produção das imagens, veríamos se constituírem mitologias parciais, mitologias limitadas a uma imagem.

É muito interessante aliás ver que essas mitologias naturais formam-se no ato literário mais simples: na metáfora. Desde que a metáfora seja sincera, desde que envolva o poeta, recuperamos a *tonalidade do encantamento*, de modo que se pode dizer que a metáfora é o encantamento moderno.

Assim, retendo as simples variações de uma antiga imagem, poderemos mostrar que a imaginação literária continua uma função profundamente humana.

II

A serpente é um dos arquétipos mais importantes da alma humana. É o mais *terrestre* dos animais. É realmente a raiz animalizada e, na ordem das imagens, o traço de união entre o reino vegetal e o reino animal. No capítulo sobre a raiz daremos exemplos que provarão essa *evolução imaginária*, essa evolução ainda viva em toda imaginação. A serpente dorme embaixo da terra, na sombra, no mundo escuro. Sai da terra pela menor fissura, entre duas pedras. Torna a entrar com uma rapidez assombrosa. "Seus movimentos", diz Chateaubriand[2], "diferem daqueles de todos os animais; impossível dizer onde jaz o princípio de seu deslocamento, pois ela não tem nadadeiras, nem pés, nem asas, e no entanto foge como uma sombra, desaparece magicamente." Flaubert anotou essa frase em seu catálogo das perífrases. A ironia latente desse catálogo o privou de sonhar com o princípio do deslocamento, que compreenderemos melhor quando tivermos, ao final do capítulo, vivenciado um pouco a dinâmica imaginária. Mas, desde já, se testemunhamos a fuga subterrânea da víbora, se nos maravilhamos com a rapidez mágica desse desaparecimento dentro da terra, estamos melhor situados para sonhar com essa reptação impetuosa que diale-

---
2. Chateaubriand, *Le génie du christianisme*, ed. Garnier, p. 138.

tiza a imagem da reptação lenta. A serpente, flecha tortuosa, entra embaixo da terra como se fosse absorvida pela própria terra. É essa entrada na terra, essa dinâmica violenta e hábil que institui um arquétipo dinâmico curioso. E a serpente, precisamente, pode nos servir de exemplo para enriquecer, por um caráter dinâmico, a noção de arquétipo tal como é formulada por C. G. Jung. Para esse psicanalista, o arquétipo é uma imagem que tem sua raiz no mais remoto inconsciente, uma imagem que vem de uma vida que não é nossa vida pessoal e que não podemos estudar a não ser reportando-nos a uma arqueologia psicológica. Mas não basta representar os arquétipos como símbolos. É preciso acrescentar que são *símbolos motores*. A serpente é, em nós, um símbolo motor, um ser que não tem "nadadeiras, nem pés, nem asas", um ser que não confiou suas capacidades motoras a órgãos externos, a meios artificiais, mas que se fez o móvel íntimo de todo o seu movimento. Se acrescentarmos que esse movimento fura a terra, perceberemos que, tanto para a imaginação dinâmica como para a imaginação material, a serpente se mostra um arquétipo terrestre.

Essa arqueologia psicológica designa também as imagens por uma espécie de emoção primitiva. E é desta forma que a imagem da serpente é psicologicamente ativa. Na vida européia, com efeito, a serpente é um ser que no mais das vezes vive no Jardim Zoológico. Entre sua língua e o visitante, há sempre a proteção de um vidro. E no entanto o próprio Darwin, o plácido observador, confessa uma reação instintiva: no momento em que a serpente lança frouxamente sua cabeça na direção de Darwin, este recua *instintivamente*, apesar do evidente caráter inofensivo de uma serpente numa caixo de vidro. A emoção — esse arcaísmo — governa o mais sábio. Diante da serpente, toda uma linhagem de antepassados vem sentir medo em nossa alma perturbada.

III

A esse medo unem-se mil repugnâncias de que nem sempre é fácil estabelecer a ordem de profundidade. Os psicanalistas certamente não tiveram dificuldade de detectar, a propósito da imagem da serpente, proibições da zona sexual ou da zona anal. No entanto os símbolos mais visíveis não são os mais determinantes, e a perspicácia do psicanalista Rank reconheceu bem que "a significação fálica" da serpente é secundária e não primária[3]. Parece, em particular, que a *imaginação material* pode evocar imagens mais adormecidas, menos delineadas e certamente mais profundas. Perguntamo-nos várias vezes se a serpente não podia simbolizar a *repugnância do frio*. Daudin escrevia ainda no início do século XIX (*Histoire naturelle générale et particulière des reptiles*, t. I, ano X): "Quando queremos nos aplicar principalmente ao estudo dos animais, cumpre saber aliar, à perseverança nas pesquisas, a coragem de superar qualquer asco; cumpre considerar e tocar sem medo, sem repugnância, os animais hediondos ou fétidos." Ele lembra que Herman, em suas *Tabulae affinatum animalium*, propunha substituir o nome anfíbios por *cryeroses*, "o que significa *frio, asqueroso e lívido*". Temos aí uma síntese imaginária dos caracteres repugnantes, dos quais a serpente poderia muito bem constituir o pólo. É mister, aliás, precaver-se das generalidades. O frio do peixe e o frio do réptil não têm em absoluto as mesmas funções imaginárias. Para D. H. Lawrence (*Kangourou*, trad. fr., p. 396), o peixe é "abstrato, frio, solitário". Mas o *frio* do peixe tirado da água *fria* não traz nenhum problema à imaginação material. Ele não repugna. Ao contrário, a cobra fria na terra do verão é uma mentira material.

Mas seriam precisos muito mais documentos para formular uma psicologia do frio. Apesar de muitas pesquisas, não conseguimos até agora constituir um dossiê suficiente para estudar objetivamente a imaginação do frio. Lemos inutilmente muitas narrativas sobre as viagens polares sem em geral encontrar outros meios de evocar o frio a não ser uma referência — inteiramente racionalizada, não resta dúvida — ao termômetro. O frio, em nossa opinião, é uma das maiores proibições da imaginação humana. Enquanto o calor de certo modo faz nascerem as imagens, podemos dizer que não se imagina o frio. O frio cadavérico é um obstáculo à imaginação. Para a imaginação, nada é mais frio que um cadáver. Não existe um além do frio da morte. Antes da peçonha, a serpente gela o sangue em nossas veias.

Mas sem chegar até essa zona que apresentamos sem saber explorá-la, ficando conseqüentemente no plano dos símbolos bem conhecidos, compreendemos que a repugnância pela serpente mais

---

3. Charles Baudouin, *Ame et action*, p. 57.

ou menos sexualizada é inseparável de certas ambivalências. A serpente é naturalmente uma *imagem complexa* ou, para sermos mais exatos, um *complexo da imaginação*. Imaginamo-la trazendo a vida e trazendo a morte, maleável e dura, reta e arredondada, imóvel ou rápida. Por isso ela desempenha um papel tão grande na imaginação literária. A serpente, tão inerte na representação figurada, em pintura ou em escultura, é portanto, em primeiro lugar, uma *imagem literária pura*. Ela necessita da *discursividade* da imagem literária para que se atualizem todas as suas contradições, para que se mobilizem todos os símbolos ancestrais. Vamos ver agora textos. Eles mostrarão de que prodigalidade de metáforas é suscetível um arquétipo inconsciente.

IV

O arquétipo da serpente tem um vigor singular na poética de Victor Hugo sem que se possa, claro, alegar um único *fato real* que justifique a potência da imagem. A esse respeito, podemos fazer uma observação que deve mostrar a primazia da imaginação sobre a memória das experiências reais: o dicionário das imagens em Victor Hugo, tal como o elaborou E. Huguet, é interessante e útil; mas é muito surpreendente ler no início do índice das imagens uma distinção que nos é proposta entre os "nomes dos objetos que dão ensejo a metáforas e... os nomes empregados metaforicamente". Isso é ter confiança demais na descrição realista dos *objetos*. De fato, basta reportar-se aos textos selecionados por Huguet para ver que sua distinção é insustentável. Para o poeta, o *objeto já é uma imagem*, o objeto é um valor da imaginação. O objeto real não tem potência poética a não ser pelo interesse apaixonado que recebe do arquétipo.

Em *Le Rhin* [O Reno] (t. II, pp. 174-175), o próprio Victor Hugo espanta-se da potência da enxurrada de imagens que o arquétipo da serpente provoca: "E não sei por que temos o espírito repleto de imagens de serpentes; é de supor que cobras rastejam em nosso cérebro; a moita assobia à beira do barranco como um punhado de áspides; o chicote do cocheiro é uma víbora voadora que segue a diligência e procura vos morder através do vidro[4]; ao longe, na bruma, a linha das colinas ondula como o ventre de uma jibóia que digere, e nas ampliações do sono assume a figura de um dragão prodigioso que rodearia o horizonte.'' Essa ampliação final bastaria, por si só, para tornar sensível o impulso onírico do tema; mas já a pluralidade das imagens, das quais nenhuma se prende bem a uma realidade, mostra a existência de uma imagem central oculta: com que poderia sonhar um poeta levado pela diligência, entregue a todos os solavancos do caminho? Por que tantas impressões *subirascíveis*? Como não ver aí uma nova prova da imaginação provocante, buscando na representação todos os pretextos de hostilidade?

Na poética de Alexandre Blok, a serpente é ao mesmo tempo o signo do mal subterrâneo e do mal moral, o ser macabro e o sedutor. Sophie Bonneau mostrou a diversidade de aplicação do arquétipo da serpente. Tudo é serpente na mulher funesta, ''os anéis, trança, os olhos estreitos, o encanto envolvente, beleza, infidelidade''. Observe-se a mistura dos signos visíveis e das abstrações. Encontraremos também inúmeros desdobramentos fálicos como este: ''na ponta de seu estreito sapato dormita uma silenciosa serpente'' (cf. vários poemas, em particular p. 34, tese sobre Blok).

As impressões dinâmicas são particularmente notáveis quando vêm juntar-se a um objeto inerte. Por exemplo, para Victor Hugo, como para todo sonhador que se entrega dinamicamente às suas imagens, uma corda é uma serpente[5]. Ela ondula e estrangula. Vê-la dá angústia. Mas que não se veja precipitadamente nisto o meio de um suicídio, uma vertigem especial como aquela associada a todos os instrumentos de morte! Ela é criminosa de um modo mais natural. Um sincretismo imaginário em geral perceptível confere um poder de estrangulamento a um réptil que não é perigoso se-

---

4. Um poeta americano, Donald Weeks, em seu livro *Private Zoo*, descreve assim a cascavel:

Os cavalos do espírito empinam-se à visão
do chicote a brilhar no escuro.
A mecha do luar termina num S
de prata e de chocalhos.

cf. trad. fr. Claude Roy, *Poésie 47*, n? 36

5. Entre os incontáveis nomes metafóricos da serpente para os indianos, Vogel anota: ''The toothed rope'' [A corda com dentes], ''The putrid rope'' [A corda pestilenta] (*op. cit.*, p. 12).

não por seu veneno. O jogo de palavras que faz todo o mistério do conto de Conan Doyle, *La bande mouchetée* [A tira mosqueada], originou-se nesse sincretismo da fita e da serpente.

Do mesmo modo, o rio que *serpenteia* não é uma simples figura geométrica: na noite mais escura, há claridade suficiente para que o regato deslize na erva com a mobilidade e a destreza de uma longa cobra: "Tendo a água o poder, na noite mais fechada, de buscar a luz não se sabe onde e de transformá-la em cobra."[6] Em Huysmans (*La cathédrale*, ed. Crès, t. I, p. 17), o Drac* em seu leito de seixos é uma serpente líquida vista por um terrestre. A correnteza escama-se "em películas semelhantes à nata irisada do chumbo fervente".

Às vezes a imagem da serpente imposta ao riacho transmite-lhe um certo malefício. O riacho que recebeu tal imagem torna-se mau. Parece então que o doce riacho é escrito em contraponto: pode ser lido como serpente ou riacho. Um poema de Browning nos fornece um exemplo dessa dupla leitura:

> *De repente, um riacho atravessou meu caminho*
> *Inesperado, como uma serpente vos visita.*
> ....
> *Tão esguio, e no entanto tão colérico...*
> ....
> *Salgueiros se lançavam, ensopados, num acesso*
> *De mudo desespero, bando de suicidas.* [7]

Prosseguindo a leitura, temos cada vez mais a impressão de uma paisagem envenenada.

Às vezes todo o cortejo das imagens reptilianas se desenrola, mas parece faltar a figura central; é então num detalhe, num impulso isolado, que sentimos viva a imagem da serpente. Assim, neste belo devaneio cósmico que é *L'arche* [A arca] de André Arnyvelde, lemos (p. 45): "A onda escura, salpicada de lamelas de ouro nos pontos em que a luz, furando as brumas, a atingia, a onda apaziguava-se, enroscava-se nos contornos dos recifes." A imagem

---
6. Victor Hugo, *Les misérables*, Hetzel, V, p. 278.

* Correnteza nos Alpes franceses. (N. T.)

7. Citado por Louis Cazamian, *Symbolisme et poésie. L'exemple anglais*, pp. 154-155.

hesita entre a onda e o réptil, mas, como sempre, é o devaneio mais animalizado que age.

Aliás, quando a imaginação recebeu a mobilidade de uma imagem tão viva como a da serpente, ela dispôs dessa mobilidade com a maior liberdade, contradizendo mesmo a realidade mais evidente. Deste modo, é uma renovação da velha imagem que experimentamos ao ler o verso de André Frénaud:

> *Como uma serpente que sobe os rios...*

Fazendo a serpente mover-se em contracorrente no riacho, o poeta liberta a imagem tanto do reino da água quanto do reino do réptil. Daríamos tranqüilamente o verso de Frénaud como um dos exemplos mais nítidos de uma *imagem dinâmica pura*. A imagem literária é mais viva do que qualquer desenho. Ela é mesmo movimento sem matéria. Aqui ela é movimento puro.

V

Certas imagens — que têm muitas variantes na obra de Victor Hugo — manifestam uma condensação e uma materialidade que impressionarão qualquer psicanalista das funções digestivas: "A serpente está dentro do homem, é o intestino. Ela tenta, trai e pune."[8] Essas duas linhas são suficientes para provar que a sexualidade não é tudo e que a tentação mais material, mais digestiva, pode ter sua história. Com esta imagem poderíamos aliás confrontar uma estranha pergunta formulada por Friedrich Schlegel, sem que se deva ver nela uma imaginação fantasiosa, mas antes a prova de uma meditação *terrestre* dos fenômenos da vida: "Não poderíamos considerar as serpentes produções doentias e os vermes intestinais da Terra?"[9]

Para Cardan, ao contrário, os alimentos das serpentes são bem *cozidos* pela digestão lenta em razão da estreiteza das vísceras "e por esse motivo seus excrementos cheiram bem" (*op. cit.*, p. 191). Essas valorizações no bem ou no mal, que intervêm com pretextos tão insignificantes, provam bem que tocamos, com tais imagens, uma camada inconsciente muito profunda, muito arcaica.

---

8. Victor Hugo, *William Shakespeare*, p. 78.
9. F. Schlegel, *Philosophie des Lebens*, p. 141.

VI

Em vez dessas imagens fortemente marcadas, podemos encontrar imagens fantasistas que em forma sinuosa vêm ampliar entrelaçamentos. Já se perguntou se o soneto das vogais de Arthur Rimbaud não teria recebido sua primeira substância das letras coloridas de sua cartilha. A mesma questão pode ser colocada a propósito de Victor Hugo que, freqüentemente em sua obra, sonha com iniciais, dá início a sua visão com uma letra maiúscula: "S, é a serpente", diz ele em seu livro de viagem, *Les Alpes et les Pyrénées* (pp. 65-67). Aliás, não é raro verem-se répteis subindo ao longo de letrinas. Parece que a serpente vem inflectir uma maiúscula demasiado reta, uma inicial que quer se ocultar. Quantas confissões inconscientes há às vezes na escolha de uma ornamentação assim animalizada!

O festão, a liana e a serpente, tudo se anima sob a pena que sonha, até mesmo a vida entrelaçada, enroscada, enrolada.

VII

Citações tão diversas, que poderíamos multiplicar, provam suficientemente que as imagens literárias da serpente ultrapassam muitas vezes o jogo das formas e dos movimentos. Se as alegorias fazem da serpente um ser tão eloqüente, uma sedução tão prolixa, é talvez porque a simples imagem da serpente faz falar. É um assunto infindável para histórias. Há portanto, no âmago da linguagem, palavras privilegiadas que regem múltiplas frases, palavras que reinam sobre os domínios mais diversos. Formam-se nuanças extraordinárias sob a astúcia de um termo como a serpente. Em *L'ébauche d'un serpent* [O esboço de uma serpente], por exemplo, o poeta, encontrando de certo modo a *natureza da sutileza*, pode, brincando, nos proporcionar o esboço de um universo. Esse universo é um mundo renegado, um mundo finamente desprezado.

A palavra *serpente* opera em múltiplos registros. Vai da sedução murmurada até a sedução irônica, da doçura lenta a um súbito silvo. Ela se compraz em seduzir. Ela se escuta falar:

> *Eu me escuto, e em meus rodeios*
> *Minha meditação murmura...*
> PAUL VALÉRY. *Charmes. Ébauche d'un serpent*

Abrindo um parênteses, usaríamos sem a menor dificuldade o exemplo da palavra serpente para sugerir a passagem de uma *imagem arquétipo* à *palavra arquétipo*, pois agora é a palavra que carrega todo o peso da imagem. Essa evolução das imagens para a palavra poderia abrir um caminho à crítica literária. Em literatura, a serpente vive de se exprimir: é um longo e mórbido discurso.

Mas após essa investigação periférica em torno do arquétipo central, devemos agora salientar tudo o que há de *terrestre* nas imagens da serpente.

VIII

O melhor é dar de imediato o exemplo de uma *serpente cósmica*, de uma serpente que, em muitos aspectos, é *a terra inteira*. Talvez nunca uma serpente, ser terrestre, tenha sido mais bem evocada do que por D. H. Lawrence[10]: "No âmago mesmo dessa terra dorme uma grande serpente no meio do fogo. Aqueles que descem nas minas sentem-lhe o calor e o suor, sentem-na mexer-se. É o fogo vital da terra, pois a terra vive. A serpente do mundo é imensa, os rochedos são suas escamas e as árvores crescem entre suas escamas. Eu vos digo que a terra que revolveis é viva, como uma serpente adormecida. Sobre essa imensa serpente vós caminhais, este lago repousa num vão de suas dobras como uma gota de chuva entre as escamas de uma cascavel. No entanto ela não deixa de estar viva. A terra vive.

"Se a serpente morresse, todos nós pereceríamos. Somente sua vida garante a umidade do solo que faz crescer o milho. De suas escamas extraímos a prata e o ouro, e as árvores têm nela suas raízes como nossos cabelos têm suas raízes na pele."

Um lógico, um realista, um zoólogo — e um crítico literário clássico — poderão unir-se em uma fácil vitória contra semelhante página. Denunciarão um *excesso* de imaginação e mesmo contradições de imagens: a serpente é um ser nu; como imaginá-la com cabelos? é um ser frio; como imaginá-la viva no fogo central? Mas é preciso acompanhar Lawrence não num mundo de objetos, mas num mundo de sonhos, num mundo de devaneios enérgicos

---

10. D. H. Lawrence, *Le serpent à plumes*, pp. 204-205.

em que a terra inteira é o núcleo de uma serpente fundamental. Este ser fundamental reúne os atributos contraditórios, a pluma e a escama, o aéreo e o metálico. Pertencem-lhe todas as potências do vivo; pertencem-lhe, a força humana e a preguiça vegetal, o poder de criar dormindo. Para Lawrence, a terra é uma serpente enroscada. Se a terra estremece, é que a serpente sonha.

Evidentemente, a página de Lawrence seria mais convincente se pudéssemos meditá-la a partir do folclore mexicano tão influenciado pela *serpente no mundo*. Mas esta página não é um simples comentário. Corresponde a uma visão direta do escritor, a uma adesão imediata à vida réptil e terrestre. Mostra-nos que, ao seguir a potência de um arquétipo, ao ampliar a imagem de uma serpente, a imaginação adquire normalmente a tonalidade de um folclore. Lawrence redescobre na verdade o folclore vivo, o folclore sincero, aquele que nem sempre o folclorista distraído conhece. Parece, com efeito, que o autor tem confiança em suas imagens bizarras, em imagens sem valores objetivos, em imagens que deveriam ficar inativas numa imaginação do eu-tu, em imagens que a menor atividade da razão ou da experiência apagaria. Ele sabe instintivamente que trabalha com um *fundo inconsciente sólido*. Sua visão original, repleta de imagens inesperadas, tem uma luz que vem das profundezas.

Se fôssemos assim à fonte das imagens, se buscássemos a matéria sob o ser, a matéria réptil sob o ser rastejante, a substância sinuosa sob o ser que se alonga e se encurva, compreenderíamos que a imagem se supera naturalmente. Elémir Bourges falou precisamente dos "átomos ofiônicos" que são a matéria primitiva de muitos de seus monstros. A substância ofiônica é assim uma monstruosidade original, original como um átomo, indestrutível como um átomo. Esta substância ofiônica pode, como um germe, transportar-se a uma matéria inerte, a uma terra morta. Ela alonga o glóbulo e o faz rastejar. Ela é a imaginária vitamina S que isolamos na imaginação tão marcadamente animalizada de um Victor Hugo.

Há sempre um pleonasmo material entre o que nutre e o que engendra. Tendo de expressar a terra do corpo e o metal das escamas que constituem a serpente-pecado, o ser terra íntima e sedução resplandecente, Swinburne, em uma admirável página sobre Blake, evoca (*Fontaine*, nº 60, p. 231) esse "alimento sinuoso da serpente", "corpo de argila flexível e vigoroso, belo, com uma erupção de crostas envenenadas e fosforescentes, infectado de escamas frias e coloridas, como as escamas da lepra sobre a pele; com o verde palor de uma boca tensa e a exibição de uma garganta em fogo comparável a sangue; com dentes e presas convulsionados pelo gozo doloroso da dor, pálpebras rasgadas pela chama escura do desejo, com o veneno visível de seu sopro lançado com força contra o rosto e os olhos da divina alma humana..."

Para alimentar essa criatura nascida da terra, que melhor alimento do que a própria terra? A frase do Antigo Testamento que condena a serpente sedutora a comer terra ecoará em toda a imaginação terrestre[11]. Com a ajuda do sonho, a serpente comerá a terra inteira, assimilará o lodo até tornar-se o próprio lodo, até tornar-se a matéria-prima de tudo. Uma imagem que adquire o estatuto de imagem primária torna-se matéria-prima da imaginação. Isso é verdadeiro na ordem de cada um dos elementos. É verdadeiro também no detalhe, no nível de uma imagem singular. A matéria ofiônica impregna e singulariza a terra imaginária de Lawrence.

Certamente, um leitor que não tem em sua imaginação a fibra terrestre não será muito afetado pela leitura da página de Lawrence; mas uma alma terrestre, ao contrário, admirará como, através das contradições assinaladas, se pode permanecer fiel à imagem da materialidade terrestre. Por exemplo, uma *imaginação metálica* hesitaria em acreditar que se possa extrair ouro e prata das escamas de um dragão monstruoso? Faz-se muito bem nácar com as escamas do mugem! Por que não se faria aço reluzente com o manto damasquinado da serpente?

Então os sonhos seguem seu caminho... Acumulam as sínteses; revelam-se como sínteses. As imagens animam-se em sínteses recíprocas. Elas invertem sua força sintética: se o dragão é guardião de tesouros, é porque ele próprio é um amontoado de tesouros, um monstro de rubis e metal. O dragão é uma criatura do ferreiro e do ourives, um símbolo que une a terra forte e a terra pre-

---

11. Lê-se no *Kalevala*, a propósito da serpente (p. 389, *op. cit.*):
   Mergulha a cabeça na turfa,
   Encrava-a na terra.
   Teu domicílio é a turfa,
   É na terra que tu moras.

ciosa. Basta tornar íntimo esse simbolismo, essa união da força e do valor, para compreender o Dragão dos Alquimistas em sua materialidade. O alquimista pensa a cor brilhante em profundidade, pensa a ofensividade de uma substância em profundidade. Para ele também o *lobo devorante* nasceu de um átomo devorante.

Os escritores dizem as mesmas coisas de um modo mais simples, muito simples: "Em certos países", escreve Saintine (*La seconde vie*, 1864, p. 131), "as serpentes são hábeis em descobrir tesouros." Saintine escreveu um conto: *Psylla*, a comedora de ouro. Será uma metáfora para designar uma mulher pródiga? Não, Psylla é uma cobra que come as moedas de ouro do narrador. Assim, as imagens encontram às vezes seu sustentáculo em remotas metáforas do comportamento humano. Comer moedas de ouro, isto é fácil para a serpente comedora de terra. A imagem tão abstrata torna-se abstrata-concreta na história do romancista. Ela é eminentemente concreta na imaginação ingenuamente materialista da serpente metálica. Para ser brilhante como a prata, é preciso comer prata.

Poderíamos aqui acumular textos que se situam entre a imagem e a metáfora. Vejamos um como exemplo. Em *Eugénie Grandet*, Balzac descreve assim o velho avarento: "Financeiramente falando, o sr. Grandet parecia-se com o tigre e a jibóia: sabia ocultar-se, agachar-se, encarar muito tempo a sua presa e saltar sobre ela; depois abria a goela de sua bolsa, engolia uma porção de moedas e deitava-se tranqüilamente como a serpente que digere, impassível, fria, metódica." Bastará refletir sobre os diferentes níveis desta imagem para se convencer de que a "goela da bolsa" não tem nada de uma imagem visual. Essa imagem tem origem numa instância inconsciente mais oculta, mais profunda. É um Jonas financeiro que poderia ser analisado com os temas reunidos por Allendy em seu livro *Capitalisme et sexualité*.

Deste modo o sonho coloca o problema da reversibilidade do concreto e do abstrato. Ele submete todas as suas proposições à *conversão simples* dos lógicos sem nenhum respeito pelas regras que limitam essa conversão. Isso é uma conseqüência de seu substancialismo, ou seja, da primazia da imaginação material sobre a imaginação das formas e das cores.

Essa liberdade de inversão da substância e do atributo atinge naturalmente o auge na imaginação literária, que se torna uma verdadeira força da liberação humana. Voltando à página de Lawrence, podemos realmente dizer que *tudo pode fazer-se ler*, as mais extravagantes imagens literárias podem fazer sonhar, se a literatura explora o fundo imaginário natural — e a serpente é um elemento desse fundo.

Então a literatura se mostra como o folclore moderno, o folclore no ato. Estranho folclore, que tende a dialetizar as antigas imagens com um toque de originalidade! A literatura é agora um imenso trabalho da linguagem em que a imagem traz a marca de uma sintaxe imaginária. Ela devolve aos substantivos sua substância. Para todas as palavras, parece que se constitui uma etimologia substancial, uma etimologia material. Vamos dar, a propósito da serpente, uma nova prova da importância da imaginação material.

IX

Há uma forte tendência para julgar os símbolos do ponto de vista das formas. Dizem rapidamente que a serpente que morde a cauda é um símbolo da eternidade. Aqui sem dúvida a serpente junta-se à enorme potência do devaneio do anel. O anel detém tamanha soma de imagens que seria preciso um livro inteiro para classificá-las e para determinar-lhes o movimento dos valores conscientes e inconscientes. A serpente ser, numa imagem rara, uma realização animal do anel, é o suficiente para que ela participe da *eternidade de todo anel*. Mas um comentário filosófico nada enriquece. Por exemplo, o peso filosófico desta imagem comentada por Elémir Bourges (*La nef*, p. 254) não ajuda nenhuma meditação do símbolo: "Unindo a todo instante em meu seio, tal como a serpente que se enrola em si mesma, a extensão profunda à extensão, a duração à duração, eu sou teu deus, o Ser dos seres."

Tudo irá adquirir vida se buscarmos na imagem da serpente que morde a cauda o símbolo da *eternidade viva*, de uma eternidade que é causa de si, causa material de si. É preciso então entender a mordida ao mesmo tempo ativa e mortal numa dialética da vida e da morte.

Essa dialética intervirá com ainda mais clareza quando um de seus termos for mais fortemente dinamizado. Ora, o veneno é a própria morte, a morte materializada. A mordida mecânica não é nada, é essa *gota de morte* que é tudo. Gota de morte, fonte de vida! Empregado em horas apropriadas, na conjunção astrológica certa, o veneno proporciona cura e juventude. A serpente que morde a cauda não é um fio enrolado, um simples anel de carne, é a *dialética material* da vida e da morte, a morte que sai da vida e a vida que sai da morte, não como os contrários da lógica platônica, mas como uma inversão infindável da matéria de morte e da matéria de vida.

Enaltecendo o poder do Alcaeste * de van Helmont, Le Pelletier escreve[11a] (p. 186): "É uma serpente que picou a si mesma, e tirou de seu próprio veneno uma nova vida para tornar-se imortal." Na página seguinte, Le Pelletier acrescenta: "Ela torna-se Fermento para si mesma." Se entendermos bem o *valor* inconsciente do fermento nos tempos pré-científicos, veremos que o ser que é *fermento para si mesmo* triunfou de toda inércia.

Assim, a intuição alquímica descobre uma espécie de intimidade no símbolo de eternidade que é a serpente enroscada. É na própria matéria, pela destilação lenta do veneno no corpo da serpente, que se preparam tanto a morte do que deve morrer como a vida do que deve sobreviver. Racionalizamos tão completamente o alambique que obstamos todos os devaneios de sua serpentina. A serpentina, para nós, não passa de um tubo enrolado, habilmente instalado na cuba cilíndrica, e acreditamos de bom grado que a serpentina deve seu nome simplesmente a uma forma designada, sem ultrapassar o reino da analogia das formas. Para os grandes sonhadores da destilação, a serpentina foi *corpo de serpente*. Simples tubo, ela daria um filete de líquido, como acontece quando o fabricante de aguardente não coloca em seu álcool a justa medida de sonho. Se a água de fogo sai *gota a gota*, a serpentina cumpre sua função de animal anelado e o alambique também oferece seu produto de juventude, sua aguardente que correrá nas veias como um veneno salutar[12].

Compreende-se assim que se tenha dado ao Alcaeste de van Helmont o nome de "grande Circulado". O que o homem desti-

---

* Solvente universal obtido por destilação do mercúrio, e a que se atribuía o poder de curar ingurgitamentos. (N. T.)

11a. Jean Le Pelletier, *L'Alkaest ou le dissolvant universel de Van Helmont*, 1704.

12. Cf. a animalização do alambique em *L'assommoir* [A taverna] de Zola (cap. X). Herbert Silberer (*op. cit.*, p. 213) percebeu bem a importância inconsciente da lenta destilação. Para ele, destilar é cair gota a gota (*destillare = herabtropfen*).

lante — *homo destillans* — faz artificialmente, a serpente que morde a cauda o faz por natureza, ou melhor: por necessidade de natureza. *É preciso* que de tempos em tempos a serpente morda a cauda para que se realize o mistério do veneno, para que ocorra a dialética do veneno. Então a serpente *cria pele nova*; seu ser é profundamente renovado. Para essa mordida, para esse rejuvenescimento, o réptil se esconde, daí seu mistério. "Em todas as épocas e em todos os povos", diz Kassner (*Les eléments de la grandeur humaine*, trad. fr., p. 201), "a serpente foi considerada como o animal misterioso, o animal mágico, o animal-metamorfose."[13]

Quando se compreende que a serpente enroscada é antes a vida circulada do que um desenho circular, apreciam-se melhor certas lendas. No *Roman de Sidrac*, publicado por Langlois (t. III, p. 226), lemos: "Toda serpente que não é morta acidentalmente vive mil anos e transforma-se em dragão." Entende-se melhor também certas práticas medicinais como o caldo de víbora ou o pó de víbora. A simples leitura do livro de Charas* sobre o sal de víbora bastaria para provar que a matéria também tem suas lendas. A matéria da serpente é uma *matéria legendária*.

X

Se seguirmos agora a *imaginação dinâmica* solicitada pela imagem tradicional da serpente, poderemos dizer que a serpente é o sujeito animal do verbo enlaçar e do verbo insinuar-se. Os répteis querem tocar; como diz Lawrence (*Kangourou*, trad. fr., p. 391), "o contato os atrai". Eles se enrolam para tocar-se a si mesmos. Enlaçam para tocar em toda a extenção de seu corpo. Certamente essa visão poderá ser considerada muito parcial, mas com um pouco de atenção reconheceremos que se trata de um dos momentos de *nossa imaginação*, o primeiro momento, logo superado por interesses superiores. Do mesmo modo é estranho que tenham escrito tanto sobre Laocoonte sem praticamente se colocarem no ponto

---

13. No Alharna-Veda, é de uma potência superior que as serpentes obtêm o veneno. "Esse veneno fornece às serpentes seus meios de existência." (trad. Victor Henry, liv. III, 1894)

* Médico francês (séc. XVII) que se notabilizou pelo estudo de medicamentos contra a mordida de animais venenosos. (N. T.)

de vista da serpente. E no entanto, uma imaginação um pouco animalizada experimentaria algum prazer revivendo as forças do ser flexível, do ser enlaçante. Ela sentiria os sinais de um *complexo de Laocoonte* em que a imaginação está suspensa entre a repugnância e a atração. Percebemos vivamente essa ambivalência diante do encantador de serpentes, diante da mulher com colar de répteis. A serpente, o ser nu, a desnuda. A serpente, o ser sozinho, a isola. Esta é uma impressão que impressionou Rudolf Kassner (*Le livre du souvenir*, trad. fr., p. 178). O encantador de serpentes, diz ele, opera por uma espécie de mimetismo do movimento nu, de uma nudez móvel: "O traço notável nesse rosto era a maneira pela qual ele havia assimilado, absorvido em seus traços os movimentos da serpente, com seu ataque furioso tornando-se assim o espelho do animal; era a maneira pela qual o homem via-se forçado a transformar-se em serpente, a tornar-se sinuoso. Nisso consistia sua nudez: a nudez daquele que se metamorfoseia. Ele estava nu como um animal e não como um homem." Dizíamos no primeiro capítulo de nosso livro *A terra e os devaneios da vontade* que as matérias sólidas e duras nos dão imagens de nossa vontade. Certos animais — a serpente é um deles — nos dão também lições de vontade particulares; chamam-nos à similitudes de vontade animal. As contorções do Laocoonte enlaçado respondem aos enrolamentos do ser enlaçante.

São essas similitudes que a literatura contemporânea, com sua maneira nova de ir diretamente às imagens, sabe descrever. Em *Le musée noir* [O museu negro] de Pieyre de Mandiargues (p. 94), lemos: "... um Laocoonte atrai seus olhares, e as contorções do grupo lhe parecem desafios a enfrentar imediatamente, convites a jogos de pedra e de pele..." E eis o sonhador tomado por um pesadelo da nudez de serpente (p. 95): "Dir-se-ia, por uma curiosa ilusão dos sentidos, que o grupo se animou ao contato do homem nu; no entanto a pedra permanece a pedra, e nem sempre há outro prodígio além dessa natureza um tanto bizarra que permite a nosso homem romper seu molde habitual para se fundir em todos aqueles que deseja, com a única condição de não mudar de volume." O escritor é também matéria e movimento de imagens; ele quer viver ativamente os movimentos reptilianos bem especializados, os movimentos de Laocoonte, no próprio tipo da *ofensividade enlaçante*: "Estais vendo como ela agora se alonga? Transformou-se de novo numa espiral vertiginosa que se lança em torno do nobre ancião;

em certos momentos, para o olhar deslumbrado, nada mais é do que um maelström de reflexos tenuemente dourados que correm sobre o mármore como se fossem aí submergir; depois é um fio de açoite, como desses esguios répteis arborícolas da Insulíndia, que pende sob o relevo bem musculoso da estátua; espessa-se até tornar-se uma espécie de hidra ou calamar; ninhada de grandes serpentes que saíram dos braços, das pernas e do corpo inteiro do homem do tamanho de seus modelos petrificados." Assim, os braços e as pernas são eles próprios realidades reptilianas. A imaginação dinâmica traduz uma assimilação do ser atacado e do ser atacante. Parece que a própria pedra corresponde às ondulações das serpentes. Já não se trata de dissertar, como Schopenhauer, para saber se Laocoonte deve calar-se ou gritar. Pieyre de Mandiargues tomou o partido dinâmico da serpente. Se ele se põe à escuta, é para dizer que gostaríamos de "não ouvir mais o ruído incessante dos anéis rápidos", ruído "que evoca correias em atrito". Na página seguinte, é quando o ruído for exorcizado por pássaros cantores, que o nó das serpentes se desatará e o pesadelo de um Laocoonte ativo se distenderá, deixando o sonhador disponível para novas imagens, para novas tensões.

A página de Mandiargues poderia servir de tema para um verdadeiro *teriodrama** no sentido em que Moreno fala de sociodrama. A imaginação, com efeito, sente freqüentemente necessidade de se medir com os animais. Nossos meios de ofensividade imaginária são tantos que temos necessidade de colecionar os tipos de agressividade animal, para melhor nos conhecermos dinamicamente. A obra de Lautréamont é, em muitos aspectos, um álbum de teriodramas. Ela nos ajuda a efetuar, no plano imaginário, o universo de nossa brutalidade.

Encontraremos as mesmas lições de imaginação dinâmica se considerarmos a serpente como o sujeito animalizado do verbo deslizar (em francês, *glisser*. Boehme escreve em *Les trois principes* (trad. fr., t. II, p. 12): "O demônio... deslizou para dentro da serpente." Impossível ver esse animal deslizante sem o seguir em seu deslizamento, em suas insinuações. Os sentidos mais abstratos de *glisser*, como *glisser un mot dans l'oreille* [soprar uma palavra no ouvido], embora tenham saltado vários níveis de metáforas, reencontravam aqui sua etimologia figurada.

---

* Do grego *therion*, animal. (N. T.)

Nessa mecânica do deslizamento animal redescobrimos aliás muitas imagens dinâmicas já assinaladas em nosso capítulo sobre o movimento labiríntico:

> ...Às vezes o clarão azulado de um réptil
> Clareia bruscamente o horror de suas covas

diz Laurent Tailhade (*Poèmes élégiaques. Oeuvres*, I, p. 121), unindo as duas imagens do labirinto e da serpente.

Mas é impossível ver-se aí apenas uma imagem fugidia. Vamos mostrar que ela designa um movimento de imagens capaz de arrastar todo o ser até suas profundezas. Como terminamos o capítulo sobre o labirinto com uma página de Biely, podemos buscar na mesma fonte a conclusão do capítulo sobre a serpente.

Os devaneios de Biely, com efeito, são entremeados de lembranças de labirintos e de impressões de tentáculos. São animados por serpentes (*op. cit.*, p. 53): "Cá estou no mundo apenas com minha cabeça, pois meus pés ficaram nas entranhas que os prendem; e eu os sinto viverem como serpentes, e meus pensamentos são mitos-com-pés-de-serpente: e experimento essas coisas titânicas...

"... serpentes vagueiam nele (no próprio corpo da criança), ao redor dele e enchem-lhe o berço." A história das serpentes no berço de Hércules não nos oferece a intimidade do mito. Espreitada por imagens exteriores, ela traduz imediatamente o mito íntimo como uma luta das mãos e dos braços contra um inimigo exterior. Ao contrário, a história sonhadora do poeta luta contra um réptil interior, contra o inimigo íntimo que ondula em seu próprio corpo. Biely escreve: "Continuo a cercar de palavras os primeiros acontecimentos da vida:

"Para mim, a sensação é uma serpente: nela, o desejo, o sentimento e o pensamento confundem-se num vasto corpo-com-pés-de-serpente, o corpo de um Titã; esse Titã me sufoca e a consciência tenta escapar-se; já escapou, não está mais — exceto um tênue ponto projetado através de um infinito de emanações divinas; para ir dominar o incomensurável... mas não o dominava..."

Sim, a sensação foge, quente por um instante na energia que jorra, depois fria, ela desliza, não tem forma, ondula nos músculos, debaixo da pele, inchando a perna como um grande réptil... Sonhai na própria matéria de vosso corpo tentando reencontrar as forças primitivas, quando vosso primeiro esforço for verdadeiramente titânico: havereis de suscitar as imagens de um Titã remexendo em serpentes no berço. Então compreendereis o horror e a verdade da frase de Biely: *a sensação é uma serpente*. Posteriormente, a sensação se articula, ganha membros, localiza-se. Mas em nossos primeiros sonhos — e de nossas *primeiras* sensações não podemos separar nossos primeiros sonhos — ela é uma dilatação que se propaga, uma dilatação que invade o corpo inteiro.

Mais adiante (p. 54), Biely traduzirá assim suas lembranças de sensações primitivas: "As sensações separam-se da pele tornada semelhante a uma bainha, e eu rastejava nela como por um tubo; e algo deslizava atrás de mim; tal foi a primeira ascensão na vida..."

Lendo estas páginas, assim como algumas outras, um discípulo de Otto Rank não hesitará em diagnosticar um *traumatismo de nascimento*. Mas é *a todo nascimento* que Biely vincula suas impressões de ser rastejante. E, precisamente, todo grande devaneio é, em nós, um nascimento. Parece que, para Biely, tudo começa alongando-se, alongando-se lentamente, penosamente. A consciência nasce materialmente de um estiramento, dinamicamente de uma ondulação. Ela é a imaginação reptiliana. É a imaginação de um ser da terra, circulando nos negros condutos subterrâneos.

Só a meditação *terrestre* e *subterrânea* pode tornar legível o relato de tão extraordinários devaneios. Sem essa preparação para as imagens materiais e dinâmicas, perde-se o benefício das primitividades reencontradas pelo escritor. De que outra maneira receber ainda as induções dinâmicas de devaneios como este (p. 55): "A serpente mais comprida de todas, meu tio Vassia, rastejava em minhas costas, pés-de-serpente-e-bigode-de-homem, então dividiu-se em dois segmentos: um vinha jantar em nossa casa, e o outro encontrei mais tarde sobre a capa de um livro útil, *Os monstros desaparecidos*; e chamavam-se 'dinossauro'; garantem que eles desapareceram, mas, quanto a mim, encontrei-os nos primeiros estados de minha consciência." A serpente é, em suma, o subterrâneo em relevo, o complemento vivo do labirinto. Em suma, Biely encontra a síntese das imagens do labirinto e da serpente, sem esquecer a imagem fálica final que, bem vivenciada, liberta das angústias precedentes: "Eis portanto a imagem de minha ascensão na vida: uma passagem, uma abóbada e a obscuridade; e serpentes que me perseguiam... Essa imagem é aparentada com aquela de minhas tribulações nas galerias do templo, em companhia de um homem-com-cabeça-de-touro, de cetro na mão..."

XI

Para a imaginação, naturalmente, todo ser rastejante é aparentado com a serpente. O verme, que poderia ser objeto de uma monografia literária, é muito amiúde um esboço de réptil. Lendo Boehme, teríamos muitos exemplos de contaminação entre as imagens do verme e da serpente. Na imaginação do fogo, por exemplo, nada mais comum do que as comparações da chama com a víbora. Boehme (I, p. 319) fala simplesmente de um "verme belo e brilhante somente no clarão do fogo".

Entre os animais que recebem o signo terrestre, é preciso notar ainda as formigas, que um antigo tradutor de *O asno de ouro* de Apuleio, escrevendo em 1648, chama de "crias fervilhantes da terra". Proliferam lendas em que as formigas aparecem como guardiãs de tesouro. Daremos apenas um exemplo, extraído do *Bestiário* de Philippe de Thaon (Langlois, III, p. 19): "Há na Etiópia formigas do tamanho de cães; elas recolhem o ouro em pó em um rio que existe lá; mas ninguém se aproximaria de seu tesouro sem ser mordido e morrer. Os habitantes do país inventaram um ardil: enviam a essas formigas éguas que acabaram de parir, carregadas de cofres abertos; as formigas enchem de ouro esses recipientes; então fazem os potros relincharem, e as éguas voltam a todo galope." (Ver também *Hérodote*, III, 10) A força hercúlea das formigas mereceria também comentários. Para Ruysbroeck o Admirável (*L'ornament des noces spirituelles*, trad. fr. 1928, p. 114), "esse pequeno inseto... é dotado de força e de prudência, e sua vida é muito dura".

Freqüentemente aliás, no folclore da Índia, o formigueiro é associado à serpente; a serpente, por exemplo, enrosca-se num formigueiro. Em muitos textos, o formigueiro oculta um tesouro e seu guardião é uma serpente (cf. Vogel, *op. cit.*, p. 28).

CAPÍTULO IX

A RAIZ

> Ninguém sabe se seu corpo é uma planta
> que a terra fez para dar um nome ao desejo.
> LUCIEN BECKER

I

É privilégio filosófico das imagens primárias que, ao estudá-las, se possam desenvolver, a propósito de cada uma delas, quase todos os problemas de uma metafísica da imaginação. A imagem da raiz é, nesse aspecto, particularmente favorável. Ela corresponde, no sentido de Jung, como as imagens da serpente, a um arquétipo sepultado no inconsciente de todas as raças, possuindo também, na parte mais clara da mente e até mesmo no nível do pensamento abstrato, uma potência de metáforas múltiplas, sempre simples, sempre compreendidas. A imagem mais realista e as metáforas mais livres atravessam assim todas as regiões da vida psíquica. Um psicólogo que fizesse uma longa pesquisa sobre as diversas imagens da raiz, exploraria toda a alma humana. Não podendo escrever um livro inteiro sobre o assunto, iremos dedicar-lhe um capítulo.

Os valores dramáticos da raiz se condensam nesta única contradição: a raiz é o morto vivo. Essa vida subterrânea é sentida intimamente. A alma sonhante sabe que essa vida é um longo sono, uma morte enlanguescida, lenta. Mas a imortalidade da raiz tem uma prova evidente, uma prova clara muitas vezes invocada, como no Livro de Jó (cap. XIV, §§ 7 e 8):

"Pois se uma árvore é cortada, há esperança, ela reverdecerá, e novos ramos brotarão;
"Ainda que a sua raiz envelheça na terra, e seu tronco fique como morto no pó."

São grandes as imagens ocultas que se manifestam assim. A imaginação quer sempre sonhar e compreender ao mesmo tempo, sonhar para melhor compreender, compreender para melhor sonhar. Considerada como *imagem dinâmica*, a raiz recebe igualmente as forças mais diversas. É ao mesmo tempo força de manutenção e força terebrante. Nas fronteiras de dois mundos, do ar e da terra, a imagem da raiz anima-se de uma maneira paradoxal em duas direções, conforme sonhemos com uma raiz que leva ao céu os sucos da terra ou sonhemos com uma raiz que vai trabalhar entre aos mortos, para os mortos. Por exemplo, se é comuníssimo sonhar com uma raiz que vai levar seu ato colorante à flor resplandecente, é possível entretanto encontrar belas e raras imagens que conferem uma espécie de força enraizante à flor contemplada. Florescer bem é então uma maneira segura de enraizar-se. Tal é a bela imagem de Luc Decaunes que Léon-Gabriel Gros atribui justamente a uma dinâmica "da esperança violenta", da esperança terebrante:

A flor produziu raízes imensas
A vontade de amar apesar da morte.[1]

II

A raiz é sempre uma descoberta. Ela é mais sonhada do que vista. E, quando descoberta, surpreende: não é rocha e radícula, filamento flexível e madeira dura? Com ela, temos um exemplo de contradições nas coisas. A dialética dos contrários, no reino da imaginação, faz-se com a ajuda de *objetos*, em oposições de substâncias distintas, completamente reificadas. Como ativaríamos a imaginação se buscássemos sistematicamente os *objetos* que se contradizem! Veríamos então as grandes imagens, como a raiz, acumularem contradições de *objetos*. Neste caso a negação ocorre entre as coisas e

---

[1]. Léon-Gabriel Gros, *Luc Decaunes ou les violences de l'espoir* (*Cahiers du Sud*, dezembro de 1944, p. 202).

não simplesmente entre a aceitação e a recusa de deixar um verbo funcionar. As imagens são realidades psíquicas primárias. Tudo começa, mesmo na experiência, por imagens.

A raiz é a árvore misteriosa, é a árvore subterrânea, a árvore invertida. Para ela, a terra mais sombria — como o lago, sem o lago — é também um espelho, um estranho espelho opaco que duplica toda realidade aérea com uma imagem subterrânea. Com esse devaneio, o filósofo que escreve estas páginas confessa a que excesso de metáforas obscuras pode ser levado ao sonhar com as raízes. Ele tem como desculpa o fato de que, várias vezes em suas leituras, encontrou a imagem de uma árvore que crescia ao contrário, cujas raízes, como uma leve folhagem, tremulavam nos ventos subterrâneos enquanto os ramos enraizavam-se fortemente no céu azul.

Por exemplo, um grande amante das plantas como Lequenne, após ter relatado a experiência de Duhamel que *inverte* realmente um jovem salgueiro de um ano para que os ramos se tornem raízes e as raízes brotem no ar, escreve: "Às vezes, repousando à sombra de uma árvore após o trabalho, entrego-me a esse estado de semiconsciência que confunde terra e céu. Penso nas folhagens-raízes que bebem ávidas no céu, e nas raízes, maravilhosas ramagens que vibram de prazer debaixo da terra. Para mim uma planta não é apenas um caule e algumas folhas. Eu a vejo também com essa segunda ramagem, palpitante e oculta."[2] Este é um texto psicologicamente completo, já que o sonho relatado por Lequenne é precedido de sua racionalização na experiência realizada por Duhamel. É possível sonhar, consente o observador, o que Duhamel demonstrou ser verdadeiro. Desse modo inserem-se no real todos os sonhos de estacas, alporques e mergulhias. Mas de onde vêm essas práticas? Qualquer espírito positivo responderá que elas vêm "da experiência" e que um feliz acaso instruiu o primeiro agricultor na arte de tirar muda de estaca. Mas talvez a um filósofo da imagem seja permitido propor, ao contrário, um privilégio do sonho. Ele se recorda que plantou imensas florestas em seu pequeno jardim e que por muito tempo sonhou junto aos renques conquistadores onde se fazia a mergulhia dos cepos ao lado da alfafa. Sim, por que recusar "a hipótese científica" dos sonhos como antece-

---
2. Lequenne, *Plantes sauvages*, pp. 97-98.

dentes das técnicas? Por que o primeiro alporque não seria sugerido pelo devaneio tão freqüente, tão poderoso, da árvore invertida? Diante de imagens tão numerosas, tão variadas, que sobrepujam tantas contradições, é de admirar que a palavra *raiz*, empregada em psicanálise, destaque-se por uma enorme riqueza de *associações?* Trata-se de uma palavra *indutora*, uma palavra que faz sonhar, uma palavra que vem sonhar em nós. Experimente-se pronunciá-la docemente, não importa o motivo, e ela fará o sonhador *descer* a seu passado mais profundo, ao inconsciente mais remoto, além mesmo de tudo aquilo que foi sua pessoa. A palavra "raiz" nos ajuda a ir "à raiz" de todas as palavras, em caso de necessidade radical de exprimir as imagens:

> *Os nomes perdidos de minha presença humana*
> *Iam por sua vez para as árvores adormecidas.*
>
> YANETTE DELÉTANG-TARDIF, *Tenter de vivre*, p. 14

Basta seguir as árvores na terra onde elas dormem, completamente enraizadas, para encontrar nos "nomes perdidos" constâncias humanas. A árvore é assim uma direção de sonhos:

> *A árvore está lá fora e é bom que esteja lá,*
> *Signo constante das coisas que mergulham na argila,*[3]

diz um raro poeta que sabe ler o *signo dominante* nas coisas. Deste modo ele descobre, como Victor Hugo, "do lado das raízes",

> *O reverso tenebroso da criação.*
>
> *La légende des siècles. Le satyre*

O que é verdadeiramente sólido sobre a terra tem, para uma imaginação dinâmica, uma forte raiz. Para Victor Hugo, "a cidade cresce como uma floresta. Dir-se-ia que os alicerces de nossas casas não são alicerces, mas raízes, raízes vivas onde a seiva flui".[4]

Assim também, basta uma personagem de Virginia Woolf segurar nas mãos um caule para surgir a raiz[5]: "Pego um caule na

---
3. Guillevic, *Terraqué*, p. 132.
4. Victor Hugo, *Le Rhin*, t. II, p. 134.
5. Virginia Woolf, *As ondas* (cf. ed. Nova Fronteira, p. 10).

mão. Sou o caule. Minhas raízes descem às profundezas do mundo, varando a terra seca e a terra úmida, atravessando veios de chumbo e prata. Sou todo fibras. Tremores sacodem-me, o peso da terra pressiona minhas costelas. Aqui em cima meus olhos são verdes folhas cegas. Sou um menino em calças de flanela cinza.'' Um psicanalista que pratica o sonho acordado reconhecerá imediatamente um sonho de descida. Ele é de uma maravilhosa fidelidade onírica. O sonhador segue de corpo e alma a sedução do objeto: ele é caule, depois raiz, experimenta todas as durezas labirínticas, desliza como um veio metálico no meio da terra pesada. No final desse belo documento onírico, deixamos subsistir a frase, ''Sou um menino em calças de flanela cinza'', para mostrar com que facilidade, como por um simples piparote, Virginia Woolf sabe reconduzir seus sonhadores à realidade. Com efeito, há continuidade na passagem da realidade aos sonhos, mas — eminente paradoxo — sempre descontinuidade dos sonhos à realidade. Todo despertar puro é emergência breve.

Encontraremos no romance de Virginia Woolf outros sonhos de raiz (*As ondas*, p. 72): ''Minhas raízes descem por veias de chumbo e prata, por lugares úmidos e podres que exalam miasmas, até um nó central feito de raízes de carvalho.'' E o mesmo sonhador nos confidencia (p. 10) a vida densa das raízes: ''Como num pote de flores, minhas raízes estão tramadas ao redor do mundo.'' Outra maneira de tomar *a terra inteira* por raízes insidiosas. A mesma imagem está viva num poema de Reverdy:

> *As raízes do mundo*
> *pendem*
> *para além da terra.*
>
> PIERRE REVERDY, *Plupart du temps*, p. 353

Às vezes não é apenas uma página, como em Virginia Woolf, que é animada pela imagem da raiz; é uma obra inteira. Leia-se, por exemplo, *Ginseng*, de Mikhail Prichvin, e se reconhecerá o poder de síntese dessa imagem de raiz. Já não se sabe, à força de sonhar, se o Ginseng é uma *raiz vegetal* ou uma *raiz de vida* (trad. fr., p. 51): ''Penso nisso às vezes de um modo tão profundo e obstinado que essa raiz de vida torna-se fabulosa para mim, mescla-se a meu sangue, torna-se minha própria força...'' A imagem transporta-se, ao longo do relato, para o "ginseng" do galho dos cervos. Aí também é uma "raiz de vida", um princípio de vida (cf. p. 65). Depois virá uma página em que a meditação, em que o trabalho científico serão também raízes de vida (p. 74). E os trabalhadores "estão mais pertos do alvo do que aqueles que buscam uma planta pré-histórica na taiga primitiva". Toda a arte de Prichvin é manter durante oitenta páginas essa correspondência entre as coisas e os sonhos, entre as imagens da realidade e as metáforas dos mais longínquos devaneios. A raiz *brota*. Serve de imagem adequada a tudo o que *brota*. Segundo Bacon (*Histoire de la vie et de la mort*, trad. fr., p. 308), para rejuvenescer é preciso comer o que brota "dos grãos, das sementes, das raízes". Este simples valor dinâmico de uma raiz que brota prepara um campo imenso de metáforas, válidas para todos os países e para todas as épocas. É tanta a generalidade dessa imagem que não lhe prestamos muita atenção. Basta no entanto reaproximá-la do real, devolver-lhe seus valores terrestres, para que ela determine em nós uma espécie de adesão primária. Raros são aqueles que são indiferentes aos devaneios de raiz. Os psicólogos que não quiserem colocar a imaginação no topo das potências psíquicas dificilmente poderão legitimar, para uma realidade tão pobre, tal privilégio.

Multiplicaríamos sem dificuldade os exemplos que provam que a imagem da raiz se associa a quase todos os arquétipos terrestres. De fato, a imagem da raiz, desde que *sincera*, revela em nossos sonhos tudo aquilo que nos faz *filhos da terra*. Todos nós, sem nenhuma exceção, temos por antepassados lavradores. Ora, os verdadeiros sonhos da lavoura não são as fáceis contemplações dos sulcos, a terra revolvida, como em certas descrições de Emile Zola. Estas são contemplações de literatos. A lavoura não é contemplação, é ofensiva, e os psicanalistas não têm dificuldade de isolar nela um componente de ofensiva sexual. Mas, do próprio ponto de vista da psicanálise objetiva, parece que o ato da lavoura se acirra mais contra a raiz do que contra a terra. Desbravar é a lavoura mais ardente, a lavoura que tem um inimigo assinalado.

Todo sonhador bem dinamizado pela raiz recalcitrante admitirá então que a primeira charrua tenha sido ela própria uma raiz, a raiz arrancada da terra, a raiz dominada, *domesticada*. A raiz bifurcada retorna com seu gancho e sua madeira dura à luta contra as raízes selvagens; o homem, esse grande estrategista, faz com que os objetos lutem contra os objetos: a charrua-raiz desenraíza as raízes[6].

E, perante a gana de uma raiz, quem não compreenderá o sortilégio de mandrágora, da raiz que se vingava fazendo morrer aquele que a arrancava? Bastará fazer um cão puxá-la ou, como diz um velho livro, será suficiente "tapar com cera ou resina os ouvidos para não ouvir o grito da raiz, que causaria a morte daqueles que a escavam"? O desbravador já multiplicou as injúrias contra o mato, cujas raízes, costuma-se dizer, "agarram-se até no inferno". Essas injúrias do trabalhador são elementos vivos de todas as maldições da lenda. O mundo intratável é nossa provocação. Ele nos devolve as injúrias e as maldições. Desenraizar requer violência, provocações e gritos. Aqui também, o trabalho falado, o trabalho gritado explica lendas, decerto não em toda a sua profundidade, mas em grande parte de seu valor expressivo. Quanto à mandrágora, a psicanálise clássica explicará melhor do que conseguiríamos em poucas páginas; mas o objeto, a própria raiz, apresenta traços particulares à expressão. São esses traços particulares que um estudo das imagens da raiz deve levar em conta.

III

Pareceu-nos curiosíssimo, em nossas pesquisas sobre a imagem do vegetal, ver surgir com muita freqüência uma árvore *mutilada*. De fato, a maioria dos sonhadores demonstra preferências por partes de árvore. Uns vivenciam a copa, as ramagens, as folhas, o galho, outros o tronco, outros enfim as raízes. O olho é tão analítico que obriga o sonhador a limitar-se. Mas então, nessa rápida adesão a uma

---

6. A fim de limitar nosso método, deixamos de lado toda uma série de questões que poderiam ser objeto de longos comentários. A agricultura estava submetida, primitivamente, aos ritos de fecundação. A arqueologia, bem antes da psicanálise, discerniu as características fálicas da charrua. Sobre esse ponto, há muitos documentos. Bastará reportar-se, por exemplo, ao livro de Albrecht Dieterich, *Mutter-Erde* (1.ª edição, 1905), para conhecer todo esse plano de imagens sexuais. Trata-se do plano mais profundo. Mas o que precisamente queremos mostrar é que este não é o único plano, e que as imagens têm uma autonomia material. O ser terrestre da raiz não se esgota em uma designação sexual. O mesmo vale para o ser ativo da charrua. Lendo atentamente *Mutter-Erde*, percebemos que, se o ato inicial de abrir a gleba tem uma significação sexual, isso não quer dizer que se possa deduzir daí todas as imagens do trabalho da terra.

imagem parcial, pareceu-nos várias vezes que a imaginação retraía-se ante o impulso das forças psíquicas. É também em exercícios fragmentários que nos acostumamos a ver nas imagens brilhos efêmeros, cores incoerentes, esboços jamais completados. Em reação contra esse atomismo das imagens figuradas, procuramos então, em nossas tentativas de psicossínteses imaginárias, encontrar as forças de integração, devolver às imagens sua totalidade.

Acreditamos, justamente, que há objetos que têm forças de integração, objetos que nos servem para integrar imagens. A nosso ver, a árvore é um *objeto integrante*. Ela é normalmente uma obra de arte. Assim, quando conseguíamos dar ao psiquismo aéreo da árvore o interesse complementar das raízes, uma vida nova animava o sonhador; o verso produzia uma estrofe, a estrofe produzia um poema. Uma das maiores verticais da vida imaginária do homem ganhava todo o alcance de seu dinamismo indutor. A imaginação captava então todas as forças da vida vegetal. Viver como uma árvore! Que crescimento! Que profundidade! Que retidão! Que verdade! No mesmo instante, dentro de nós, sentimos as raízes trabalharem, sentimos que o passado não está morto, que temos algo a fazer, hoje, em nossa vida obscura, em nossa vida subterrânea, em nossa vida solitária, em nossa vida aérea. A árvore está, em toda a parte ao mesmo tempo. A velha raiz — na imaginação não existem raízes jovens — vai produzir uma flor nova. A imaginação é uma árvore. Tem as virtudes integrantes da árvore. É raiz e ramagem. Vive entre o céu e a terra. Vive na terra e no vento. A árvore imaginada é insensivelmente a árvore cosmológica, a árvore que resume um universo, que faz um universo[7].

Para muitos sonhadores, a raiz é um eixo da profundidade. Ela nos remete a um passado longínquo, ao passado de nossa raça. Buscando seu destino em uma árvore, d'Annunzio escreve: "Veio-me a crença de que eu olhava esta árvore virginalmente, e que suas raízes difíceis estremeciam no mais fundo de mim mesmo como as fibras de minha raça..."[8] A imagem, como é freqüente no poeta italiano, é certamente sobrecarregada, mas ela segue o eixo dos devaneios de profundidade. No mesmo livro (p. 136), d'Annunzio,

---
7. Cf. *L'air et les songes*, "L'arbre aérien" [*O ar e os sonhos*, "A árvore aérea"].
8. D'Annunzio, *Le dit du sourd et du muet qui fut miraculé en 1266*, Roma, 1936, p. 20.

seguindo a mesma imagem, diz ainda: "Toda a minha vida, por alguns instantes, é subterrânea como a raiz de uma rocha cega."

IV

Mas, para perceber melhor o valor dessa força de integração, vejamos primeiramente um exemplo de uma alma sofredora, de uma imagem *sofredora*, que gostaríamos de curar mediante uma integração numa imagem total. Trata-se de uma espécie de raiz que perdeu sua árvore.

Extraímos essa imagem de *A náusea* de Jean-Paul Sartre. A página que transcrevemos nos servirá para realçar o "diagnóstico vegetal" de uma vida imaginária, tal como o sugeríamos um pouco mais acima.

"Eu estava, pois, agora há pouco no jardim público. A raiz do castanheiro se encravava na terra, bem embaixo de meu banco. Já não me lembrava que era uma raiz. As palavras se haviam desvanecido e, com elas, a significação das coisas, seus modos de emprego, as frágeis referências que os homens traçaram em sua superfície. Eu estava sentado, um pouco curvado, cabeça baixa, sozinho em frente daquela massa escura e nodosa, inteiramente bruta e que me causava medo." (p. 162) Empenhado em mostrar o apagamento súbito de um mundo, Sartre não nos descreve com suficientes detalhes essa espécie de hipnotismo do desvanecimento que atrai o sonhador, no momento em que se entrega à novidade íntima da raiz. Por baixo do verniz, por baixo da rugosidade, por baixo das vestes remendadas das cascas e das fibras, circula uma massa: "Aquela raiz era modelada na existência." E o que especifica o universo da náusea, o que designa um *vegetalismo nauseante*, é que por trás da solidez das crostas, por baixo do "couro cozido" das membranas, a *existência* da raiz é vivenciada como a existência de "massas monstruosas e moles, em desordem — nuas de uma horrorosa e obscena nudez". Com efeito, como não haveria de ser obscena, nauseante, essa nudez flácida?

Com essa participação inteiramente passiva na intimidade flácida, vamos ver as imagens multiplicarem-se e sobretudo as metáforas que continuam a estranha metamorfose do duro em mole, da raiz dura em massa mole. O sonhador está a caminho de uma transcendência do absurdo. O absurdo é normalmente um conceito da inteligência; como constituí-lo no próprio reino da imaginação? Sartre vai nos mostrar como as coisas são absurdas antes das idéias. "A palavra absurdo brota neste instante de minha pena; agora há pouco, no jardim, não a encontrei, mas também não a procurava, não tinha necessidade dela: eu pensava sem palavras, *nas* coisas, *com* as coisas." (p. 164) Acrescentemos que o sonhador era um *contínuo de imagens*. "O absurdo não era uma idéia em minha cabeça, nem um sopro de voz, mas aquela longa serpente morta a meus pés, aquela serpente de madeira. Serpente, ou garra, ou nariz, ou presa de abutre, pouco importa." Para sonhar melhor esse texto, substituamos a conjunção *ou* pela conjunção *e*. A conjunção *ou* infringe as leis fundamentais do onirismo. No inconsciente, a conjunção *ou* não existe. Aliás, o simples fato de o autor acrescentar "pouco importa" prova bem que seu sonho não é atingido pela dialética da serpente e do abutre. Acrescentemos por fim que, no mundo onírico, não há serpente *morta*. A serpente é o movimento *frio*, o horrível *frio vivo*.

Feitas essas pequenas correções, sigamos o onirismo da raiz sartriana em seu sincretismo e em sua vida especial. Consideremo-la em seu aspecto de *sonho total* que modela ao mesmo tempo a existência do sonhador e a existência da imagem.

A raiz do castanheiro torna-se *absurda* para todo um universo e sobretudo a seus fenômenos mais próximos. "Absurda em relação aos seixos, aos tufos de erva amarela, à lama seca, à árvore..." Absurda para a árvore e absurda para a terra: eis o duplo signo que confere um sentido tão particular à raiz sartriana. Evidentemente, nessa adesão completa a uma intuição onírica particular, há muito que o sonhador afastou-se das funções ensinadas pela botânica mais elementar: "Eu via bem que não se podia passar de sua função de raiz, de bomba aspirante, para isso, para essa pele dura e compacta de foca, para esse aspecto oleoso, teimoso." Inútil repetir-se: "É uma raiz"; a força das metáforas é demasiado grande, a casca tornou-se há muito tempo uma pele porque a madeira é uma carne; a pele é oleosa porque a carne é mole. A náusea ressuma de toda a parte. As palavras reais já não erguem barreira, já não conseguem deter o sonambulismo das imagens que seguem uma linha extraordinária. O absurdo é agora geral porque se desviaram as imagens de sua fonte, levando a confusão ao próprio centro da *imaginação material*.

Talvez num exame minucioso do sonambulismo lento dessa raiz poderíamos detectar melhor o arrefecimento do estado de náusea. Ela é serpente e é garra; mas é serpente que serpenteia molemente, garra que se afrouxa, garra que não é mais o sujeito do verbo agarrar. A imagem da raiz que se prende firmemente à terra, da serpente que corre embaixo da terra, mais ligeira em seus volteios do que uma flecha reta — imagens que já estudamos em seu dinamismo tradicional — encontram-se ambas aqui *afrouxadas*. Encontrarão elas seu "ser" ao "nadificar" sua força? É uma questão que permanece em suspenso. Para respondê-la, seriam necessários longos estudos de ontologia e de dinamologia comparadas. Do ponto de vista psíquico, o ser de uma força é talvez sistematicamente seu aumento de ser, a aceleração do devir ser, de modo que, na imaginação profunda, não há *imagens dinâmicas* de uma força que diminui. A dinamologia imaginária é inteiramente positiva, inteiramente contemporânea das forças que nascem e crescem. Uma imagem dinâmica se detém, dá lugar a uma outra, *não diminui*. Trata-se de uma aplicação do princípio já visto — continuidade da realidade e do sonho, descontinuidade do sonho à realidade. Mas aqui não queremos senão indicar o poder diagnóstico das imagens para o devir psíquico. A náusea se caracterizará, portanto, a um só tempo por sua substância, seu visgo, sua cola, sua pasta, e por seu movimento lento, com articulações sinoviais. Será aquilo que nunca lavrador algum viu — ou jamais *quis* ver: uma grande raiz mole.

A recusa da imagem ascensional — a mais normal na imaginação completa da árvore — é aliás claramente formulada por Jean-Paul Sartre (p. 170): "Queriam que eu os tomasse (este plátano, com suas placas de pelada, este carvalho meio apodrecido) por jovens forças ardentes que jorram para o céu. E esta raiz? Por certo teria de representá-la a mim como uma garra voraz, dilacerando a terra, arrancando-lhe o alimento? Impossível ver as coisas desse modo. Molezas, fraquezas, isso sim. As árvores flutuavam. Um jorro para o céu? Antes um abatimento; a todo instante eu esperava ver os troncos curvarem-se como vergas cansadas, torcerem-se e caírem no chão em uma massa escura e mole com dobras. *Eles não tinham vontade* de existir, apenas não podiam livrar-se disso."

"Queriam que eu os tomasse": decerto isso basta para designar o *recalque* da imagem normal, do arquétipo verticalizante. Em todo caso, percebemos claramente, há conflito de imagens, e numa única e mesma imagem; a imaginação pode revelar um arquétipo no exato momento em que o oculta. É por isso que as grandes imagens — a raiz é uma delas — podem ilustrar os conflitos fundamentais da alma humana.

Se, a propósito da imagem que acabamos de isolar, aceitasse-se uma tentativa de psicanálise materializada, de psicanálise terapêutica no nível da matéria, é um exercício sobre o *duro* que proporíamos ao ser afeito ao *mole*. Por certo seria um ato humanitário colocar Roquentin, o herói de *A náusea*, diante do torno, de lima na mão, para lhe ensinar mediante o ferro a beleza e a força da superfície plana, a retidão do ângulo reto. Uma bela tora de madeira para desbastar com o formão bastaria para lhe ensinar alegremente que o carvalho não apodrece, que a madeira dá dinamismo em troca de dinamismo, em suma, que a saúde de nosso espírito está em nossas mãos.

Mas não desejávamos senão apresentar um tipo curioso e aberrante da imagem da raiz. Fomos um pouco injustos com as páginas de Jean-Paul Sartre ao isolar uma imagem delas. Essa imagem não passa de um aspecto de uma vasta *Anschauung* [visão]. E o cosmos de *A náusea*, em particular na cena do jardim, diante das árvores, "esses grandes corpos desajeitados", acompanhando a mole fuga da raiz na terra, envolve todo leitor atento num mundo designado em profundidade.

V

Da imagem da raiz vigorosa e viva, que a personagem com imagem doente de Sartre rejeitou, vamos dar alguns exemplos que mostrarão o dinamismo terrestre da raiz.

Extrairemos o primeiro exemplo de Maurice de Guérin, de um poeta da *árvore integral*, que nos mostrará as *forças de integração* da imagem da raiz. Já havíamos notado, em *O ar e os sonhos*, a valorização aérea dos cumes na obra do solitário de *Caylar*, do sonhador das florestas da Bretanha e das florestas de Auvergne[9]. Eis agora a valorização terrestre das raízes: "Eu quisera ser o inseto que se aloja e vive na radícula, colocar-me-ia na extremidade das

---

9. Maurice de Guérin, *Le cahier vert*, ed. Divan, I, p. 246.

raízes e contemplaria a ação poderosa dos poros que aspiram a vida; eu olharia a vida passar do ângulo da molécula fecunda para os poros que, como outros tantos ramos, a despertam e a atraem com apelos melodiosos. Eu seria testemunha do amor inefável com que ela se precipita sobre o ser que a invoca e da alegria do ser. Eu assistiria a seus abraços.'' Pelo excesso das imagens de uma raiz que *ama*, que *alimenta* e que *canta*, pode-se avaliar a adesão de Maurice de Guérin ao ato subterrâneo da mais fina raiz. Parece que na extremidade das raízes estamos no limite de um mundo. Jean Wahl escreve:

> *Vejo o rastejar vivaz das raízes,*
> *Respiro o húmus, a lama e a terra.*
> JEAN WAHL., Poèmes. Le monde, p. 189

Em uma página de Michelet, parece que as raízes do lariço iam buscar na própria terra reflexos luminosos. Para Michelet, o lariço é uma árvore maravilhosa, possui "uma forte raiz com a qual mergulha em seu solo favorito, o micaxisto, cujas lâminas brilhantes são o mesmo que espelhos, excelentes refletores de calor e luz" (*La montagne*, p. 337). Não será dessa luz mineral do micaxisto que o lariço extrai sua resina, essa maravilhosa substância de brilho e odor?

E tudo é dialética no desejo subterrâneo, pode-se amar tanto sem ver quanto se inebriando com impossíveis visões. Assim Lawrence vive "a enorme cobiça das raízes" acompanhando a "investida cega" de seu primeiro rebento, bem rente ao colo[10], enquanto Maurice de Guérin, para amar melhor, tem necessidade dos olhos com mil facetas dos insetos, os únicos capazes de verem os mil abraços das raízes docemente terebrantes.

Com esse mesmo gênero de imagem de ponta acariciante brinca a fantasia brincalhona de um Pierre Guéguen:

> *Assim amadurece Marronnéolide*
> *Filho de uma árvore e fruto de um fantasma.*

Esse complexo de homem e árvore sente:

---
10. Lawrence, *Fantaisie de l'inconscient*, p. 51.

Um estranho desejo de homem na ponta de sua gêmula.

Não é de admirar que, para Pierre Guéguen, a vida arborescente seja tanto a divisão dos ramos quanto a multiplicação de todas as radicelas. O poeta entrega-se à árvore em todas as suas fibras para ajudá-la a possuir a terra:

> *Entra à vontade em meu ser,*
> *Apodera-te de meus menores vasos,*
> *De meus anéis medulares:*
> *Farta-te de minha vida jacente,*
> *Eu entrego à tua carne a múmia adormecida.*[11]

Que se avalie aqui a força imaginária que faz de uma árvore tranquila um *ser insaciável*, um ser dinamizado por uma fome incessante. Uma escritora que aconselha, de bom grado, virtudes de asceta para os homens, diz de uma árvore: "Uma grande raiz dorme, de boca aberta... Ela está pronta para sugar a medula do mundo..."[12] Naturalmente, os glutões imaginam o ato da raiz como uma enorme bulimia:

> *As árvores são como mandíbulas que roem*
> *Os elementos...*
>
> VICTOR HUGO,
> *Le satyre, La légende des siècles,*
> ed. Berret, p. 595

E, por uma inversão de imagens, a erva pastada é, por sua vez, sonhada em sua voracidade:

> *O capim voraz pasta no fundo dos bosques cerrados;*
> *A toda hora ouve-se o estalar confuso*
> *Das coisas no dente das plantas...*
>
> *Ibid.*, p. 595

A idéia tradicional da terra nutridora é imediatamente renovada quando a imaginação a especifica. Para Victor Hugo, a terra oferece sua areia, sua argila, seu cré:

---

11. Pierre Guéguen, *Le double de l'arbre*, apud *Chasse du faon rose*.
12. Maryse Choisy, *Le thé des Romanech*, p. 34.

O lentisco a necessita, necessita-a a azinheira,
O espinheiro a necessita, e a terra satisfeita
Observa a imensa floresta comer.

E Guillevic, num único verso, que dispôs habilmente o silêncio ao redor de suas sonoridades, nos dá a imagem primordial:

As florestas à noite fazem ruído comendo.

Todas essas imagens traduzem, sob a ação da imaginação materializante, uma força de integração das imagens da raiz. Para o inconsciente, a árvore nada perde, a raiz conserva tudo, fielmente. Não seria difícil encontrar, em certas práticas, a influência dessa imagem de integração. Citemos apenas um exemplo tirado de um livro do século XVII: "Se fizermos um buraco com uma pua na raiz mestra, e se lançarmos aí algum humor laxativo, o fruto da árvore será sempre laxativo." E quantas parreiras já não foram regadas com bom vinho para que a uva conservasse o buquê e o vigor de uma safra maravilhosa!

VI

Um grande poeta, que sabe forçar as imagens a produzirem pensamentos, utiliza um diálogo para nos mostrar o amor e o conhecimento que se prendem à árvore. Para Paul Valéry, a árvore é a imagem do ser *de mil origens* e possui *a unidade de uma obra*. A árvore dispersada na terra unifica-se para brotar do solo e para encontrar a vida prodigiosa dos galhos, das abelhas e dos pássaros. Mas vejamo-la em seu mundo subterrâneo: a árvore é então um rio (*Dialogue de l'arbre*, p. 189): "Um rio completamente vivo cujas fontes mergulham e encontram na massa obscura da terra os caminhos de sua sede misteriosa. É uma hidra, ó Títiro, às voltas com a rocha, e que cresce e se divide para estreitá-la; e, cada vez mais fina, movida pela umidade, desgrenha-se para beber a menor presença da água que impregna a noite compacta em que se dissolvem todas as coisas que viveram. Não há monstro do mar mais ávido e múltiplo do que esse tufo de raízes, cegamente determinadas ao progresso para a profundeza e para os humores da terra." E, no sonho do poeta, esse ímpeto para as profundezas, para o ser vivo da água infiltrada, torna-se imediatamente um ímpeto para amar (p. 190): "Tua árvore insidiosa que, na sombra, insinua sua vigorosa substância em mil filamentos, e bebe o suco da terra adormecida, lembra-me... — Diga-o. — Lembra-me o amor." A planta, grande signo de um amor implantado num ser. O amor, fidelidade minuciosa que sustenta todas as nossas idéias, que absorve todas as nossas forças, como uma planta vivaz cujas raízes não morrem[13]. Uma síntese assim explica que Valéry possa fazer a economia de toda a vida animal e dizer que o homem, ao meditar a Árvore, pode descobrir-se "uma Planta que pensa" (p. 208). Não é verdade que a árvore pensa duas vezes, reunindo os ganhos de suas mil raízes e multiplicando a dialética de seus galhos? Que método de exposição, a arborescência! E que abraço, o do ser estreitando o colo da árvore! É uma força, diz Schopenhauer. É também um pensamento, diz Valéry, e, fazendo o pensamento sonhar, o poeta das idéias nos sugere um schopenhauerismo da inteligência, uma vontade de inteligência. A raiz domina o obstáculo contornando-o. Ela insinua suas verdades; estabiliza o ser por sua multiplicidade. A imagem das mil raízes, diz Valéry (p. 190), "tocou portanto esse ponto, esse cerne profundo do ser, onde reside a unidade e de onde se irradia em nós, iluminando o universo com um mesmo pensamento, todo o tesouro secreto de suas similitudes..."

Claro, essas similitudes da intimidade das paixões e das forças de concentração do ser vegetal só estão completas na imagem da árvore integral, da idéia platônica da árvore. E o diálogo de Paul Valéry narra "a maravilhosa História da Árvore infinita" (p. 204). Vivenciando essa história, preparamos uma síntese da *Árvore cosmológica* e da *Árvore espiritual*. Ao lado das raízes, logo sonhamos a Terra inteira como se ela fosse um nó de raízes, como se apenas as raízes pudessem assegurar a síntese da Terra. Depois, é preciso surgir: toda vida e toda vontade foram inicialmente *uma* árvore. A árvore foi o *primeiro crescimento*: "Ela só vivia de crescer" numa "espécie de loucura de desmedida e de arborescência...", diz Valéry (p. 207). Assim, quando nossa ambição quiser, por sua vez, sua primeira imagem dinâmica, é ao sonho desse *primeiro crescimen-*

---

13. Cf. Victor Hugo, *Le satyre*, II, ed. Berret, p. 594. Se compararmos o diálogo de Valéry com os versos de Hugo, compreenderemos o valor das meditações de Valéry, que nos mostra imagens em vias de se tornarem idéias. A imagem-idéia de Valéry exigiria um longo estudo.

to que ela deverá dirigir-se para obter uma estranha imagem platônica que aceitaria ser uma *imagem dinâmica*. Paul Valéry encontra assim o que poderia ser chamado de *ambição platônica*, aquela que impulsiona a vida espiritual, e o filósofo do diálogo conclui "a árvore infinita" nos seguintes termos (p. 207): "Por isso essa árvore era uma espécie de espírito. O mais elevado do espírito não vive senão de crescimento."[14]

VII

O sonho das profundezas que acompanha a imagem da raiz prolonga sua misteriosa estada até as regiões infernais. O majestoso carvalho junta-se ao "império dos mortos". Assim, uma espécie de síntese ativa da vida e da morte aparece muitas vezes na imaginação da raiz. A raiz não é enterrada passivamente, ela é o seu próprio coveiro, ela se enterra, não cessa de se enterrar. A floresta é o mais romântico dos cemitérios. À beira da morte, numa crise de angina do peito, Sparkenbroke pensa na árvore[15]: "Ele falava das raízes, inquietava-se com a distância que elas percorrem debaixo da terra, com a força e a potência que lhes faz quebrar os obstáculos." Esse interesse por uma imagem cósmica que se insinua numa alma em pleno sofrimento, no próprio âmago do drama da paixão e da vida, deveria prender mais a atenção do filósofo. Certamente objetar-se-á que se trata apenas de uma *imagem escrita*, uma imagem da morte que brota da pena de um escritor completamente vivo. Mas tal objeção equivale a subestimar a primazia psíquica da necessidade de exprimir. A *morte* é de início uma imagem, ela permanece uma imagem. Não pode ser consciente em nós a menos que se exprima, e não pode exprimir-se a não ser por metáforas. Toda morte que se prevê se relata. Precisamente, a *imagem literária* da morte em ação, em todo o romance de Charles Morgan, tem a vitalidade de uma imagem primária. Bisset, o simples criado particular, sabia bem, escreve Morgan, que todas essas ques-

---

14. As imagens fundamentais têm tendência a inverter-se. À imagem primária da árvore-rio, pode-se aproximar a imagem do rio-árvore. Encontra-la-emos em Victor Hugo (*Le Rhin*, II, pp. 25-26), quando o poeta fala do rio cujos afluentes são prodigiosas raízes que absorvem a água de todo um país.

15. Charles Morgan, *Sparkenbroke*, trad. fr., p. 502.

tões sobre a vida subterrânea da árvore "relacionavam-se ao jazigo (da mãe de Sparkenbroke) ou àquilo que podia representá-lo no espírito de lorde Sparkenbroke. Ninguém imaginava até que ponto era profundo. Havia as árvores, sobretudo os olmos, que cercavam o cemitério..." Sim, ninguém imagina quão profundamente um arquétipo como a raiz penetra numa alma, e que força de síntese e de apelo há num arquétipo, sobretudo quando essa imagem ancestral encontrou num drama de juventude uma imagem comovente. É sob o olmo do cemitério que vemos o jovem Sparkenbroke desmaiado após as horas lúgubres passadas junto ao túmulo da mãe. Esta cena marcou realmente sua vida com uma imagem da morte. A árvore do cemitério, com suas longas raízes, reanimou um arquétipo do devaneio humano. Encontraríamos facilmente no folclore e na mitologia uma síntese da árvore da vida e da árvore da morte, pois o *Todtenbaum* [árvore da morte], que evocávamos em *A água e os sonhos*, é a árvore que simboliza o ser humano na vida e na morte.

Para sonhar com a árvore em uma síntese tão grande, teríamos de compreender melhor o que pode significar para um homem uma árvore que lhe é dedicada, uma árvore que um pai, sequioso de duração, planta na mesma época em que seu filho nasce. Mas são muito raros os pais que enraízam a vida dos filhos num solo ancestral. O que o pai deixou de fazer, a criança sonhadora realiza às vezes num sonho familiar. Ela escolhe no pomar ou no bosque uma árvore, ela ama a sua árvore. Eu me revejo criança, encostado às raízes de minha nogueira para ler, trepado numa nogueira para ler... A árvore adotada nos dá sua solidão. Com que emoção também releio as confidências de Chateaubriand, passando longas horas numa árvore oca, no tronco de um salgueiro onde vêm brincar todas as alvéloas da charneca...

Viver nas anfractuosidades das monstruosas raízes é encontrar instintivamente o ideal do brâmane que leva "a vida de anacoreta entre as raízes de alguma figueira indiana" (Michelet, *La Bible de l'humanité*, p. 46).

VIII

Uma das imagens mais comuns para as raízes é a imagem da serpente:

> *E a raiz medonha e semelhante às serpentes*
> *Prepara na escuridão tenebrosas ciladas.*
>
> Victor Hugo.
> *Dieu*, p. 86., Ed. Nelson

"As fortes raízes das antigas mertênsias, torcidas em espiral em torno dos grandes rochedos, nos parecem fabulosas serpentes, surpreendidas pela luz e penetrando em suas cavidades profundas nas contorções da fuga." (Joaquim Gonzalez, *Mes montagnes*, trad. fr., p. 165)

Lucano, em *Farsália*, conduz o leitor à floresta sagrada onde "sobre o tronco dos carvalhos, dragões contorcidos deslizavam em longas sinuosidades".

Às vezes, parece que a forma ondulada é suficiente para imaginar o movimento. J. Cowper Powys (*Wolf Solent*, t. I, p. 204) escreve: "Seu olhar deteve-se numa forte raiz de amieiro, que serpenteava na lama à beira d'água. Na flexibilidade tenaz desse réptil vegetal, ele acreditou reconhecer uma imagem de sua vida secreta..." É surpreendente ver que mesmo um escritor como Huysmans, cujas buscas de expressão literária se afastam sistematicamente de qualquer lugar-comum, submete-se a esse arquétipo imaginário da *raiz-serpente*. Na terra das colinas "escoriadas por blocos de granito", ele vê "formidáveis carvalhos cujas raízes... pareciam ninhos assustados de grandes serpentes". Quem está com medo, quem quer causar medo? As grandes serpentes fogem embaixo da terra? O carvalho é "formidável"? É difícil pensar que Huysmans tenha escrito a palavra "formidável" no estilo burguês de todos os dias. É preciso encontrar um pavor para explicar essa imagem, para transmitir-lhe a tonalidade. Sem isso, seria um estranho princípio de metáforas referir-se a imagem raras e desconhecidas. Quem já viu ninhos de serpentes? Mas se o leitor ficasse sensível às primeiras asperezas do texto, se sentisse realmente essa terra escoriada por blocos de granito, talvez se despertasse em seu inconsciente um movimento deslizante e atormentado que acarretaria todas as imagens do arquétipo. A serpente, a raiz-serpente, o ninho de serpentes, a trama das raízes, são todas formas, apenas variadas, de uma única imagem onírica. É por seu onirismo que essa imagem literária pode estabelecer uma comunicação do escritor com seu leitor. No exemplo de Huysmans, essa comunicação permanece fraca, pois o escritor não cuidou devidamente da osmose das imagens da raiz e da serpente. Ele não deu atenção suficiente, nessa ocasião, à imagem material. Fracas também são as imagens de um Taine, quando escreve: as raízes das faias, "entrando nas fendas da rocha, soerguem-na, e vêm rastejar na superfície como uma família de serpentes" (*Voyage aux Pyrénées*, p. 235). Não é de espantar a frieza de descrição de um escritor que considera os pinheiros "apenas vivos" e que, condenado às formas simples, é capaz de escrever (p. 236): o pinheiro "não passa de um cone terminado por uma agulha nua". Tudo é cone e se aponta num mundo conífero.

Basta um traço a mais para realizar e mobilizar a síntese. Basta recordar, por exemplo, que a serpente, no mundo da imaginação material, come a terra[16], e imediatamente a avidez do carvalho aceita imagens. A verdadeira comedora de terra, a serpente mais terrestre de todas, é a raiz. O devaneio materializante realiza incessantemente uma assimilação da raiz à terra e da terra à raiz. A raiz come a terra, a terra come a raiz. Jean-Paul Sartre escreve incidentalmente[17]: "A raiz já é, em parte, assimilada à terra que a nutre, é uma concreção viva da terra; não pode utilizar a terra a não ser fazendo-se terra, ou seja, num certo sentido, submetendo-se à matéria que ela quer utilizar." Há nessa observação uma grande verdade onírica. Certamente, a vida consciente e a alimentação onívora nos fazem tomar a palavra *nutrir* num sentido geral. No inconsciente, porém, este é o mais direto de todos os verbos, é a primeira cópula da lógica inconsciente. Também é certo que o pensamento científico pode muito bem determinar minuciosamente a lista das substâncias químicas que a raiz extrai do solo, a raiz cortada pode mostrar a brancura cintilante do rabanete, o suave coral da cenoura, o marfim perfeito do cercefi. Todas essas precisões científicas, todos esses devaneios claros da pureza prazeirosa são letra morta para o inconsciente profundo que come sempre de olhos fechados. Para o sonho profundo do ser alimentado, a imagem da raiz-serpente que vai comer a terra possui imediatas virtudes dinâmicas e materiais. Poderão achar que se trata de uma imagem tardia, factícia, difícil. Ninguém a escreve mais. Mas todo sonhador

---

16. Nietzsche escreve em *Le gai savoir* (trad. fr. de Albert, p. 19): "O alimento da serpente, a terra!"

17. J.-P. Sartre, *L'être et le néant*, p. 673.

das raízes a reencontra. Escrever *Alimentos terrestres* sem comer terra, sem ser raiz ou serpente, é enganar por um jogo gratuito as grandes necessidades da vida imaginária. Na vida íntima da raiz, o ato de comer terra designa-se como um protótipo. Ele rege todo o nosso ser vegetal no momento em que, sendo homens, queremos também ser planta. Se aderimos à imagem da raiz, se conservamos a tentação dos alimentos primários, de imediato o inconsciente multiplica as experiências e as imagens, e então compreendemos mais profundamente o verso de Paul Claudel[18]:

Quem mordeu a terra, conserva-lhe o gosto entre os dentes.

IX

Viver enraizado, viver como um desenraizado, eis decerto imagens rápidas e sempre compreendidas. Mas elas são bastante pobres se o escritor não lhes confere um dinamismo ativo. Há muitas maneiras de ativá-las. Um Paul Claudel, com o simples jogo de um número, dá vida a essa imagem inerte (*Cinq grandes odes*, p. 147): "Como uma grande árvore que vai buscar a rocha e o tufo com o enlaçamento e o parafuso de suas oitenta e duas raízes..." Parece que os próprios sons da palavra oitenta e duas (*quatre-vingt-deux*) fincam espirais entre os sons duros da rocha e do tufo. Nada rebenta, tudo range e a árvore retém a terra; então a metáfora moral está pronta. Resta apenas enunciar a moral do conto vegetal povoado de imagens.

Com efeito, não é somente nas Landes que se plantam árvores para fixar as dunas movediças. Claude de Saint-Martin escreve *diretamente*: "Semearei no campo da vida os germes dessas árvores poderosas; elas crescerão às margens desses rios de mentira que inundam a frágil morada do homem. Elas entremearão suas raízes para sustentar as *terras* banhadas pelas águas desses rios, e impedirão que estas desmoronem, que sejam arrastadas nas correntezas." A árvore é um estabilizador, um modelo de retidão e firmeza. Na vida da metáfora, há como que uma lei da ação e reação: buscar a terra estável, com um grande desejo de estabilidade, é tornar

---

18. Paul Claudel, *Cinq grandes odes*, p. 147.

estável uma terra fugidia. O ser mais móvel deseja ter raízes. Novalis exclama (citado por Spenlé em sua tese, p. 216): "Quem me dera chorar de alegria e, longe do mundo, enfiar na terra as mãos e os pés para nela criar raízes."

Naturalmente, essa estabilidade chama as imagens da solidez e da dureza. Conforme já indicamos num dos primeiros capítulos de nossa obra anterior, no romance de Virginia Woolf, *Orlando*, pode-se acompanhar uma imagem que opera subordinadamente: é a imagem do Carvalho. O herói Orlando, como o Carvalho, atravessa quatro séculos. No final do romance, Orlando, que era homem no início da narrativa e é mulher no final — artifício que só poderá confundir leitores, se tais houver, desprovidos de ambivalência —, cavalga as grossas raízes do carvalho (trad. fr., p. 257): "Orlando lançou-se no chão e sentiu debaixo dela divergir a ossatura da árvore como as costelas de uma espinha dorsal. Agradou-lhe imaginar-se a cavalo sobre o dorso do mundo. Agradou-lhe estar ligada a essa dureza."

Como vemos, é sempre a mesma coerência material da dureza, da solidez, da estabilidade, que aproxima as imagens mais diversas. Não é de admirar, portanto, que um metafísico possa atribuir à raiz uma dureza essencial. Hegel, com efeito, considera de certo modo que a raiz é a *madeira absoluta*. Para ele, a raiz é "a madeira sem casca e sem medula" (*La philosophie de la nature*, trad. fr., III, p. 131). Todos os caracteres da madeira adquirem na raiz seu sentido fundamental. No caso da "combustibilidade", Hegel afirma que esta combustibilidade "chega a produzir a substância sulfúrica", e é naturalmente na raiz que se deve desenvolver tal possibilidade: "Há raízes", diz o filósofo, "em que se forma enxofre verdadeiro."

Quem soube escolher a lenha de Natal* no nó da raiz mais grossa perdoará esse enriquecimento imaginário da potência de fogo. Para Hegel, a raiz é de fato "uma substância nodosa, contínua e compacta"; "ela está a ponto de tornar-se uma substância completamente inorgânica". Contra Oken, que vê nas fibras vegetais nervos, Hegel escreve (t. III, p. 132): "As fibras lenhosas não são nervos, são ossos."

---

* Referência a um antigo costume europeu de queimar uma acha de madeira na véspera de Natal. (N. T.)

E, quando as idéias querem acompanhar o detalhe das imagens, como é livre e grande o fogo que se eleva nas construções de um pensador! Um filósofo sonhador é incapaz de contemplar os círculos de madeira na seção de uma árvore recém-serrada sem associar a cada círculo uma vontade de "cintar". "Eu penso", diz um botânico citado por Hegel (Link), "que o anel anual deve-se a uma contração brusca da madeira, contração que deve ocorrer por volta ou depois do dia de São João, e que de modo nenhum se relaciona com o crescimento anual da madeira." (Hegel, t. III, p. 136)

Mas deixemos Hegel com suas alegrias de tanoeiro. Como de hábito, os filósofos limitam-se a nos dizer suas idéias. Se chegassem a nos expressar suas imagens, nunca terminaríamos o estudo dos documentos inconscientes da razão.

X

Neste livro, assim como em todos aqueles que dedicamos à imaginação, não quisemos senão preparar uma doutrina da imaginação literária. Não vamos pois insistir no caráter sexual das imagens brutas, dos símbolos brutos, tais como nascem do impulso da vida inconsciente. A imagem literária, por mais espontânea que pretenda ser, é mesmo assim uma imagem refletida, uma imagem vigiada, uma imagem que não encontra sua liberdade senão após ter franqueado uma censura. De fato, as características sexuais da imagem escrita são freqüentemente veladas. Escrever é ocultar-se. O escritor, apenas pela beleza de uma imagem, acredita ter acesso a uma vida nova. Ele ficará espantado — escandalizado — se lhe disserem que "sublima" um devaneio bem conhecido dos psicanalistas. No tocante à árvore e às raízes, se quiséssemos fazer um dossiê sobre a imagem fálica, um livro não seria suficiente, pois seria preciso percorrer o imenso campo da mitologia, do pensamento primitivo e do pensamento neurótico. Limitemos portanto nossa investigação a alguns exemplos literários que se referem mais particularmente à raiz.

Em *Lá-bas* [Acolá], Huysmans, que expõe todos os seus fantasmas na dialética das duas personagens principais, Durtal e Gilles de Rais, diz que Gilles de Rais (t. I, p. 19, ed. Crès) "compreende a imutável salacidade dos bosques, descobre poesias obscenas nas matas''.

Também ele traz viva a imagem da *árvore invertida*, a imagem tão comum das arborescências e das forquilhas, mas quão sexualizadas! Os galhos não são braços, mas pernas. ''Aqui, a árvore afigura-se-lhe um ser vivo, aprumado, a cabeça embaixo, encravada na cabeleira de suas raízes, erguendo as pernas para o ar, afastando-as, depois, subdividindo-se em novas coxas que se abrem, por seu turno, tornam-se cada vez menores, à medida que se vão afastando do tronco; aí, entre essas pernas, está fincado um outro galho, numa imutável fornicação que se repete e diminui, de ramos em ramos, até o topo; aí também, o tronco lhe parece ser um falo que sobe e desaparece sob uma saia de folhas, ou então, ao contrário, sai de um tosão verde e mergulha no ventre aveludado do solo.''

Assim, em vez do falo erguido e ostentatório tão freqüente no simbolismo primitivo, Huysmans representa a árvore como um falo que se crava no seio da terra maternal, por uma espécie de incesto do simbolismo tradicional. Não estará ele descrevendo as fantasias do mais sádico dos pecadores? A prodigiosa lubricidade perturba as contemplações mais inocentes. Em vez de um amor cósmico como o que Maurice de Guérin evocou ao descrever a visão da árvore prodigalizando seu pólen no céu azul, Huysmans traça o quadro de uma fornicação universal. Para ele, a árvore não é uma doce e lenta expansão, não é uma força que vive de aspiração aérea, não é um amor que traz flores e perfuma; é uma força infernal. Para Huysmans, a raiz é o estupro da terra[19].

Não faltariam documentos sobre o sentido fálico da simples raiz arrancada do solo. Nesse sentido poderíamos interpretar o mito da mandrágora, raiz cuja visão provoca a morte. Para extraí-la impunemente, faz-se com que seja arrancada por um cão amarrado a seu caule. No momento em que é arrancada, o cão morre. Essa longa raiz dividida em forquilha na sua extremidade representa a forma humana. É um homúnculo. E, como todo homúnculo, tem todos os valores do símbolo fálico. Foram muitos os charlatães que

---

19. A imagem do tronco de árvore que ergue no ar suas pernas encontra-se em *L'île sonnante*, de Rabelais. Mas o tom chistoso não tem as mesmas ressonâncias inconscientes que o tom apaixonado. Um psicanalista diria que a imaginação que graceja realizou um compromisso com o recalque.

talharam mandrágoras numa simples cenoura. Mas por que tantos artifícios? São muitas as raízes que suscitam as mesmas repugnâncias e os mesmos desejos. Almas pudicas gostariam de vê-las sem as olhar. A vida dos campos, mesmo em seus seres vegetais, é uma representação por imagens da vida amorosa.

Já a vida dos jardins é suave demais; as raízes dos legumes não produzem sonhos suficientemente terebrantes; são fracas as primícias dos primeiros legumes. No sonhos do sátiro, a cenoura primaveril é um falo irrisório. Como diz, creio eu, La Bruyère: "Um jardineiro não é um homem senão aos olhos de uma freira."

CAPÍTULO X

O VINHO E A VIDEIRA DOS ALQUIMISTAS

> Como me dizia Gaston Roupnel, a vinha cria tudo, mesmo o seu solo. "Foi a própria vinha que, amontoando seus resíduos e detritos, construiu seu terreno, e nele compôs a nobre e sutil essência com que alimenta seu fruto."
> GASTON ROUPNEL,
> *Histoire de la Campagne française*

I

Até no detalhe de suas intermináveis pesquisas, a Alquimia sempre ambiciona uma grande visão do mundo. Ela vê um universo em ação na profundidade da menor substância; mede a influência das forças múltiplas e longínquas na mais lenta das experiências. Que essa profundidade seja afinal uma vertigem, que essa visão universal pareça uma visão sonhadora quando a comparamos com os princípios gerais da ciência moderna, isto não destrói a potência psicológica de tantos devaneios convictos, de tão grandes imagens reverenciadas com tão constante convicção. As belas matérias: o ouro e o mercúrio, o mel e o pão, o azeite e o vinho, acumulam devaneios que se coordenam tão naturalmente que é possível descobrir-se neles leis de sonho, princípios da vida onírica. Uma bela matéria, um belo fruto, nos ensinam freqüentemente a unidade de sonho, a mais sólida das unidades poéticas. Para um sonhador da matéria, uma uva bem composta já não é um belo sonho da videira, não foi formada pelas forças oníricas do vegetal? Em todos os seus objetos, a Natureza sonha.

Por conseguinte, seguindo-se fielmente a meditação alquímica de uma substância selecionada, de uma substância sempre *colhida* na Natureza, alcançamos essa *convicção da imagem* que é poeticamente salutar, que nos prova que a poesia não é um passatempo, mas sim uma força da natureza. Ela elucida o sonho das coisas. Compreende-se então o que é a *metáfora verdadeira*, a metáfora duas vezes verdadeira: verdadeira em sua experiência e verdadeira em seu impulso onírico. Encontraremos a prova disso na *videira alquímica*, que poderá ser interpretada tanto como experiência do vegetal, quanto como devaneio do mundo das pedras. A videira produzirá com a mesma sinceridade uma uva e um rubi, uvas moscatéis douradas ou "uvas de crisóprasos" (Huysmans).

Mas antes de mostrar essa transitividade da experiência e do sonho, façamos uma tentativa de *alquimia natural*, sem recorrer aos livros, entregando-nos o mais ingenuamente possível a essa força de condensação das imagens familiares à alquimia.

II

Para um devaneio condensado assim numa substância amada, amada com um amor eloqüente, o que é o vinho? É um corpo vivo onde se mantêm em equilíbrio os "espíritos" mais diversos, os espíritos voláteis e os espíritos ponderados, conjunção de um céu e de um solo. Mais do que qualquer outro vegetal, a videira encontra a harmonia dos mercúrios da terra, dando ao vinho sua justa medida. Ela trabalha ao longo do ano inteiro seguindo a marcha do sol por todos os signos zodiacais. O vinho jamais esquece, na mais profunda das adegas, de recomeçar essa marcha do sol nas "casas" do céu. É marcando assim as estações que ele descobre a mais espantosa das artes: a arte de envelhecer. De uma maneira inteiramente substancial, a videira retira da lua, do sol, da estrela um pouco do enxofre puro, o único capaz de "elementar" bem todos as chamas dos seres vivos. Assim, um verdadeiro vinho requer o mais sensível dos horóscopos.

Se passa no céu um cometa, é uma outra vindima! Nossas fórmulas, ressecadas nos conceitos, não vêem nisso muito mais do que um rótulo para ilustrar a data de um vinho famoso, pequena mnemotecnia de um tempo que esquece a minuciosa individualidade de um ano de dedicado sol. Mas o vinhateiro apaixonado, que medita o ano inteiro os *signos do vinho*, jamais esquecerá que o novo cometa proporciona ao vinho uma substância que desce muito raramente do céu sobre a terra. O cometa é mais uma exalação do que um astro. A longa cauda vaporosa fluindo nas altas camadas do céu é essencialmente *úmida*, é rica de um fogo líquido e suave, de uma água essencial e sutil, demoradamente destilada no firmamento. A videira atrai essa água celeste — a única que ela tolera — vinda dos céus dominadores. O vinho do cometa recebe dela uma doçura que não dissipa a força[1].

Para quem sonha o vinho *na natureza*, com toda a história das influências celestes do ano, como o repertório dos atos do sol e dos astros, a chuva é uma doença da atmosfera viva. Ensombreando o vinhedo, ela embacia a cor de um vinho que já não terá sua cota de luz. Todo sonhador que vive na simpatia da videira sabe bem que a cepa, contra a água terrestre ou fluvial, está sempre vigilante. A cepa é um punho que impede qualquer água de subir até os grãos. Ela torce, em sua raiz, seivas quintessenciadas. E o sarmento, seco em todas as fibras de sua substância, impede que o ser úmido polua a uva. Nos tempos cartesianos, um médico escreve: "Os condutos por onde a seiva da videira sobe são tão estreitos que só deixam passar o suco mais puro e sutil da terra, ao passo que os tubos por onde o suco das macieiras e pereiras se eleva são tão largos que deixam subir indiferentemente os princípios grosseiros e os sutis." Assim a Natureza teve o cuidado — boa mãe! — de impedir pela força das parreiras a união dos líquidos contrários, a união da água com o vinho, a união do charco com o vinhedo.

A química moderna, certamente, nos determina a rir diante de tão vãos devaneios. Ela nos prova, com suas fáceis análises, que a uva é um fruto aquoso, e a agronomia aconselha práticas que aumentam a safra: há regiões planas onde as vinhas são regadas. Estas são regiões que o sonho do vinho não visita. Para quem sonha as substâncias em seu ato profundo, a água e o vinho são lí-

---

1. Diz-se também que a videira tem medo do trovão (cf. P. Vanière, *op. cit.*, t. II, p. 163): "Quando ribomba o trovão, a videira reage com horror até nos barris onde sua bebida está encerrada, e o temor faz-lhe mudar de cor."

quidos inimigos. Misturá-los é coisa de boticário. Um vinho misturado (em francês, *vin coupé*), um vinho misturado com água — a boa língua francesa não se engana — é realmente um vinho que perdeu sua virilidade*.

III

Folheando velho livro que segue a história do mundo até o âmago das substâncias, às vezes temos a oportunidade de reencontrar uma *alquimia do vegetal*. Essa alquimia do reino intermediário é a distração do sábio. Nela descontraem-se as forças metálicas e as transmutações fazem-se pela suavidade. Os três reinos da vida alquímica — o reino mineral, o reino vegetal e o reino animal — têm cada qual seu rei. Neste breve capítulo, não pensamos senão nesses seres dominadores. O ouro é o rei dos metais, o leão o rei dos animais. E é a videira que é a rainha do mundo intermediário. Quem quiser ter uma visão realmente hierárquica da vegetação deverá portanto instruir-se a respeito das grandes verdades da vida alquímica. Mas seria preciso um livro para descrever toda essa *botânica régia* e tornar compreensível o desprezo dos alquimistas pelas ervas.

Vejamos simplesmente a afinidade dos três líquidos fundamentais.

No mundo mineral opera o mercúrio, princípio de toda liquidez, princípio que confere à água, sempre um tanto pesada, alguma sutileza. O mercúrio dos filósofos é uma água sábia que dissolve aquilo que a água das fontes não consegue corroer.

A vida animal tem também seu líquido nobre: é o sangue, elemento da própria vida, princípio de sua força e de sua duração, lei de uma raça. Já não compreendemos muito bem essa primazia desde que a fisiologia nos habituou às suas concepções de *vida nervosa*. Infiéis à primitividade dos sonhos substanciais, os poetas, como mostrou Gabriel Audisio[2], utilizam muitas vezes a torto e a direito as imagens do sangue. As imagens alquímicas têm uma outra medida!

---

* O verbo *couper* admite também o sentido de "castrar", na expressão *couper un animal*, por exemplo. (N. T.)

2. Gabriel Audisio, *Le goût du sang...* (*Cahiers du sud*, fevereiro de 1943).

Quanto à vida vegetativa, vida tão amiúde extenuada, tornada tão insípida pela efusão do princípio aquoso, vida quase sempre sem força, sem energia, sem ofensividade, ela tem no entanto, em sua rainha, na videira, a revelação de um líquido criador.

Quantos poetas, acreditando viverem apenas num mundo de metáforas, cantaram o vinho como um sangue vegetal! A alquimia fala num outro tom. É aqui que a *metáfora verdadeira* mostra todas as suas virtudes de transação. Dir-se-á igualmente: o vinho é o sangue da videira, ou o sangue é o vinho animal. E entre os reinos extremos, entre os líquidos extremos de alta nobreza, entre o ouro potável e o sangue, é o vinho que é o natural intermediário. "Uma quintessência", diz um velho livro[3], "junta-se de bom grado a uma outra quintessência. É necessário um veículo ou *medium* para que o ouro, que é essa quintessência metálica, junte-se à aguardente vegetal, e, através dessa última, ao homem; pois, se há uma grande distância entre o ouro e o vinho, ela é ainda maior entre o ouro e o homem, mas ela é pequena entre o vinho e o homem, já que ele faz parte de sua subsistência. Portanto é necessário que o ouro seja aproximado da natureza animal pelas vias filosóficas e pelo espírito do vinho que o tornam universal... pois de outro modo que possibilidade haveria de um corpo tão compacto (o ouro)... poder servir ao restabelecimento e à conservação da mais frágil das criaturas."

A arte dos alquimistas que buscam a juventude pelos caminhos da rainha vegetal, confiando-se na eminente *universalidade* do vinho, na sua *força de universo*, na sua *função cósmica*, será portanto unir o ouro e o vinho. Mas poderíamos esquecer que, para o alquimista, o sol é, no sentido forte do termo, o ouro do Firmamento? Esse *ouro solar*, mais sutilmente "elementado" que o ouro da terra, como entra fartamente no cacho que amadurece! A videira é um *ímã*! Ela atrai o *ouro do sol*, seduz o ouro astral para núpcias alquímicas. Não ensinará ela ao alquimista a arte de fazer do vinho um ímã para o ouro da terra? Estamos aqui exatamente no cerne de uma *imagem material* que atrai todas as abelhas da metáfora.

Mas quantos mistérios permanecem ainda em torno do vinho dos alquimistas! E sobretudo o maior, o insondável: como pode o vinho ter tantas cores? Como pode ser vermelho ou dourado? Co-

---

3. Le Crom, *Vade-mecum philosophique... en faveur des enfants de la science*, Paris, 1718, p. 88.

mo pode, precisamente, ora possuir o signo do ouro, ora o signo do sangue? Ele se encontra, de fato, nos dois pólos da maior das transmutações, a transmutação do velho ouro em juventude humana.

IV

Assim, no tempo da Alquimia, as metáforas são solidárias das transmutações. Uma experiência psíquica reforça a experiência alquímica. O pensamento alquímico nos prova a *reversibilidade das metáforas*. O vinho branco é ouro potável. O vinho tinto é um sangue. Não se trata mais de imagens, trata-se de experiências cósmicas. Quando um alquimista busca a quintessência do mineral, ele escuta o ensinamento da natureza que nos deu, com o vinho, a quintessência do mundo vegetal. Para nos convencermos disso, leiamos ainda este fragmento do *Vade-mecum* de Le Crom (p. 23):

"*Timagène*: Dize-me, por favor, qual dos vegetais produz a melhor quintessência?

"*Aristipe*: A videira, sendo a Rainha dos simples, nos apresenta essa quintessência em seu vinho, o mais excelente dos licores; essa quintessência adapta-se melhor ao nosso temperamento do que a dos outros vegetais, por causa de sua conformidade com nosso calor natural, e por reter poucos vestígios da terra: é por tais qualidades que ela tem a virtude de curar todas as doenças do homem, quando bem preparada, e de aumentar-lhe o calor. Sendo universal, ela aquece um temperamento úmido e frio, e refresca um temperamento quente e seco."

Insensivelmente, na seqüência do diálogo, Aristipe pensa na panacéia espagírica após ter evocado a juventude do vinho. Bela prova de uma continuidade das imagens da matéria! Que o vinho aqueça e mate a sede, que tenha todas as qualidades contrárias, é isso que o colocava na categoria de arquétipo da panacéia, numa época em que o *calor temperado* era o sinal mais evidente da saúde. Mas talvez haja contrários mais sutis, contrários que suscitam dialéticas mais loquazes, dialéticas que não cessam de intercambiar seu valor. Para nós, é um prazer encontrar em nosso copo a *dialética do sutil e do corroborante*. Diante de tal contradição, temos certeza absoluta de possuir um grande bem da terra, uma substância natural e profunda, um arquétipo do mundo da matéria!

V

Sim, as substâncias têm tipos primitivos assim como as formas. O vinho é um arquétipo substancial do mundo da matéria. Ele pode ser renomado ou comum, forte ou delicado, seco ou suave, mas é *sempre puro*. Como diz um alquimista, a videira deixa na terra "as imundícies malditas". Se em sua impetuosidade de efervescência o vinho arrastou a "multidão do muito", ele traz em sua substância o princípio da purificação. No âmago da cuba, de venoso tornar-se-á arterial, claro, vivo, corrente, pronto a renovar o coração do homem. Trata-se realmente de uma substância hierarquizada, segura de seus benefícios.

Como essas imagens substanciais, essas imagens inteiramente materiais da substância, estão ligadas à nossa linguagem! Temos necessidade dessas substâncias primitivas para falar, para cantar, para compreender-nos e unir-nos uns aos outros! É exatamente com arquétipos da matéria que sonha um Milosz ao meditar "certas palavras essenciais":

> *Tais como pão, sal, sangue, sol, terra, água, luz,*
> *trevas, assim como todos os nomes dos metais.*
> *Pois esses nomes não são os irmãos, nem os filhos,*
> *mas sim os pais dos objetos sensíveis.*
>
> Cantique de la connaissance

Para a lista desses arquétipos materiais, para suas substâncias mães, falta precisamente o vinho nos versos do poeta lituano. Mas a terra tem seus abrigos para as palavras das diversas línguas. O vinho não poderia ser uma palavra primitiva nos países da neve. Nada mais local, nada mais dialetal que o nome e o ser dos vinhos. Nas costas meridionais onde as uvas são pesadas, o vinho tinto circunda realmente o mar mediterrâneo, grande império do Meio do reino dionisíaco. Dominados pela cultura clássica, esquecemos o dionisismo da vivacidade, o dionisismo do vinho branco; não sonhamos diante dos vinhos mais circunstanciados, os vinhos que individualizam os vinhedos.

A medicina alquímica sabia no entanto aliviar o universal e o particular, reconhecer o vinho cósmico no vinho individualizado. Freqüentemente ela desejava fazer um vinho corresponder a um órgão; a cor de um vinho de precisas reações determinava um diagnóstico. A gama dos vinhos brancos despertava tantas sutilezas orgânicas! E quem nos cantará, por exemplo, os vinhos do olhar: ternura e malícia, vinhos que arreliam com amor, ó vinho de meu rincão! Vinho que une as províncias e que faria, numa doce embriaguez geográfica, um confluente dos rios Aube e Loire. "Os vinhos de Bar-sur-Aube são muito próximos em cor, sabor e qualidade dos vinhos do Anjou... Eles são claretes e meio fulvos, sutis, delicados, saborosos e com um gosto muito agradável ao paladar, próximo da framboesa."[4] Quantas vezes a Videira, rainha dos simples, adota assim o perfume de uma de suas doces acompanhantes como a framboesa, de uma de suas rudes servas como a pederneira! O vinho é realmente um *universal* que sabe tornar-se *singular*, quando encontra um filósofo que saiba bebê-lo.

Dijon, outubro de 1947

---

4. Nicolas Abraham, sieur de la Framboisière, *Le gouvernement nécessaire à chacun pour vivre longuement en santé*, Paris, 1608.